新中国财政70年系列丛书

高培勇　主编

新中国财政支出70年

蒋震　著

中国财经出版传媒集团

中国财政经济出版社

图书在版编目（CIP）数据

新中国财政支出70年/蒋震著.--北京：中国财政经济出版社，2020.8
（新中国财政70年系列丛书/高培勇主编）
ISBN 978-7-5095-9333-2

Ⅰ.①新… Ⅱ.①蒋… Ⅲ.①财政支出-研究-中国
Ⅳ.①F812.45

中国版本图书馆CIP数据核字（2019）第234235号

责任编辑：胡 博 张晓丽　　责任校对：胡永立
封面设计：陶 雷　　责任印制：刘春年

中国财政经济出版社出版
URL：http：//www.cfeph.cn
E-mail：cfeph@cfeph.cn

社址：北京市海淀区阜成路甲28号　邮政编码：100142
营销中心电话：010-88191537
北京财经印刷厂印刷　各地新华书店经销
787×1092毫米　16开　16印张　228 000字
2020年8月第1版　2021年4月北京第2次印刷
定价：70.00元
ISBN 978-7-5095-9333-2
（图书出现印装问题，本社负责调换）
本社质量投诉电话：010-88190744
打击盗版举报热线：010-88191661　QQ：2242791300

总　　序

一

2018 年 6 月间，基于庆祝中华人民共和国成立 70 周年的考虑，中国财政经济出版社组织策划“新中国财政 70 年系列丛书”并邀请我担任主编。认识到这是一项意义重大但颇不轻松的工作，我没有马上应允下来，而是与可能构成作者梯队的几位年轻同事探询完成任务的可能性和行动方案。结果是，大家既颇有信心，又有相对成熟的写作思路。于是，欣然承接了这项中国财政经济出版社布置的工作。

二

一旦决定去做，一系列相关问题便接二连三地提至我们面前。

在新中国所走过的 70 年历程中，论及财政的角色和作用，只要稍具一些财政常识或曾有机会接触过一些财政现象，人们便会有一个共同感受：财政既十分重要，又格外特殊。这不仅是因为“兵马未动，粮草先行”，财政收支本来就是政府所从事的所有活动的经济基础。它覆盖着政府工作的方方面面，牵动着政府行为的枝枝蔓蔓，规定并支撑着政府活动的范围、方向和重点。而且，也是因为财政与国家治理之间具有天然关联，作为国家治理的基础和重要支柱，在 70 年间，财政所面临的问题之复杂，所承载的使命之沉重，所发生的变化之深刻，所取得的成果之显著，从一个层面折射了新中国既曲折又辉煌的发展轨迹。如何从浩如烟海的史料中提炼和揭示出最直接、最核心、最实质的内容，从而准确而科学地再现这段历史，是摆在我们面前的一个重要课题。

写史，固然是一个选择。但是，单纯地写史，停留于史实的追溯和描述层面，对于上述的目标而言，显然不够充分。更加重要的，是要从史实入手，以史料为基本支撑，一步步地提炼和揭示其历史的轨迹、历史的经验和历史的规律。因而，与其说我们要写新中国财政70年的历史，不如说我们要做新中国财政70年历史的研究。只有在系统而深入地研究新中国财政70年的历史轨迹、历史经验和历史规律的基础上，才可能在具有历史穿透力的同时，为新中国财政70年理出一条比较清晰的逻辑线索。

于是，我们首先决定，把本套系列丛书的基本内容或主攻方向定位于“三个基本”：基本轨迹、基本经验和基本规律。

新中国财政70年基本轨迹、基本经验和基本规律的总结和提炼，需要高度概括。这就要有所取舍。取什么？当然要取其主线索。舍什么？自然要舍那些与主线索不那么直接关联着的枝枝蔓蔓。问题是，这条主线是什么？

在长达70年的新中国历史上，在不同时点、不同背景下发生于财政领域的事项，的确数不胜数，犬牙交错。本着透过现象看本质、抓大放小的思维，将这些事项一一梳理并加以鉴别，可以发现，不仅在改革开放的新时期，而且在传统的计划经济年代，尤其是在进入中国特色社会主义新时代之后，举凡涉及经济社会全局和发生在国家治理层面的重大事项，几乎都同财税体制的调整和变革有关。新中国财政70年的历史，事实上是围绕着财税体制的变迁而展开的。财税体制变迁不仅一直是贯穿新中国财政领域的主题，而且始终是财政和国家治理之间交互作用的关节点。

于是，我们又决定，以新中国的财税体制变迁作为这套系列丛书的主线。

作为政府的收支或政府的收支活动，在实际运行和制度安排层面，财政覆盖或牵动诸多领域。鉴于这是一套系列丛书而非一本研究专著，对于新中国财政70年历史进程的考察研究，也可细分为若干论题，在不同领域分别展开。

从总体上看，取得收入和拨付支出无疑是财政两项最基本的活动，由此便涉及到财政收入和财政支出两个领域。所以，围绕新中国财政收入和财政支出70年历史进程的考察研究，可以分别构成这套系列丛书的两个论题。

无论是财政收入还是财政支出，都要纳入以预算为主体的制度体系加以管理和规范，由此便涉及政府预算建设。所以，围绕新中国政府预算70年历史进程的考察研究，可以构成这套系列丛书的第三个论题。

在中国这样的大国，政府肯定是要分作若干级次的，不同级次政府之间肯定有收支往来关系，由此涉及中央财政与地方财政关系的体制安排。所以，围绕新中国财政体制70年历史进程的考察研究，可以构成这套系列丛书的第四个论题。

财政收支也好，政府预算建设也好，财政体制安排也罢，实质是财政资源的配置。财政资源配置格局，总要体现一定的政策目标并产生相应的政策效果。所以，围绕新中国财政政策70年历史进程的考察研究，可以构成这套系列丛书的第五个论题。

财政收支总是要平衡的。无论在中央层面还是地方层面，举凡财政收支的平衡，往往要通过发行政府债券的办法加以实现。所以，围绕新中国政府债务70年历史进程的考察研究，可以构成这套系列丛书的第六个论题。

财政的改革与发展，离不开学理支撑和方法论支持，特别是基础理论的支撑和支持。新中国财政70年的改革与发展，当然是理论与实践的双重探索。所以，围绕新中国财政70年基础理论演进历史的追溯和研究，可以构成这套系列丛书的第七个论题。

于是，我们还决定，这套系列丛书由如下七本专著组成：《新中国财政收入70年》（张斌、杨默如著）、《新中国财政支出70年》（蒋震著）、《新中国预算建设70年》（马蔡琛、赵早早著）、《新中国财政体制70年》（张德勇、孙琳著）、《新中国财政政策70年》（杨志勇著）、《新中国政府债务70年》（冯静、汪德华著）和《新中国财政基础理论70年》（马珺著）。

三

一套系列丛书由七个论题构成，并且由不同的作者分别撰写，不同作者之间又总会存有学术见解、学术风格、学术经历等方面的差异。为了保证这套系列丛书形成一个相对完整的体系，我们认为，很有必要就一些基础性问题达成基本共识，作为共同的立论基础。

首先进入我们视野的一个基础性问题是：该如何进行新中国财政70年的阶段划分？

阶段划分总要依据一定的标准来进行。鉴于本套系列丛书的主线是新中国财税体制的变迁，新中国财政70年的阶段划分，自然要循着这一主线来进行。以制度变迁为标准，可以将新中国财政70年的历史进程大致归为如下九个既彼此独立又互为关联的时期：

- 三年国民经济恢复时期（1949—1952年）

这是新中国财税体制的奠基期。以1949年10月1日新中国宣告诞生为标志，新中国财政随之建立起来。在组建从中央到地方的财政管理机构并建立统一的财政制度的同时，面对当时饱经战火摧残、几乎处于崩溃边缘的国民经济，财政主要担负了两个方面的任务：筹集并支付巨额的军政费用，以消灭残余敌对势力、接受旧政权的人员和维持新政权的运转；治理通货膨胀和整顿生产生活秩序，尽快促进国民经济的恢复和发展，改善人民生活水平。在短短的3年时间内，通过推出统一财经工作、平衡财政收支、稳定物价等一系列政策措施，为国民经济的恢复、政权的巩固以及各方面的治理工作提供了有力的保证，从而实现了国民经济的全面恢复和国家财政状况的根本好转。

- 第一个五年计划时期（1953—1957年）

这是新中国财税体制步入“二元”格局的起点。从1953年起，在国民经济全面恢复的基础上，以实施第一个五年计划为标志，新中国开始转入有计划的经济建设时期。根据党在过渡时期总路线和总任务的要求，作为整个计划经济体制的核心组成部分，财政担负起了为工业化筹集资金和促进社会主义改造的双重任务。一方面，以筹集社会主义工业化建设资金为重点，通过改进和加强财政收支管理，开辟和扩大财源，增加资金积累，保证了“一五”计划的顺利完成。另一方面，伴随着对农业、手工业和资本主义工商业的社会主义改造进程，逐步建立了以对不同所有制和不同区域实施“区别对待”为主要特征的财税制度体系。以此为契机，财政政策逐步演化成为政府手中的发展和壮大国有制经济、削弱乃至消灭私有制经济的重要手段。可以说，正是从这个时候起，我国逐步形成了与“二元”经济社会体制相适应的“二元”财税体制格局。

- “大跃进”和五年调整时期（1958—1965 年）

这是新中国财税体制围绕计划经济体制的适应性探索期。在“一五”各项指标和“三大改造”任务全面完成的背景下，从 1958 年起，中国开始实施第二个五年计划。并且，以此为标志，进入了全面建设社会主义的新时期。然而，由于“大跃进”的盲目发动，经济发展并未按照原定的“二五”计划轨道运行，而是出现了大起大落，从而不得不在 1961 年转入长达 5 年的国民经济调整期。作为整个计划经济体制的核心组成部分，这一时期的财税体制做了许多积极的探索。先是配合“大跃进”实施对地方和企业的放权，在一定程度上改变了“一五”时期过度集权的体制格局。后来，又适应国民经济调整和应对经济困难的需要，适当收缩了一部分“大跃进”期间下放过多的财权，重新加强了财权、财力的集中统一。与此同时，伴随着经济建设回归适度规模的调整进程，财政收支规模也经历了由急剧膨胀到回归常态的变化。应当说，在进入全面建设社会主义新时期之后，围绕计划经济体制而对财税体制进行的适应性调整以及其他方面财政工作的改进和加强，对于保证和推动国民经济全面调整的顺利进行和恢复与发展以及此后的财政自身建设，都积累下了宝贵的经验。

- 文化大革命时期（1966—1977 年）

这是处于困局中的新中国财税体制频繁变动期。1966—1976 年的

“文化大革命”，在将整个经济社会生活带入混乱状态的同时，也使新中国的财政工作面临困局。不仅财政管理指挥体系大大削弱，财政管理思想陷于混乱，而且国家财经纪律也受到严重践踏。为应对由此而引致的不断增加的财政压力，财税体制的变动十分频繁。这种频繁变动，既集中反映了那一时期所累积的财政压力的不断加大，也凸显了扮演苦撑危局角色的新中国财政的特殊作用。因而，客观地看，这一时期的财政，在保证国家最低限度的经常性开支、支持经济建设和工农业生产、保持财政运行的相对稳态状况等方面，取得了一些明显的成就。同时，也为此后包括财税体制改革在内的经济体制改革，埋下了深刻的动因。

● 以“放权让利”为主调的改革时期（1978—1993 年）

这是新中国财政汇入市场化改革大潮的起点。以 1978 年末召开的党的十一届三中全会为标志，中国跨入了改革开放的新时期。从分配领域入手的经济体制改革，最初确定的主调，便是“放权让利”。通过“放权让利”激发各方面的改革积极性，提高被传统经济体制几乎窒息掉了的国民经济活力。而在改革初期，政府能够且真正放出的“权”，主要是财政上的管理权。政府能够且真正让出的“利”，主要是财政在国民收入分配格局中所占的份额。这一整体改革思路与财政自身的改革任务——由下放财权和财力入手，打破或改变“财权集中过度、分配统收统支、税种过于单一”的传统体制格局——相对接，便有了一系列的旨在为整体改革“铺路搭桥”的改革举措。

● 踏上“制度创新”之路的改革时期（1994—1997 年）

这是新中国财税体制改革思路的重大转折点。以“放权让利”为主调的改革，并未从根本上撼动作为计划经济体制重要组成部分的传统财税体制。而且，以财政上的减收、增支为代价，也使财政收支运行自身陷入了不平衡的困难境地。意识到“放权让利”的改革不可持续，在这一思路上持续了十几年之久的财税体制改革自然要进行重大调整：由侧重于利益格局的调整转向新型体制的建立。恰好，1992 年 10 月党的十四大正式确立了社会主义市场经济体制的改革目标，1993 年 11 月召开的党的十四届三中全会又通过了《中共中央关于建立社会主义市场经济体制若干问题的决定》。于是，以建立适应社会主义市场经济的财税体制为着眼点，从1994年起，中国的财税体制改革踏上了制度创新之路。可以说，通过这次财税体制改革，初步搭建起了适应社会主义市场经济体制的财税体制基本框架。

● 构建公共财政体制框架时期（1998—2002年）

这是新中国财政回归"公共性"轨道的里程碑。1994年的财税体制改革，固然使中国财税体制走上了制度创新之路，但并没有解决问题的全部。因为，说到底，1994年财税体制改革所覆盖的，还只是体制内的政府收支。游离于体制之外的政府收支，则没有进入视野。而且，1994年财税体制改革所着眼的，也主要是以税收为代表的财政收入一翼的制度变革。至于另一翼——财政支出的调整，虽有牵涉，但并未作为重点同步进行。与此同时，既得利益的掣肘加之财政增收的动因，也在一定程度上束缚了改革的手脚，使得一些做法带有明显的过渡性或变通性色彩。随着1994年财税体制改革成果的逐步释放，蕴含在游离于体制之外的政府收支以及财政支出一翼的各种矛盾，便日益充分地显露出来并演化为困扰国民收入分配和政府收支运行过程的瓶颈。于是，在20世纪90年代后期，以规范政府收支行为及其机制为主旨的"税费改革"以及财政支出管理制度的改革，先后进入财税体制改革的重心地带并由此推动财政回归"公共性"轨道——构建公共财政体制框架。

● 进一步完善公共财政体制时期（2003—2012年）

这是新中国财政回归"公共性"轨道后的体制完善期。正如社会主义市场经济体制要经历一个由构建到完善的跨越过程一样，伴随着以构建公共财政基本框架为核心的各项财税体制改革的稳步推进，财税体制改革也逐渐步入深水区而面临着进一步完善的任务。2003年10月，党的十六届三中全会召开并通过了《中共中央关于完善社会主义市场经济体制若干问题的决定》。在这次会议上以及这份重要文献中，根据公共财政体制框架已经初步建立的判断，提出了进一步健全和完善公共财政体制的战略目标。认识到完善的公共财政体制是完善的社会主义市场经济体制的一个重要组成部分，将完善公共财政体制放入完善社会主义市场经济体制的棋盘，从而在两者的密切联系中谋划进一步推进公共财政建设的方案，也就成了题中应有之义。以此为契机，中国的财税体制改革又开始了旨在进一步完善公共财政体制的一系列操作。

- 建立现代财政制度时期（2012— ）

这是新中国财政的重大历史变革时期。随着中国特色社会主义进入新时代，社会主要矛盾由“人民日益增长的物质文化需要同落后的社会生产之间的矛盾”转化为“人民日益增长的美好生活需要与不平衡不充分的发展之间的矛盾”，经济发展由高速增长阶段转向高质量发展阶段，改革开放由以经济体制改革为主到全面深化经济、政治、文化、社会、生态文明体制改革，财政亦被纳入现代国家治理总体布局并摆在基础和重要支柱位置。以此为转折点，财政不仅要作为政府活动的经济基础而发挥作用，而且要作为国家治理的基础和重要支柱而进入国家治理的全过程和各领域。于是，在公共财政体制初步站稳的基础上，聚焦于国家治理现代化的全面深化改革总目标，以建立与国家治理现代化相匹配的现代财政制度为目标取向，新中国财政开启了一系列适应新时代的历史性变革。

四

从新中国财税体制奠基，到支撑社会主义工业化建设并初步形成“二元”的财税体制格局；从为建立适应计划经济体制的新中国财税体制而进行艰难的探索，到为顶住各方面的动荡压力而苦撑危局并频繁进行财税体制的调整；从主要着眼于为整体改革“铺路搭桥”而在财税上“放权让利”，到走上制度创新之路、旨在建立新型的财税体制格局；从回归“公共性”轨道的公共财政基本框架构建，到在此之后围绕完善公共财政体制和公共财政体系而推出一系列操作；从走入中国特色社会主义新时代，到以建立匹配国家治理现代化的现代财政制度为目标取向而开启一系列历史性变革。当我们大致把握了 70 年间新中国财税体制的演进脉络之后，第二个基础性问题自然要进入视域：新中国财税体制是否存在着一条上下贯通的主线索？换言之，新中国财政的历史逻辑是什么？

认识到新中国财政的重要性和特殊性，既集中体现在它是政府所从事的所有活动的经济基础，又集中体现于它与国家治理之间的天然关联，系国家治理的基础和重要支柱，对于新中国财政的历史逻辑，肯定不可就财政论财政，也不能就经济论财政，而须跳出财政、甚至跳出经济而伸展至党和国家事业全局，从财政与经济、政治、文化、社会和生态文明各领域的相互联系及交互作用中加以提炼。

为此，以大纵深的历史眼光，对应中华民族从站起来、富起来到强起来的伟大飞跃，并将新中国 70 年、改革开放 40 年和党的十八大以来三个重要历史时期分别凸显出来加以考察，可以将新中国财税体制的历史进程概括为如下“三部曲”：

- 起步于“非公共性”：“二元”的财税体制

从新中国成立至改革开放之前的这一历史时期，在实行高度集中计划经济体制的大背景下，面对当时亟待完成对农业、手工业和资本主义工商业的社会主义改造，加快实现社会主义工业化的任务，并且参照苏联、东欧国家的财税体制，我们逐步建立起来并投入运行的财税体制格局以及作为其结果的财税运行格局，具有鲜明的“二元”特征。

对于那一时期的财税运行格局，尽管可从不同的角度加以归结，但本着收入——“钱从哪里来”、支出——“钱向何处去”以及政策——“收支安排所体现的目的”这样三条有关财政活动运行层面的基本线索，可以将其概括如下：

财政收入主要来自于国有部门——“取自家之财”（全国财政收入的 85% 以上来自国有部门缴款）；财政支出主要投向于国有部门——“办自家之事”（全国财政支出的 85% 以上用于国有部门）；财政政策倾向于在国有和非国有部门之间搞“区别对待”——发展和壮大国有经济、削弱以至铲除私有制经济。

财税运行格局之所以是上述这个样子，同那一时期与高度集中的计划经济体制相契合的单一化GDP所有制构成以及“二元”经济社会制度环境直接相关。作为单一公有制经济成分的直接反映，至少在表象上，那一时期的GDP几乎全部来源于国有和集体所有制经济部门。作为“二元”经济社会制度的重要组成部分，那一时期的财税体制自然建立在“二元”基础上——在财政上实行不同所有制分治和城乡分治：

——国有制财政。以所有制性质分界，财政收支活动主要在国有部门系统内部完成。至于非国有部门，则或是游离于财政的覆盖范围之外，或是位于财政覆盖范围的边缘地带。

——城市财政。以城乡分界，财政收支活动主要在城市区域内部完成。至于广大农村区域，则或是游离于财政的覆盖范围之外，或是位于财政覆盖范围的边缘地带。

——生产建设财政。以财政支出性质分界，财政支出活动主要围绕生产建设领域而进行。至于非生产性或非建设性支出项目——其中主要是以改善民生为代表的公共服务性支出项目，则往往被置于从属地位或位于边缘地带。

这即是说，“二元”财税体制所覆盖的范围，不是全面的，而是有选择的。“二元”财税体制所提供的财政待遇，不是一视同仁的，而是有薄有厚的。“二元”财税体制下的财政支出投向，不是着眼于整个公共服务领域的，而是专注于生产建设的。于是，便形成了同属一国企业和居民、身处同一疆土之上并受同一政府管辖，但因财政覆盖程度不同而须面对不同财政待遇的不同行政区域、不同企业部门和不同居民家庭。

有选择而非全面的财政覆盖范围，有厚有薄而非一视同仁的财政待遇，专注于生产建设而非整个公共服务领域，如此的财税体制格局以及作为其结果的财税运行格局，对于完成农业、手工业和资本主义工商业的社会主义改造并由此奠定社会主义工业化基础，无疑发挥了重要作用。但是，也必须承认，这种体制及其运行格局有违财政的本质属性，系“非公共性”（或称“非普惠性”）的。从根本上说来，这只能是特殊历史时期服务于特殊政策目标的一种特殊产物。一旦时过境迁，它终将回归“公共性”轨道。

事实上，也可以认为，正是这种“非公共性”的财税运行和财税体制格局同财政本质属性的不相适应性以及其间所发生的愈演愈烈的冲突，把新中国财税体制推上了改革之路。

● 回归“公共性”：由“二元”转向“一元”的财税体制

始自1978年的经济体制改革，迄今一个最为流行的表述是“市场化改革”。经济市场化的改革进程，首先带来的是GDP所有制构成的多元化——GDP来源于多种所有制经济部门的共同创造。

这一影响传递到财税运行格局上，就是财政收入来源的公共化——由“取自家之财”到“取众人之财”（来源于非国有制部门的财政收入份额迅速上升）。财政收入来源的公共化，自然会推动并决定着财政支出投向的公共化——由“办自家之事”到“办众人之事”（用于非国有制部门的财政支出份额迅速上升）。财政收支的公共化，又进一步催生了财政政策取向的公共化——由在“自家”与“他家”之间搞“区别对待”，到在全社会范围内实行“国民待遇”。

呈现在财税运行格局上的这些变化，当然是在财税体制回归“公共性”的变革过程中发生的。发生在财税体制上的变革，又是一个以“财政公共化”顺应经济市场化以及经济社会制度由“二元”趋向“一元”的历史进程：

——从国有制财政走向多种所有制财政。财政覆盖范围不再以所有制分界，而是跃出国有部门局限，延伸至包括国有和非国有在内的多种所有制部门。

——从城市财政走向城乡一体化财政。财政覆盖范围不再以城乡分界，而是跃出城市区域局限，延伸至包括城市和农村在内的所有中国疆土和所有社会成员。

——从生产建设财政走向公共服务财政。财政支出投向不再专注于生产建设事项，而是跃出生产建设支出局限，延伸至包括基础设施建设、社会管理、经济调节和改善民生等众多的公共服务事项。

由“国有制财政+城市财政+生产建设财政”向“多种所有制财

政 + 城乡一体化财政 + 公共服务财政”的变革，便是财政的覆盖范围不断拓展并逐步实行财政无差别待遇的过程。在这个过程中日渐彰显并最终回归的，正是财政与生俱来的本质属性——“公共性”。

正是在这样的背景下，不仅催生了公共财政的概念以及相关的实践，而且，作为市场化改革进程中的财税体制改革“阶段性”目标，从 1998 年起，构建公共财政体制框架进入人们的视野。随之，包括收入、支出、管理和体制在内的几乎所有的财税体制改革线索和几乎所有的财税体制改革事项，都被归结于这条主线索、覆盖于这一总目标。至 2003 年，又在初步建立公共财政体制框架的基础上，展开了旨在进一步健全和完善公共财政体制的一系列操作。

- 走向“现代化”：对接现代国家治理的财税体制

以 2012 年举行的党的十八大为转折点，中国特色社会主义进入了新时代。并且，以中共十八届三中全会做出“财政是国家治理的基础和重要支柱”这一全新论断为转折点，新中国财政也进入了新时代。这一变化带给新中国财政的最为深刻的影响，就是财政由一个经济范畴跃升为一个国家治理范畴，财税体制由经济体制的一个组成部分跃升为国家治理体系的一个组成部分。故而，服务于推进国家治理体系和治理能力现代化的全面深化改革总目标，将财政与国家治理、财税体制与国家治理体系密切联系在一起，在现代国家治理的大棋局中谋划并推进财税体制改革，便成为题中应有之义。

于是，对接现代国家治理，发生在财税体制改革上的一系列大不相同于以往的历史性变化出现了：

——从适应和匹配经济体制改革到适应和匹配全面深化改革。财税体制改革不再局限于适应和匹配社会主义市场经济体制要求，而是同包括经济体制、政治体制、文化体制、社会体制和生态文明建设体制改革在内的所有改革进程紧密对接，着眼于适应和匹配各个领域的改革联动，适应和匹配改革的总体效果，适应和匹配推进国家治理现代化的总体目标。

——从立足于经济领域到立足于国家治理领域。财税体制改革不再局限于经济范畴、经济制度安排的简单思维，而是站在国家治理的总体角度，将财政作为国家治理的基础性和支撑性要素加以打造，将财税体制作为全面覆盖国家治理全过程、各领域的综合性制度安排加以构建。

——从追求“性质匹配”扩展至“现代化匹配”。财税体制改革不再局限于属性特征、追求财税体制与社会主义市场经济体制的“性质匹配”，而由属性特征扩展至时代特征，追求财税体制与国家治理体系和治理能力的“现代化匹配”，从现代财政文明出发布局财税体制改革，打造现代国家财政制度的一般形态——顺应历史规律、切合时代潮流、代表发展方向、匹配中国国情的现代财政制度。

它标志着，在回归“公共性”轨道的基础上，与全面深化改革进程相伴随，新中国财政进入了走向“财政现代化”的新阶段。从这个意义上讲，现代财政制度同公共财政体制一脉相承，实质是建立在财政公共化基础之上的财政现代化。

五

从“非公共性”的“二元”体制格局起步，到回归“公共性”轨道、由“二元”转向“一元”的体制格局，再到走向“现代化”、以建立现代财政制度对接现代国家治理，这一贯穿新中国财税体制 70 年的主线，与其说是制度安排的结果，不如说是新中国财政 70 年的历史逻辑，系不以人的意志为转移的客观规律作用使然。

接踵而至的第三个基础性问题是：踏着中国特色社会主义进入新时代的脚印，新中国财政的时代潮流是什么？

一个时代有一个时代的主题，一个时代有一个时代的使命。进入新时代的新中国财政当然要契合时代主题，也当然要履行时代使命。唯其如此，才能在时代潮流中顺势而为。因而，顺应时代需要，恰当地认识并把握好新时代的主题和使命，是非常重要的。

新时代不是一个标签，更不是一句空话，而是有着一系列实实在在的内容。从大处着眼，它的基本标志至少有如下几个：其一，社会主要矛盾转化为“人民日益增长的美好生活需要与不平衡不充分的发展之间的矛盾”。其二，经济发展转向以质量和效益为重心的高质量发展阶段。其三，改革开放进入以国家治理现代化为总目标的全面深化改革新阶段。

上述的三条，绝非平行线索，而系具有一脉相承关系的统一体。发生在社会主要矛盾层面的重大变化，实质上揭示了中国经济发展的阶段性特征，也构成了中国经济迈上高质量发展道路的逻辑起点。要在继续推动发展的基础上，着力解决好发展不平衡不充分问题，大力提升质量和效益，更好满足人民日益增长的美好生活需要，就要求经济、政治、文化、社会、生态文明建设全面推进，就要求实行经济、政治、文化、社会、生态文明体制“五位一体”改革联动，就要求实现国家治理体系和治理能力现代化。

说到这里，有必要提及这样一个事实，无论是前面述及的党的十八届三中全会关于“财政是国家治理的基础和重要支柱”的论断，还是据此延伸的“科学的财税体制是优化资源配置、维护市场统一、促进社会公平、实现国家长治久安的制度保障”的表述，都是同现代国家治理联系在一起的。也即是说，作为其载体的现代财政制度，只有在、也只能在对接国家治理现代化总目标的背景下才可能提出，并成为新时代财税体制改革的目标定位。

从现代国家治理和现代财政制度相辅相成、互为条件的关系中，可以确认，在新时代的中国，这样一种变化的出现绝非偶然。它标志着，随着改革开放进入到全面深化改革阶段并确立国家治理现代化的目标，新中国财政也步入了一个新的历史阶段——匹配国家治理现代化，从建立现代化的财政制度入手推进国家治理体系和治理能力的现代化。

这意味着，历史地、辩证地认识新中国财税体制变迁的历史逻辑，准确把握中国财税体制改革的新时代，在一个与过去 70 年大不相同的财税体制格局基础上建立起与现代国家治理相匹配的现代财政制度新格局，是走入新时代的新中国财政的时代潮流。

站在新中国财政 70 年这一新的历史起点上，可以肯定地讲，在国家治理领域充当基础和重要支柱，在国家治理体系中发挥基础性和支撑性作用，已经成为中国财政必须致力于完成的经常性工作和必须聚焦于履行的根本性使命。这是中国特色社会主义进入新时代，中国经济发展进入新阶段，中国改革开放进入全面深化经济、政治、文化、社会、生态文明体制“五位一体”改革新时期的历史必然。

引申一步说，作为全面深化改革总目标的国家治理体系和治理能力现代化，是以财政作为基础和重要支柱的国家治理体系和治理能力现代化，是建立在有效发挥财税体制对于国家治理体系的基础性和支撑性作用基础上的国家治理体系和治理能力现代化。这既是新中国财政的历史逻辑，也是新中国财政的时代潮流。

也就是说，走入新时代，我们更需要有大格局、高站位。

六

对于已经有了70年历史并进入新时代的新中国而言，财税体制往什么方向走，是一个带有根本性的问题。于是，在我们清晰提炼和揭示新中国财政历史逻辑和时代潮流之后，又提出了本套系列丛书的第四个基础性问题：该如何为新时代财税体制改革的方向做出理论概括？

我们已经看到，作为新时代财税体制改革的基本目标，现代财政制度一头连着社会主义市场经济，一头连着现代国家治理，实际上是社会主义市场经济和现代国家治理结合在一起的产物。

认识到只有财政的公共化才能与经济的市场化相匹配，与社会主义市场经济体制相匹配的现代财政制度，只能也必须坚守财政的本质属性——公共性。

认识到只有财政的现代化才能与国家治理的现代化相匹配，与现代国家治理相匹配的现代财政制度，只能也必须遵从财政的本质定位——国家治理的基础和重要支柱。

简言之，在公共财政体制的基础上建立现代财政制度，在财政公共化的肩膀上叠加财政现代化，让财政在更高层次上、更广范围内发挥对于国家治理的基础性和支撑性作用，以财政治理体系和治理能力的现代化支持和推动国家治理体系和治理能力的现代化，既是新时代赋予中国财政的主题，也是新时代中国财政理应担负的使命，更是中国特色社会主义制度及其执行能力的具体体现。

理由之一：在所有国家治理活动所涉及的政府职能中，只有财政职能可以覆盖所有的政府职能，只有财政职能部门的活动可以牵动所有政府职能部门的活动。它是一项最具综合意义的基本政府职能。

理由之二：在所有国家治理体系所涉及的制度安排中，只有财税体制的触角可以伸展至国家治理体系的枝枝蔓蔓。在所有国家治理活动所涉及的制度变革中，只有财税体制的调整能够相伴于国家治理活动的方方面面。它是一项最具基础意义的基本制度安排。

理由之三：在所有国家治理事务所涉及的利益关系中，只有财政关系可以承载并牵动公共事务线索上的各方面利益。在所有国家治理活动所涉及的利益关系调整中，只有财政活动能够触碰至所有社会组织和居民个人并连接政府系统内部各部门、各级次。它是一条最具“牛鼻子”意义的基本关系链条。

七

这套系列丛书的写作过程，恰如一个重大课题研究过程。其中的甘苦，非三言两语所能描述。写到这里，我们最想说的一句话就是：对于新中国财政 70 年取得的辉煌成就及其背后客观规律的认识和发现，是激励我们完成这一研究和写作任务的动力和源泉。

以这样一套系列丛书来概括新中国财政所走过的 70 年历史进程，很难做到周全，错漏在所难免。无论从哪个方面看，对于新中国财政 70 年基本轨迹、基本经验和基本规律的提炼和揭示，都是一个十分庞大的课题。我们自知，迄今为止，本套系列丛书所完成的工作，还只能算是一次探索。

我们诚恳地期待着来自广大读者的批评指正。

高培勇

2019 年 9 月 19 日于中国社会科学院

目　　录

图表目录

图

表

第一章　历史维度考量财政支出制度的内在演变逻辑

财政支出是国家财税制度的重要表现形式和组成部分，无论是什么形态的财税制度，还是哪个社会经济发展阶段，财政支出都是非常重要的环节和内容。党的十八届三中全会提出“财政是国家治理的基础和重要支柱”这个判断和提法，恐怕是人类社会的一个普遍规律。在财政制度中，财政支出总是满足社会成员公共需要的重要工具，也是财政参与社会产品分配的重要体现。财政是“取公众之财，办公共之事”，财政支出是“办公共之事”的过程。习近平总书记在十八届中共中央政治局第一次集体学习时的讲话指出，“党在不同的历史时期，总是根据人民的意愿和事业发展需要，提出富有号召力的奋斗目标，团结全国人民为之奋斗”。财政支出的安排亦是这个基本逻辑，它的安排总是须从社会经济历史发展的维度来综合考量、全局统筹，在理解财政支出制度时，也需要从历史演变的视角来分析其内在逻辑，以更好地明确财政支出的全貌和基本逻辑。

第一节　财政支出是社会经济转型发展的基础和重要动力

人类社会的发展总是会经历不同阶段，历史经验表明，社会经济总是呈现一部从传统农业社会向现代工业社会转型发展的动态史。时至今日，随着技术水平的巨大进步，人类社会又一次站在了文明转型升级的重要节点，智能化、灵活化的技术手段已经让人类社会从工业社会进一步向知识信息社会转型跨越。在这个过程中，财政支出总是发挥了巨大的作用。从世界各国的现代化转型过程来看，在从传统农业国家向现代工业国家转型过程中，并不是所有的国家都能够成功从低收入阶段成功跨越到高收入阶段。随着人均收入水平的不断提升，转型跨越的难度越来越大，一些国家能够成功转型、持续发展，而另外一些国家则遇到了瓶颈状态。

比如，早在20世纪60—70年代，一些拉美国家就达到人均GDP 6000美元左右的中等收入水平，然而此后长达30年多年的时间内，一直停止不前。世界银行在总结这种经济发展转型教训时，称之为“中等收入陷阱”。中等收入陷阱的原因在于，由于财政无法充分调节经济增长中的各类结构问题，导致经济转型过程中积累的各类社会矛盾集中凸现，影响到了经济增长动力的形成，导致经济增长长期停滞不前。具体看：一是整个产业结构失衡。一些拉美国家在进入中等收入水平后，财政支出难以对技术创新能力的培育和形成有效支撑作用，无法升级产业结构，一旦劳动力成本显著上升，导致低附加值产业资本迅速转移至其他劳动力价格较为低廉的地区，整个经济增长动力受到了显著影响。二是分配结构失衡。在国家转型过程中，财政支出无法在有效调节收入分配方面发挥显著的功能作用，导致国民经济增长的成果没有惠及全体人民，居民收入分配差距急剧扩大，带来了严重的社会不稳定问题。中国社会科学院郑秉文研究员指出，“20世纪20年代拉美地区平均基尼系数为59.6%，60年代下降到53.2%，70年代进一步下降到49.1%，80年代上升为49.7%，90年代又下降到49.3%。尽管如此，拉美地区仍是世界上基尼系数最高的地区之一”①。直到今天，拉美国家仍然是世界上收入分配差距较大的国家，整个社会结构仍然存在严重的问题。三是城乡二元经济结构问题非常突出。一些经济学家在研究拉美国家的

① 郑秉文：《拉美城市化的教训与中国城市化的问题——“过度城市化”与“浅度城市化”的比较》，《国外理论动态》2011年第7期。

经济增长时，对城乡二元经济结构的形成成因有着非常精辟的分析，然而，由于经济结构和产业结构的失衡以及财政支出的调解作用乏力，导致大量无就业或低就业人口聚集在城市，出现了大量的“贫民窟”，出现了城镇化被虚高的问题。

而反观另外一些国家则成功跨过了“中等收入陷阱”，进入了高收入水平阶段，韩国、日本、新加坡等国家均是这方面的典型范例。在这些成功的案例中，政府在其中发挥的功能作用是非常关键的，财政支出的作用“功不可没”。正是政府之手的重要作用，让这些国家不断突破增长“瓶颈”，从低收入国家跨越到高收入国家行列，政府之手的作用主要是通过财政支出来实现的。

比如，美国是当今世界上最发达的经济体，它在面临经济转型时，也存在着重大转折点。这些转折点，均是政府正确发挥作用，财政支出作为政府发挥功能作用的重要手段之一。第一个重要节点是资本主义大危机时期，20 世纪 30 年代，美国股票市场全面崩盘引爆了整个资本主义大危机，这次危机可以说是整个资本主义史上持续时间最长、破坏力最强、影响最深远的一次经济危机，直到今天人们还在忌惮。危机爆发后，对于制造业迅速产生巨大影响，大量企业迅速破产、失业人口数量急剧上升。为应对经济危机当时的罗斯福政府采用了凯恩斯主义的理念，扩大有效需求，提出了被称为 3R 的政策理念，即：救济（Relief）、复兴（Recovery）和改革（Reform），加强政府对经济的干预。其中一个很重要的措施就是通过扩张财政投资支出，提升基础设施投资率，特别是当时美国国会先后通过了《农业调整法》和《全国工业复兴法》，大危机时期，正是美国对工农业基础设施领域进行了大规模投资，才帮助美国成功摆脱危机的影响。财政投资性支出的快速增长成为美国摆脱大危机的重要措施。第二次世界大战以后，针对基础设施的投资仍然是美国政府财政支出的重要方面，特别是全国交通设施网络的投资。到了 20 世纪 50 年代，整个美国的骨干高速公路网络已经形成，在这种投资支出政策拉动的影响，美国迎来了战后为期 10 年的黄金增长时期。然而，到了 20 世纪 70 年代，由于受到石油危机的影响，美国陷入了“滞胀”的泥潭，整体经济形势成为继大危机后的又一次经济危机，美国政府也在不断寻找经济增长的新动力，终于在 1981 年有了重要突破，美国通过了《拜杜法案》，这个法案打破了原有的关于科研成果“谁出资、谁拥有”的政策困境，极大提升了美国政府在科技成果投入的转化效率和效果，在之后的里根政府时期，实施了大规模的减税政策，这一系列政策的直接效果就是激发了市场活力，政府对于科研成果的财政支出不断转化成为新的产业，极大带动了经济增长，提高了经济增长率。克林顿政府时期为了让美国再度繁荣发展，就要建设“21 世纪的高速公路”，保证美国经济实现高速增长。这就是“信息高速公路”（the Information Superhighway）。1993 年 9 月，克林顿就任美国总统后，推出了美国“国家信息基础设施”工程计划（National Information Infrastracture，简称 NII）。该计划使得美国在互联网产业发展方面领先于世界，支撑克林顿政府任期之内快速的经济增长。

从促进社会经济转型过程中发挥的功能作用来看，财政支出在构筑经济体转型发展的动力方面发挥了不可替代的重要作用。经济体转型发展中的全局性、系统性、战略性问题的解决依赖于社会经济各领域之间的相互协同、相互衔接，财政支出是社会经济转型的“发动机”和“缓冲器”。这在任何社会发展阶段都是如此。人类社会的发展就是从原始状态走向文明状态的过程，从无意识的自然状态走向有着主观能动性的、具有思考分析能力的现代人类社会状态的过程。为了更好地促进人类社会发展，人们从个体活动走向群体活动，逐渐发展成为人类社会，形成文明状态。

人类社会运转过程中，有着共同的价值目标和追求，正如马克思和恩格斯所提出的人类解放的最高价值追求就是“追求全面而自由的发展”，由此建立了一套社会秩序。人们存在着一些弱点，可能会影响这种社会目标的实现，必须要建立一套各方共同遵守的秩序，更好地让彼此之间的目标相容，正如马克思、恩格斯在《共产党宣言》中提到：“代替那存在着阶级和阶级对立的资产阶级旧社会的，将是这样一个联合体，在那里，每个人的自由发展是一切人的自由发展的条件”。整个社会衍生出“社会共同需要”的理念，何振一先生曾经指出：“社会共同需要，并不是普通意义上的大家都需要，也不是全社会个人需要和集团需要的机械加总，在阶级社会中也不是各个阶级的共同需要，而是就社会总体或社会自身而言，是维护一定社会存在，一定社会再生产的正常进行，必须由社会集中组织的事务的需要”[①]。社会共同需要便是政府通过财政支出来满足的。正因为如此，世界银行在 1997 年世界发展报告《变革世界中的政府》中明确提到：“没有一个有效的政府，经济和社会的可持续发展都是不可能的”[②] 在任何文明时期，社会成员必然要通过各种规则，让全体社会成员都要遵循一定的运行秩序，更好地实现彼此之间的共同目标，奠定长期稳定发展的基础条件，财政支出用于哪些领域、用多少，都是社会成员达成共识的结果。

在农业文明时代，社会产品的生产结果主要是农产品，耕种是几乎获得社会产品的唯一方式，这个时期，主要的生产要素是土地和劳动力。古典经济学所处的时期正是农业文明后期和工业社会的前期，古典经济学家们经常论述土地和劳动力在社会财富创造中的关键作用。由于这个时期社会产品的生产方式基本上是农业生产，农业生产率的高低和农产品产量的多少主要取决于人口数量和土地的自然条件。因此，农业文明时期的政府支出对这两方面都有着重要安排：一是往往有着大量军事支出，农业社会时期，农业生产率水平较低，人口增加会让农产品更加稀缺，往往不同群体之间往往为了获得稀缺的农产品带来严重的军事冲突，政府为了更好地维护本国人民，军事支出成为一个重要的财政支出类型。二是改善农业生产的自然条件。“靠天吃饭”是农业生产的主要特点，长期的农业文明让人口分布往往集中于自然条件较好的区域。水源是人们的重要生存条件，直到今天，我们的人口仍然有相当一部分分布于大江大河沿岸。为了更好地抵御自然灾害对人们生存条件带来的严重影响，政府往往会安排大量的水利支出用于兴修水利工程，更好地提升农业生产率，这也是水利支出改善农业社会资源配置的最直观表现。在农业社会时期，政府用于水利方面的支出已经成为衡量政府资源配置能力水平的重要指标，如隋朝大运河的修建，极大提升农业社会资

① 何振一：《理论财政学》，中国社会科学出版社 2015 年版。

② 世界银行：《1997 年世界发展报告：变革世界中的政府》，中国经济出版社 1997 年版，前言部分。

源配置的效率；到了工业社会，社会剩余产品的出现让市场交换行为成为一种普遍现象，于是市场经济体制便成为社会发展的重要模式，社会分工大大深化，产业类型层出不穷，政府的重要作用在于更好地维护市场规则体系，更好促进社会分工，释放生产要素的活力。比如，政府对基础设施建设进行大量投资，这是降低市场交易成本的重要措施。某种意义上说，财政支出的功能作用在于市场交易成本，促进统一市场体系的形成，让市场在资源配置中发挥决定性作用，使市场要素和产品自由流动，不能过多干扰市场机制，而是作为市场秩序的监管者和引导者。同时，市场经济体制下资本和劳动之间的收入分配不断扩大，收入分配问题也成为财政支出的重要内容。工业社会以后，社会保障制度成为保障所有社会成员基本生存权利的关键制度设计，正是由于为人们解决生存的后顾之忧，人们才能够更好地发挥自身的能动性，成为市场主体。从这种意义上来说，社会保障支出不仅是一种公平制度，更是一种促进经济效率的制度设计。在工业社会，某些领域的财政支出存在非常大的争议。比如，政府产业政策中针对某些产业的补贴支出是否正当，在产业处于幼稚期的时候，特别是市场经济体制不完善时，政府产业政策能够让幼稚期的企业能够与其他国家或地区的成熟企业实现公平竞争。

第二节　财政支出与经济体制道路选择

制度就是一种秩序，选择什么样的经济体制来实现现代化转型的目标，成为中国政府面临的首要问题。从历史纬度上来看，新中国成立之后，我国的现实国情是经济和社会发展不能满足人民日益增长的物质和文化需要，我国亟待“由落后的农业国变成先进的工业国”，要“建立独立的完整的工业体系”成为了我们党和国家的主要任务。然而，在选择经济体制和发展道路时，不同的经济体制对财政职能和财政支出范围有着非常显著的影响。以 1978 年改革开放为分界点，可以把经济体制分成计划经济体制和社会主义市场经济体制。

一、计划经济体制下的“生产建设型财政”

中华人民共和国成立之后，按照马克思主义的思想和理念，以苏联计划经济体制为模板，中国建立了适合于自身国情的计划经济体制，这种体制的基础是生产资料公有制，以此建立一套指令性计划体系为核心的经济运行方式，对社会总产品的生产和分配进行综合调节，生产什么、如何生产、生产多少都是由中央指令性计划来决定。

计划经济体制下，企业不是真正具有独立财产权利的主体，而只是社会产品生产的单元细胞。高培勇教授曾经分析到：“全社会宛如一个大工厂，国家财政便是大工厂的财务部。社会再生产过程的各个环节都由统一的综合财政计划加以控制，企业财务部门和家庭财务部门均在一定程度上失去独立性。”① 这个时期财政职能是大而全的特征，财政参与社会产品生产、分配的一切环节，“包办一切”。1950 年 2 月全国财政工作会议上确定了“财政收支统一、公粮统一、税收统一、编制统一、贸易统一、银行统一”的财政统一管理模式。财政支出成为计划经济体制下，组织产品生产和调节经济平衡的重要杠杆工具。财政支出是依据国民经济生产计划来确定的。由于国营企业主要是全民所有制企业和集体所有制企业，政府和企业无法分离，企业成为生产单位，而不是独立自主、自负盈亏的主体，财政支出的一个重要方向就是为国营企业提供经营资金，企业所有的利润都上缴给财政。厦门大学张馨教授曾经指出：“整个国家的财力通过财政向国营经济集中。作为国家的财力，当然基本上只投向国家自己所有的企业，即投向国营经济，只被用于发展国营经济。同时打击和禁止非公有制经济，促使集体经济向国营经济转变。而整个经济的国营化，是计划经济得以正常运转的根本保证。”②

---

① 高培勇：《中国财政困难的由来：从运行机制角度的分析》，《经济科学》1995 年第 5 期。

② 高培勇、孙国府、张迪恳：《中国财税改革 30 年：回顾与展望》，中国财政经济出版社 2009 年版。

在整个社会经济平衡中，一个非常重要的问题是平衡“吃饭”和“建设”、积累和消费之间的关系。1949年9月29日，中国人民政治协商会议第一届全体会议通过《中国人民政治协商会议共同纲领》，第四十条明确提出，关于财政：建立国家预算决算制度，划分中央和地方财政范围，厉行精简节约，逐步平衡财政收支，积累国家生产资金。1956年9月，党的八大周恩来总理作了《关于发展国民经济的第二个五年计划的建议的报告》，明确提出“合理地积累和分配资金。国家建设规模的大小，主要决定于我们可能积累多少资金和如何分配资金。我们的资金积累较多，分配得当，社会扩大再生产的速度就会较快，国民经济各部门就能够按比例地发展。因此，合理地解决资金积累和资金分配的问题是很重要的”。

为了更好地推动工业化进程，更好地集中力量干大事，我国制定了高积累、低消费的发展战略体系，财政将大量的支出用于生产建设之中，而用于消费领域的支出是不足的。财政支出表现为中央高度统一的特征，财政通过对各个企业事业生产经营资金的拨付，财政支出包揽了大量的基本建设以及相关流动资金的支出事项，国民经济生产建设支出占全部财政支出的绝对比例，形成了计划经济体制下的“生产建设财政”。

生产建设财政是与计划经济体制相适应的财政类型，具体是指基本建设支出为主的经济建设支出占全部财政支出的比重较大的财政支出类型。在计划经济体制的制度背景下，我国实行“高度集中、统收统支”的计划经济类型，国家实行对价格、金融、投资等各个领域的全面控制，国家利用指令性计划对社会资源进行分配，企业只包括全民所有制企业和集体所有制企业两种类型，企业只是执行国家指令性计划的工具和载体。企业生产产品的数量、种类、价格以及扩大再生产的比例等等均由中央指令性计划来决定。

这种制度背景下，在国家掌握绝对资源分配的前提下，财政部门承担了集中资源的职责，这个时期对财政职能的定位是发展经济、保障供给。政府间财政关系的特征就是“统收统支”，地方政府所有类型的财政收入都必须上缴给中央财政，地方政府承担职能所需的财政支出由中央财政按照国民计划进行拨付。财政支出覆盖领域包括了整个社会生产、交换、分配、消费的所有方面，财政在国民收入初次分配和再分配领域占据了绝对地位。在中华人民共和国成立初期，国家面临着发展工农业和基本建设的重要任务，为了迅速恢复经济，集中财力办大事、平衡财政收支是经济建设型财政的出发点和立足点。整个社会生产和扩大再生产的资金大部分是由中央财政直接拨款来支撑的，企业生产经营所需要的资金大部分由财政部门提供，这种情况下，财政支出中用于基本建设的投资性支出占到全部财政支出相当大的比例，这种财政支出模式决定了我国计划经济条件下的财政具有非常显著的生产建设特点。

政府不仅要承担各类支出，比如国防支出、行政机关运转支出、公共安全支出、医疗卫生支出、公共教育支出、科学研究支出等等，还要负担公有制企业生产经营资金的相关支出。整个国民经济运行中财政支出的扩张或收缩主要是通过生产建设支出的调节来进行的，财政平衡也成为社会产品生产平衡的关键核心领域，在安排财政支出计划时，确保按照财政平衡的理念来实施，不设置财政赤字。这种财政支出结构在帮助新中国成立之后推动工业化方面发挥了巨大的功能作用。我国工业化体系能够在短时间内取得如此大的成就，财政支出发挥了至关重要的作用。

二、社会主义市场经济体制下的财政支出形态

改革开放以后，我国开启了计划经济体制向社会主义市场经济体制的转型，中国的经济体制改革走的是一条渐进式的道路。党的十一届三中全会指出："现在我国经济管理体制的一个严重缺点是权力过于集中，应该有领导地大胆下放，让地方和工农业企业在国家统一计划的指导下有更多的经营管理自主权"，十一届三中全会开启了改革开放的伟大征程。1982 年 9 月，党的十二大指出"正确贯彻计划经济为主、市场调节为辅的原则，是经济体制改革中的一个根本性问题"，这次会议对计划与市场的关系作了全新定位。1984 年 10 月，党的十二届三中全会召开，通过了《中共中央关于经济体制改革的决定》，提出"改革计

划体制，首先要突破把计划经济同商品经济对立起来的传统观念，明确认识社会主义计划经济必须自觉依据和运用价值规律，是在公有制基础上的有计划的商品经济”。1987年10月，党的十三大提出：“必须以公有制为主体，大力发展有计划的商品经济。商品经济的充分发展，是社会经济发展不可逾越的阶段，是实现生产社会化、现代化的必不可少的基本条件。”1992年10月，党的十四大提出：“我国经济体制改革的目标是建立社会主义市场经济体制，以利于进一步解放和发展生产力”，“我们要建立的社会主义市场经济体制，就是要使市场在社会主义国家宏观调控下对资源配置起基础性作用，使经济活动遵循价值规律的要求，适应供求关系的变化”。2003年10月，党的十六届三中全会通过了《中共中央关于完善社会主义市场经济体制若干问题的决定》，提出：“完善公有制为主体、多种所有制经济共同发展的基本经济制度”，“建立健全现代产权制度”。2013年10月，党的十八届三中全会通过了《中共中央关于全面深化改革若干重大问题的决定》，提出：“经济体制改革是全面深化改革的重点，核心问题是处理好政府和市场的关系，使市场在资源配置中起决定性作用和更好发挥政府作用。”从社会主义市场经济体制改革的历史进程来看，随着市场经济体制的建立、完善、成熟，政府和市场的关系也在悄然发生变化。一个最直接的变化是市场在资源配置中的作用从“基础性”转变为“决定性”作用，政府职能、财政职能和财政支出的范围随之发生了显著变化。

与社会主义市场经济体制改革相适应，财政制度不断改革深化，财政支出范围和结构的优化、调整势在必行。公共财政是与市场经济体制相适应的财政制度类型，它将财政支出限定为弥补市场自身缺陷带来的各种失灵，为市场经济体制运行提供公共产品和公共服务，同时运用法治方法，通过建立完善财政预算制度，让财政制度规范化、制度化、可持续运行。它的基本特征就是公共性，政府不能过度干预市场运行，为市场运行提供一个良好的公平竞争环境。1998年底全国财政工作会议召开，时任财政部部长项怀诚发表讲话，提出：“转变财政职能，优化支出结构，初步建立公共财政的基本框架。”他还指出：“从总体上讲，调整和优化支出结构，建立公共财政的基本框架，必须符合市场经济的一般规则，财政预算的范围、结构和方法必须与政府职能的范围和方向相适应，要充分体现满足社会公共需要、服从政府职能转变以及与我国国情及财力水平相适应的原则。调整和优化支出结构要有紧迫感。财政资金要逐步退出生产性和竞争性领域，各级财政都要大幅度减少财政预算中的生产性基建投资和企业控潜改造资金；调整下来的资金要用于保证国有企业下岗职工基本生活和再就业经费等目前急需安排的重点支出。”①

在提出建立公共财政框架之前，理论界已经对这个问题作了充分探讨。张馨（1997）提出：“公共财政是为市场提供公共服务并弥补市场失效的国家财政，它受‘公共’的规范、决定和制约。市场经济要求和呼唤着公共财政，只有公共财政才能适应于、服务于并有利于市场经济的存在和发展。”高培勇（2000）明确指出：“搞市场经济，就要搞公共财政。”② 公共财政是以满足社会公共需要为口径来界定财政职能范围，从而确定财政支出的范围和项目。从公共财政制度框架下的财政支出范围来看，就是市场能够在资源配置发挥较高效率的领域，就由市场去做，只有市场不能充分或者无法发挥资源配置效率的领域，才由政府去介入。财政支出是为了弥补市场自身能力不足、为市场的充分有效运行创造条件的工具和手段。高培勇教授将公共财政的特征定义为以下三方面③：一是着眼于满足社会公共需要。据此界定的财政职能事项是提供公共物品或服务、调解收入分配以及促进经济稳定增长；二是立足于非营利性；三是收支行为规范化。同时他还指出（2008），“中国财税体制机制发生的变化，集中体现在其覆盖范围的不断拓展上，由‘国有制财政 + 城市财政 + 生产建设财政’向‘多种所有制财政 + 城乡一体化化财政 + 公共服务财政’的跃升。在这个过程中所日渐彰显的，

① 1998 年全国财政工作会议准确把握形势继续实行积极的财政政策，中国财经报社，http：//www.cfen.com.cn/sjpd/czzx/201511/t20151110_ 1553303.html。

②③ 高培勇：《市场经济体制与公共财政框架》，《税务研究》2000 年第 3 期；财政部办公厅、国家税务总局办公厅：《建立稳固、平衡、强大的国家财政—省部级主要领导干部财税专题研讨会讲话汇编》，人民出版社 2000 年版。

正是财政与生俱来的本质属性——公共性”[①]。

公共财政制度下的财政支出须要与市场资源配置功能相互配合、相互补充，从市场能够充分发挥资源配置功能的一般性、竞争性领域退出，更好地提供公共产品和公共服务，运用财政支出来解决市场机制运行自身无法解决的各种问题。但是需要注意的是，在公共财政框架下，财政支出的边界和范围不是固定的。一是，从市场体制机制自身的完善程度来看，中国自改革开放后经济体制转型，可以说是从市场空白起步，即使到了 1992 年党的十四大时，社会主义市场经济体制仍然亟待完善，在市场机制远未完善的时候，政府承担一些资源配置职能，是非常必要的。比如，在改革开放后相当长的一段时期内，由于市场经济体制尚未完全确立，政府必须主导一些领域的资源配置，一旦市场经济体制完善、成熟之后，财政支出便不断收缩至公共性领域。二是，公共财政并不是一定要完全排斥经济建设支出。生产建设财政和财政支出投入于基本建设领域，是两个完全不同的概念。特别是在经济起飞时期，财政支出用于基本建设领域，对于建立全国统一的市场经济体制，为市场要素和产品的自由流动提供了一个非常坚实的基础。而生产建设财政特指传统计划经济时期那种政府和企业部分，财政支出的绝大多数用于企业生产经营资金需要的财政类型，要根据经济社会发展阶段的不同来确定基础设施投资的范围和领域。三是，公共财政要充分发挥市场在资源配置中的决定性，财政是服务于市场经济主体和市场环境的重要保障措施。

现代财政制度是对公共财政制度的发展和深化，它本质上和公共财政制度是一脉相承的。从公共财政制度向现代财政制度转型，是一个逻辑线索的不同环节。正如高培勇教授（2018）指出的：以“财政公共化”匹配“经济市场化”，以“财政现代化”匹配“国家治理现代化”。其具体的体现就是，以“公共财政体制”匹配“社会主义市场经济体制”，以“现代财政制度”匹配“现代国家治理体系和治理能力”。现代财政制度下的财政支出，将更加遵循公共财政的“公共性”“非营

① 高培勇、孙国府、张迪恳：《中国财税改革 30 年：回顾与展望》，收录于高培勇：《奔向公共化的中国财税改革》，中国财政经济出版社 2009 年版，第 82 页。

利性”“规范性”，除此之外，财政支出还在推动国家治理现代化中发挥“基础性”和“支撑性”的功能作用。

三、按照不同发展阶段来理解财政支出的增长和结构特征

中华人民共和国成立标志着，在中国共产党的领导下，中国彻底推翻帝国主义和中国封建地主、官僚、买办阶级的统治，广大人民群众在帝国主义、封建主义和官僚资本主义的三重压迫下得以解放，确立了人民民主专政的政权，实现了民族独立、国家统一，一个紧迫的问题就是要利用各种力量巩固国家政权基础，同时还要努力建设国家，解决和发展生产力，发展有益于人民的经济社会事业，推动工业化进程，提高劳动生产率，不断创造社会福祉，让全体人民群众充分享有社会生产力改善带来的各种福利。在实现以上目标过程中，我们必须要尽可能地建立一套经济社会发展能力体系，遵循人类社会发展的一般规律，从农业到工业、再到服务业，注重不同产业类型之间的平衡。财政支出在这个过程中，始终紧紧把握社会经济发展的主要矛盾。

经济发展的过程就是人们供给与需求增长不断适应的过程。首先满足人们的生理和安全等基本需求。然后才是更高层次的需求。经济学家罗斯托也提出了经济发展阶段理论，他将经济发展分成六个阶段：一是传统社会。这个阶段不存在现代科技手段，社会产品主要是通过传统农业来创造，生产力水平处于一个较低水平。二是为经济起飞创造前提阶段。这个阶段是从传统农业社会向现代工业社会起飞的基础准备阶段和过渡阶段。三是经济起飞阶段。这个阶段是传统农业社会向现代工业社会的转型阶段，整个社会产品生产部门不断扩大生产规模，产业结构趋于高度化。四是经济成熟阶段。现代科学技术已经渗透入各个产业之中，产业生产率处于较高水平。五是高度消费化阶段。这个阶段，由于人民群众收入水平不断提高，消费升级趋势很明显。六是追求生活质量阶段。这个阶段，产业结构高度化趋势十分明显，人民群众消费水平处于高水平阶段。

中华人民共和国成立后，中国开始了工业化和城镇化进程，直到现在的 70 年间，我们尝试了两个经济体制：计划经济体制和社会主义市

场经济体制。两种经济体制都是组织资源、调动资源的手段，都是社会产品创造的经济体制。正如邓小平同志曾经指出："1990 年 12 月，他在同中央负责同志谈话时说："我们必须从理论上搞懂，资本主义与社会主义的区分不在于是计划还是市场这样的问题。社会主义也有市场经济，资本主义也有计划控制。不要以为搞点市场经济就是资本主义道路，没有那么回事。"在 1992 年南方讲话他还指出："计划多一点还是市场多一点，不是社会主义与资本主义的本质区别。计划经济不等于社会主义，资本主义也有计划；市场经济不等于资本主义，社会主义也有市场。计划和市场都是经济手段。"市场经济体制更有利于解放和发展生产力。这种理念突破了传统对计划经济体制和市场经济体制的陈旧观念。市场经济体制只是有效调动社会活力的一种手段。

中华人民共和国成立以来中国经济社会发展的阶段就是按照经济体制类型，可分成两大阶段，1949—1978 年改革开放之前为第一个阶段。1978 年改革开放至今划为第二阶段。

第一个阶段是计划经济体制时期。这个时期又分成若干阶段：一是 1949—1952 年三年国民经济恢复时期，这个时期中华人民共和国刚刚成立时，进入了新民主主义社会，它是近代以来，中国从半殖民地半封建社会走向社会主义社会的中间过渡阶段，政治体制上建立了人民民主专政，而经济中实行国营经济为主导，包含多种经济成分并存的经济制度。三年国民经济恢复时期，经历了多年战争，整个国民经济百废待兴，社会经济文化建设处于待恢复的阶段。二是 1953—1956 年过渡时期，这个阶段完成新民主主义社会向社会主义社会的过渡，完成了三大改造。三是 1956—1966 年全面建设社会主义时期。1956 年 9 月 27 日，党的八大通过关于政治报告的决议，明确指出："我国的农业、手工业、资本主义工商业的社会主义改造，现在已经取得了决定性的胜利"，"我国的无产阶级同资产阶级之间的矛盾已经基本上解决，几千年来的阶级剥削制度的历史已经基本上结束，社会主义的社会制度在我国已经基本上建立起来了。"这标志着中国进入了全面社会主义建设时期。四是 1966—1976 年"文化大革命"时期。这是一个特殊的历史时期，1966 年，当时正值国民经济调整目标基本完成，意识形态领域的批判运动迅速开展。党的八届十一中全会讨论并通过了《中国共产党中央委员会关于无产阶级文化大革命的决定》，标志着这一时期的开始。

第二个阶段是社会主义市场经济体制时期。按照建立、完善市场经济体制的不同时期，也可以分成若干阶段：一是 1978 年改革开放开始至 1992 年，这个阶段是全面开启市场体制改革到建立社会主义市场经济体制的阶段。党的十一届三中全会确定了实行改革开放的伟大、英明决策，开启了社会主义现代化建设的新篇章。十一届三中全会公报提出："把全党工作的着重点和全国人民的注意力转移到社会主义现代化建设上来"，"实现四个现代化，要求大幅度地提高生产力，也就必然要求多方面地改变同生产力发展不适应的生产关系和上层建筑，改变一切不适应的管理方式、活动方式和思想方式，因而是一场广泛、深刻的革命"。可以说，十一届三中全会成为社会主义市场经济体制改革的标志性节点。到了 1992 年党的十四大提出"我国经济体制改革的目标是建立社会主义市场经济体制"，可以说这个节点是社会主义市场经济体制改革的重要里程碑。二是从 1993 年到 2003 年党的十六届三中全会。2003 年 10 月，党的十六届三中全会《中共中央关于完善社会主义市场经济体制若干问题的决定》提出"为适应经济全球化和科技进步加快的国际环境，适应全面建设小康社会的新形势，必须加快推进改革，进一步解放和发展生产力，为经济发展和社会全面进步注入强大动力"，并提出了完善社会主义市场经济体制的目标和任务。这个时期是社会主义市场经济体制的完善期，从建立到完善，反映出整个市场经济体制改革的持续性和渐进性。三是从 2004 年到党的十八届三中全会。2013 年 11 月，党的十八届三中全会《中共中央关于全面深化改革若干重大问题的决定》提出"全面深化改革的总目标是完善和发展中国特色社会主义制度，推进国家治理体系和治理能力现代化"。这是从国家治理现代化的角度来提出全面深化改革的目标，是重要的理论与制度突破。改革开放之后，全面开启经济体制改革，中国社会经济开始向现代化转型，社会市场经济体制有效地解放、发展生产力，人的活力和积极性迅速调动起来。在经济社会发展处于初期和起飞阶段时，人民群众的生产和生活总体处于短缺水平，财政支出的重点主要是投向与基础设施相关的产业及领域，正是大规模的基础设施建设能够有效拉动快速经济增长，扩大就业，为工业化和城镇化奠定了坚实的基础。随着经济发展阶段进入更加成熟的阶段，财政支出的重点应该是更好地维护和激发市场活力，有效推动供给侧结构性改革，更好地激发人的积极性和创造性，让供给不断创造、衍生新产业、新业态、新模式，创新驱动成为新动能的主要形态，带动社会经济不断走向更高的形态。

第二章 1949—1956年社会主义过渡时期的财政支出

整个计划经济体制时期，财政支出规模和结构总体是在“生产建设财政”模式下来安排的，中华人民共和国成立后，不同社会经济发展阶段的财政支出目标、支出重点差异巨大。从1949年中华人民共和国成立起到1956年社会主义改造完成，被称为社会主义过渡期。这个时期，新中国完成了对农业、手工业和资本主义工商业的社会主义改造，是新民主主义社会向社会主义社会全面过渡的时期，经历这个时期之后，新中国建立起了社会主义基本制度。社会主义过渡时期为新中国社会主义建设奠定良好的经济体制基础和环境。

第一节 1949—1952年国民经济恢复时期

一、中华人民共和国成立伊始，各项事业百废待兴

中华人民共和国成立之初，百废待兴，由于八年抗战和四年解放战争的影响，整个社会生产力处于较低水平，工农业生产荒废，基本民生得不到充分保障，新中国面临的社会经济挑战是全方位的：

一是，新中国面临着继续军事斗争和肃清反革命分子的政治任务。这个时期，虽然新中国的绝大部分地区已经得到了解放，但是还有台湾地区和西藏等少数地区尚未解放，新中国还要面临着军事斗争彻底解放全国的任务。还有一个更迫切的问题是，“国民党反对派”为了与新中国继续斗争，将部分特务和间谍等反革命分子潜伏到人民之中，目的是破坏我党与各个民主党派、各人民团队之间的团结合作，阻碍新中国开展经济社会建设。对此，毛泽东同志在中国共产党第七届中央委员会第三次全体会议上作《为争取国家财政经济状况的基本好转而斗争》书面报告，指出“战争已在大陆上基本结束，只有台湾和西藏还待解放，还是一个严重的斗争任务。国民党反动派在大陆若干地区内采取了土匪游击战争的方式，煽动了一部分落后分子，人民政府作斗争。国民党反动派又组织许多秘密的特务分子和间谍分子反对人民政府，在人民中散布谣言，企图破坏共产党和人民政府的威信，企图离间各民族、各民主阶级、各民主党派、各人民团体的团结和合作”。[①] 而且，当新中国正在踌躇满志，努力建设新的国家时，美国等国家挑起朝鲜战争，中国被迫参加抗美援朝。《中共中央关于编制一九五三年计划及五年建设计划纲要的指示》明确指出：“我们国家大规模建设是在抗美援朝环境下进行的，因此必须按照中央的‘边打、边稳、边建’的方针来从事国家的建设”，“抗美援朝和国家建设必须并顾，这是我们制订计划的出发点”[②]。

二是，新中国面临着宏观经济稳定和经济发展水平的诸多经济建设任务。中华人民共和国成立前后，分别是 1949 年 4 月、7 月、10 至 11 月以及 1950 年 2 月前后，曾先后面临四次大的物价波动。引发物价波动的原因是复杂的，主要原因是长期的军事备战，国民党以及美国等国家的经济封锁，再加上一些国民党残余势力为了干扰新中国的经济稳定运行，囤积居奇、哄抬物价。此外，也有着货币发行因素。1949 年 11 月 18 日，陈云在政务院第六次政务会议上的报告中明确指出：通货膨胀主要原因是财政赤字数目太大，钞票发行太多。7 月份只有上海、汉口

① 《毛泽东选集》第五卷，人民出版社 1977 年版，第 15—20 页。
② 中国经济网，http：//www.ce.cn/xwzx/gnsz/szyw/200705/29/t20070529_ 11527849.shtml。

物价上涨，现在发行的钞票比那时数目多了 5 倍[1]。更为重要的是，除了物价稳定之外，中国还面临振兴经济、让人民群众尽快摆脱战争中的贫穷状态。对此，刘少奇在 1950 年的一篇手稿《国家的工业化和人民生活水平的提高》[2] 中提到“直到现在，中国劳动人民的生活水平和世界许多先进国家比较起来，还是很低的。他们还很穷困，他们迫切地需要提高生活水平，过富裕的和有文化的生活。这是全国最大多数人民最大的要求和希望，也是中国共产党和人民政府力求实现的最基本的任务”。

三是，新中国面临着全国统一财经工作的重要任务。在民主革命期间，为了更好地加速革命成功，各个解放区都分割运行，财政收支相对独立。中华人民共和国成立之后，全国各个解放区在物资交流、货币、交通等方面已经实现统一，但是组织税收收入或公粮则由各个区域分散管理。然而，为了尽快恢复社会经济、继续实现全国完全解放，中央政府必须承担大量的军费、行政运转和稳定经济的支出，两者之间显然出现了矛盾。1950 年 3 月 3 日陈云同志《统一财政经济工作》[3] 指出，“过去国家支出的大部由中央人民政府负责和依靠增发通货，现在则公粮和税收大多尚由各区、省、市、县人民政府管理。此种财政上的不统一和收支机关之间的脱节现象，如果任其继续下去，则势必额外增加通货的发行”。这种情况下，全国财经工作必须要实现统一，有利于国民经济更好地恢复和发展。

四是，广大人民群众的民生保障能力仍然处于较低水平。民主革命时期，由于“三座大山”的压迫，广大中国人民群众的财富被长期、无限度地掠夺，严重阻碍了工业化和城镇化的发展，生产力得到了很大程度地破坏，人民群众陷于穷困和饥寒生活的深渊，各项民生事业极度匮乏。比如，水患等自然灾害对老百姓生命带来的影响仍然较为严重，新中国成立之初，1950 年淮河发生大型水灾。根据政务院《关于治理淮河的决定》[4]，安徽和河南境内受灾面积，约略估计达 4000 余万亩，

① 董云凯：《陈云三治通胀》，人民网党史频道，http：//dangshi. people. com. cn/n/2015/1008/c85037 - 27670921. html。

② 《刘少奇选集》，人民出版社 1958 年版，第 1—8 页。

③④ 中共中央文献研究室：《建国以来重要文献选编》（第一册），中共中央文献出版社 1993 年版。

灾民 1300 万人。中央政府必须统筹财政资源来更好地维护人民群众的基本生命权利，保障基本民生。

二、财政支出的重点是全面支持国民经济恢复发展

为了更好地支持新中国国民经济恢复，中央政府着手统一全国财政收支，编制新中国成立后的第一个预算报告，根据国民经济恢复的实际需要安排各项财政支出。

中华人民共和国成立之后，财政支出领域所作的第一件事就是中央统一国家财政收支的改革。政务院在 1950 年 3 月 3 日第二次政务会议通过《关于国家财政经济工作的决定》，出台这个文件的目的是为了“节约支出，整顿收入，统一财政收支的管理”，这个文件与财政支出相关的是：一是成立全国编制委员会，制订并颁布各级军政机关人员、马匹、车辆等编制。与军队和地方经费的财政支出，须按照编制人数，按照供给标准来按照特定时间进行拨付，基本原则是先前方、后后方，先军队、后地方。二是对工厂和企业等国营企业的投资，按照规定职工人数以及生产质量，实行原料消耗的定额制度，并按照全国概算和政务院相关部门批准后的支出规模来拨付，等等。

此后，1950 年 4 月 1 日，政务院颁布《关于统一管理一九五〇年度财政收支的决定》，标志着对全国财政收支实施中央政府统筹管理。从财政支出方面，这个文件主要有以下内容：第一，财政支出统一由中央政府来统一支配。财政支出的相关事项，比如支出程序、工资标准、行政人员编制及全国总预决算，由财政部根据中央人民政府委员会批准的全国财政收支总概算会商有关部门统一制定或编制，然后中央人民政府政务院批准或转呈中央人民政府委员会批准后实行。第二，统一军事支出。军费开支，包括国防建设、海陆空军费、生活费，粮食、服装、装具、兵工、药品、军需器材、运输作战等项，统由军事系统按月按季编造预算，逐级审查，由中央人民政府人民革命军事委员会总后勤部在全国财政收支概算军事部分范围内批准后，转请中央人民政府财政部按全国财政收支概算军事应支部分，进行核实后拨付。第三，对各级政府的财政支出分级确定支出责任。中央人民政府的行政费、外交费、财务

费、公安费、政治事业费，中央直接管理之大中小学文教机关团体学校费、中央直属卫生事业费、社会事业费（包括优军、抚恤、救济等费）、经济建设费和国营企业投资（包括工业、贸易、银行、铁路、交通运输，农业、林业、水利建设投资等）等费用，均列入中央人民政府预算，由中央人民政府财政部掌管，按全国收支概算逐项审核开支。各大行政区、省（市）的公安队包括县区公安队在内的费用，区以上之行政经费，大行政区、省（市）之国营企业投资、经济建设费包括农林、水利、交通、治河等在内的费用，文化卫生事业及县立中学以上之教育事业费，大行政区、省（市）之社会事业包括优抚救济等在内的费用，均分别列入大行政区及省（市）预算内开支。专科以上的国立学校、全国性的文教机关，由中央人民政府委托各大行政区代行开支者，暂列入各大行政区预算内开支。各大行政区各直辖省（市）的经费事业费粮款开支，均由划归地方财政税收中解决。

财政支出安排的基本逻辑就是要针对当时社会经济发展的主要矛盾来破解难点问题，虽然这个时期还没有所谓财政政策的提法，但是财政在全面支持国民经济恢复中的功能作用发挥的是一种政策调控功能。财政支出坚持保障了国民经济恢复各项事业的发展。1949 年 12 月 22 日至 23 日，周恩来对参加全国农业会议、钢铁会议、航务会议人员发表《当前财经形势和新中国经济的几种关系》讲话，他指出："从预算的分配来看，开支主要的还是用于支援战争，解放全中国，其次是用于建设，恢复生产。"《中国人民政治协商会议共同纲领》"经济政策"中第二十六条明确提出，"中华人民共和国经济建设的根本方针，是以公私兼顾、劳资两利、城乡互助、内外交流的政策，达到发展生产、繁荣经济之目的。国家应在经营范围、原料供给、销售市场、劳动条件、技术设备、财政政策、金融政策等方面，调剂国营经济、合作社经济、农民和手工业者的个体经济、私人资本主义经济和国家资本主义经济，使各种社会经济成分在国营经济领导之下，分工合作，各得其所，以促进整个社会经济的发展"。[①]

---

① 这就是著名的"四面八方"政策，这是当时毛泽东同志、刘少奇同志等老一辈革命家，在作了多方面深入调研之后形成的政策思想，符合当时新中国建立后的经济社会情况。

三、新中国第一个财政概算

在三年经济恢复时期，值得重点提到的是中华人民共和国成立后第一个财政概算的编制工作，其中财政支出的安排能够更好地说明财政在支持国民经济恢复中的功能和作用。1949年12月2日，中央人民政府委员会举行第四次会议集中研究财政问题。在这次会议上，时任财政部长薄一波同志作《关于一九五零年度全国财政收支概算草案的编成报告》。这个概算报告非常简洁，篇幅不长。王丙乾同志曾经指出："最初，我们编制预算，主要还是根据地的经验，此后进一步借鉴苏联等社会主义国家预算制度的先进经验，并在实践中不断完善，逐步建立起适合我国国情的预算管理体制。"[①] 而且，第一次编制预算所采用的单位不是货币单位，而是以粮食作为单位，这就导致全国各地的粮食单位无法保持一致，对预算的准确性带来了一定的影响。根据《关于一九五零年度全国财政收支概算草案的编成报告》，各项预算支出结构的比例如表2－1所示。

表2－1　1950年财政支出的结构安排

支出科目	占全部支出的比重（%）
军事费支出	38.8
行政费支出	21.4
国营企业投资	23.9
文化教育卫生费支出	4.1
地方补助费支出	2.3
东北公债还本付息支出	0.1
总预备费支出	9.4

注：根据《关于一九五零年度全国财政收支概算草案的编成报告》整理而得。

资料来源：《中华人民共和国财政史料 第二辑 国家预算决算（1950—1981）》，中国财政经济出版社1983年版，第1—4页。

从中华人民共和国成立后的第一次编制财政概算来看，财政支出结构具有非常浓厚的由战时向和平时期转变过渡的特点：一是，军事支出

① 王丙乾：《中国财政60年回顾与思考》，中国财政经济出版社2009年版，第28页。

仍然占据绝大比重。这和当时的整个全国解放形式密切相关。到了1949 年底，新中国还要面临着解放大西南和华南的重要战略任务，而且面临着解放后军事国防机构的稳定和运行等突出问题。所以说，第一个财政概算，还将确保全国解放和战争胜利作为编制概算的重要目标。而且，除了军事费支出之外，行政费支出中的地方支前费等，也是为了保障全国解放而设置的专门支出。二是，对国营企业投资支出占比也处于一个较高比重。计划经济体制时期，国营企业投资占比很大程度上代表了经济建设投资的比重。受到抗日战争和解放战争等长时间的战争影响，中国的各项基础设施受到极大的破坏，整个工业、农业、交通、通信等领域亟待恢复，为了尽快恢复国民经济、恢复生产，必须要在其基础设施和国营企业发展方面加大投入力度，从第一次预算设置的支出比重来看，在那么繁重的全国解放任务的任务下，还能够挤出一定比重的空间用于国营企业投资，实属不易，这是广大人民群众节衣缩食、精打细算、努力奋斗而来的结果。三是，行政费支出占有较大比重。在这个支出科目中，主要项目是“公教人员的生活费和公杂费”。对此，《关于一九五零年度全国财政收支概算草案的编成报告》明确提到：“连军事的人员在一起，一九五〇年度全国估计需养活军政公教脱离生产人员九百万人，约占全国人口的百分之二。即每一百人需养活两个‘公家人’。这对人民政府是一个很大的负担，但这又是一个不可避免的负担。把所有旧军队旧公教人员一齐包下来，给以生活的出路，逐渐加以改造，并准备在一二年内转入经济建设，慢慢地再减少下来，是人民政府的责任。”四是，增加文教卫生支出安排。新中国仍然要在加快社会事业的恢复，为了更好地恢复战争后的经济建设，必须要在文化教育卫生支出方面列出专门的比重。五是，财政支出的原则为“量出为入与量入为出兼顾，取之合理，用之得当。”

第一个财政概算的编制为更好地完善国家预决算制度奠定了坚实的基础和前提，标志着新中国政府预算制度的诞生。陈云同志在《加强财政、金融和投资的管理》中指出：“一是实行决算制度，所有军队、政府、公立学校及受国家经费补助的团体，均须每年分四个季度，向中央或各级人民政府的财政部门报会计决算报表，每年三月三十一日作上年度的全年决算报告，再由中央人民政府财政部将上年度总决算案报请中央人民政府核批；二是实行预算审核，各部队、机关、学校、团体在中央人民政府批准的总预算范围以内，向财政部门提出经费的预算或国营企业的投资预算时，必须首先经过各该领款机关的首长切实亲自审核后，才能提出；三是加强投资的计划性；四是加强货币管理”①。

从中华人民共和国成立后第一次编制预算的执行情况来看，1951年3月30日，时任财政部副部长戎子和在政务院第七十八次政务会议上作了《一九五〇年财政工作总结及一九五一年工作的方针和任务》报告，系统总结了1950年的预算执行情况，表2-2是各项支出的实际执行情况，可以看出，军事费（国防费）支出和社会事业费支出超预算支出是最高和次高的两项。究其原因是，由于抗美援朝的爆发，严重干扰了我国财政预算支出的安排；同时，由于救济灾荒和失业工人的相关支出，社会事业费支出增长非常快。从总体来看，1950年的财政收支基本遵循了财政平衡的基本原则，财政收支接近平衡，是1950年财政工作成功的集中表现。从赤字情况来看，《一九五〇年财政工作总结及一九五一年工作的方针和任务》指出：“赤字占总实支出的16.7%，占原概算赤字的96.6%，除以发行公债、苏联贷款弥补外，银行透支比原概算还少13.1%，另从各季开支的财政赤字比率来看：第一季度为43%，第二季度为40%（使用公债推销款在内），第三季度降为9.8%，第四季度更降至6.4%”。同时，报告也提出了未来财政支出的重点，即“支出的重点，特别是要注意我们所不甚熟悉的而又有弹性的开支，如军费中的国防建设费与作战费，经济事业费中的基本建设部分，事业费中的水利、交通、卫生等项，以及政府机关之临时费等开支。至于军队、政府、文教机关以及各团体的经常费和行政费，经过多年来的摸索，证明出入是不大了，已不是重点，今后的问题，乃是核实人数和调整各部门和地区间的工资待遇”。

① 这为政务院起草的《关于决算制度、预算审核、投资的施工计划和货币管理的决定》，经第六十一次政务会议通过，原载1950年12月14日《人民日报》。转引自人民网 http://cpc.people.com.cn/GB/75289/5577137.html。

表 2-2　　1950 年财政支出的实际执行情况

支出科目	占全部支出的比重（%）	超支增长（%）
军事费（国防费）支出	43.2	21.8
行政费支出	18.7	-4.5
文化教育费支出	4.4	17.4
经济建设投资（国营企业投资）	22.2	14
社会事业费支出	3.4	54.4
其他支出	8.1	—
总计	9.3	100

注：根据《一九五〇年财政工作总结及一九五一年工作的方针和任务》整理而得。

四、1951 年财政支出的规模与结构情况

关于 1951 年的财政预算支出重点，1951 年 4 月 4 日，陈云同志在中国共产党第一次全国组织工作会议上作了《一九五一年财经工作要点》讲话。他提出："今年国家财政概算的方针是：国防第一，稳定市场第二，其他第三。'其他'里面包括的项目很多，如文教费用、行政开支和经济建设投资，等等"，"总之，国防开支，稳定市场，经济建设，都是重要的，但钱是有限的，钞票又不能滥发，所以钱的使用要妥善安排。如果次序排得不当，主次不分，就会犯错误。"① 此外，另据中财委 1951 年 2 月《关于一九五一年财经方针的五项规定》指出，"今年财经方针初步拟定：（一）大力促进城乡地区间物资交流。（二）农业增产。（三）各企业中有重点地实行经济核算制度。（四）实行财政纪律，即严格预决算制度、施工图案、财务计划等。（五）为计划经济建设作必要准备。"②

1951 年，是新中国非常关键的一年。新中国实现全国统一财政收支工作还不到一年时间，虽然物价水平得到了稳定，但是经济发展的基础仍然不牢固、不稳定，人民生产生活水平仍处于低水平，又面临着朝

① 《陈云文选》（第二卷），人民出版社 1995 年版，第 126—139 页。

② 《中国共产党新闻：建国以来重要文献选编（第二册）》人民网，http://cpc.people.com.cn/GB/64184/64186/66656/4492736.html。

鲜战争、台湾问题的众多安全威胁。但从1951年的各项财政支出的执行结果来看，出现了比预想结果要良好的状况。

1951年财政支出总量比预算增加了46.97%。从1951年的财政支出重点来看，支出的增加主要是用于确保国防军事需要，稳定物价，对关系国计民生的粮食、纱布及某些重要工业原料进行重点管理，并推动了全国范围内的城乡物资交流。《关于一九五一年度国家预算的执行情况及一九五二年度国家预算草案编成的报告》指出："今年全国商品总值由于工农业增产的结果，将比去年增加40%，而国家供应能力亦比去年更为增强，因而今年的物价，可以完全稳定在现在的水准上。"在国家恢复与改造经济及文化事业方面，1951年安排了支出规模要大于1950年；工业投资支出超预算增长80%，比1950年同比增加了27.7%。其中：铁路、交通、邮电投资支出超预算增长62.8%，比1950年增长54.7%。农林水利投资支出超预算增长27.88%，比1950年增长74%；1951年用于文化教育的财政支出，支出超预算增长39.48%，比1950年增长53.95%。

从经济社会发展结果来看，财政支出规模和结构有利地支持了国民经济的恢复和发展。1951年工业总产值比1950年增长26.8%，其中生产手段的总产值增长47.5%，消费资料的总产值增长15.8%。人民生活显著改善，购买力水平显著提升，全国人民1951年的购买力比1950年约提高25%。事实表明，财政支出实现了各项发展目标。

1951年中央政府对财政体制进行改革。1951年3月29日，中央人民政府政务院颁布《关于一九五一年度财政收支系统划分的决定》决定将国家财政收支管理体制划分为中央、大行政区和省（市）三级。其中：一是国防费支出均列入中央预算。项目包括陆、海、空军经常费，国防建设费，作战费，军工生产费，作战支前费等项目。二是人民经济建设投资及事业费支出按照各级政府投资经营主体分别列入各级政府预算。三是社会文化教育事业费支出。对于教育费支出：中央直属的大学专科以上学校、各高级科学研究所、中小学及民族学院或分院列入中央预算，大行政区直属的大学专科以上学校、中小学及民族学院成分院列入大行政区预算，省（市）直属的独立学院、专科学校、完全师范、中小学列入省（市）预算；对于文化事业费，中央广播台及地方收发国际新闻报道之广播台，新华社各级组织，国营电影制片厂，电影经理公司，新华书店及中央直接经管的文化机构、出版社、报馆、剧院等，列入中央预算。各地之区、省（市）际广播电台，地方性报纸、出版社和书店及区、省（市）剧院、文工团、宣传队和纪念建筑等，按管理系统，分列大行政区、省（市）预算；对于卫生事业费，医药公司及新接收的教会医院和教会学校之经费，列入中央预算。各级医院、医疗队、防疫队、疗养院，均按各级管理系统，分列中央、大行政区、省（市）预算；对于社会事业费，残废军人抚恤费，按管理系统，分列中央及大行政区预算，省（市）可以代领转发。失业工人救济费，范围较大的灾荒救济费，列入中央预算。一般灾荒救济费及孤儿院等社会救济开支，参战、剿匪伤亡民兵抚恤，政权干部老弱残废退休人员生产补助，移民开支，由地方捐募及原救济基金开支，如有不足，按大行政区、省（市）预算，分别予以补助。优待烈军工家属开支，由群众互助解决，如有不足部分，由地方附加内开支。四是对于行政管理费支出。中央级行政经费，外交费，业务费，财务费，均列中央预算，但为照顾各地粮食调运及税务稽征的具体情况，得划出一部分给大行政区或省（市）掌握，以便即时解决粮食调运及税票印制的开支。各级公安团队的经费和特费，司法费、司法业务费和囚犯粮，各级粮食局、盐务局和税务局的经费，供给制干部家属补助费，一般印刷财务费（包括征收费），政治业务费，均按管理系统，分别列入中央、人行政区或省（市）预算。土地改革经费，列入大行政区预算。五是党派团体补助费。各级党委、群众团体及文化团体活动费之补助开支，按其组织系统或管理系统，分别列入中央级、大行政区级或省（市）预算。六是内外债还本付息，财政积压物资，由中央统一编列预算。七是其他支出。按照管理系统，分别列入各级预算。

五、1952 年财政支出的规模与结构情况

1952 年财政支出的安排，与经济社会发展、财经工作的重点和方向有极大关系。1952 年 1 月，陈云同志起草了向中共中央的报告《一

九五二年财经工作的方针和任务》，明确提出："一九五二年，朝鲜战争可能结束，但应准备拖延。财政概算方案，应该放在和谈可能拖延并能继续应付战争这个基点上。财经工作的重点，应在不放松收入的条件下，转向管理支出；在不放松财政、金融和市场管理的条件下，转向工业、农业、交通等方面。"[①] 从 1952 年预算支持安排来看，国家用于经济建设的支出仍然是首位，《关于一九五一年度国家预算的执行情况及一九五二年度国家预算草案编成的报告》指出：国家建设费占第一位，即占总支出计划的 49.26%；然后就是军事国防支出，占总支出的 27.93%；第三是行政管理费支出，占总支出的 14.29%；第四是其他支出，占总支出的 4.31%；最后就是预备费支出，占总支出的 4.21%。所以，从预算支出来看，经济建设仍然是优先保障的支出领域。1952 年预算的实际执行情况来看，整体收支状况是非常好的，出现了收入大于支出的执行结果，预计有 30 万亿元的财政盈余。财政支出总额为 1632186 亿元（旧人民币币值），超预算增长 2.75%。财政支出结构参见表 2－3。

表 2－3　　　　1952 年预算的实际执行情况

支出科目	支出规模（亿元）	超预算增长（%）
国民经济建设支出	730699	25.85
社会文教建设支出	223325	10.64
国防费支出	427770	96.39
行政费支出	193369	85.17
其他支出	57023	83.36

资料来源：1953 年 2 月 12 日时任财政部长薄一波同志在中央人民政府委员会上作《关于一九五三年国家预算的报告》，原文刊登于《人民日报》1953 年 2 月 18 日。

财政支出在保障国家经济建设和社会发展需要方面发挥了坚实的重要作用，充分保证了全国物价水平的稳定。1952 年 12 月，上海等 7 个主要大城市的主要商品批发物价指数同比下降 6.4 个百分点。此外，国家总收入和总支出都有所增加，增长明显。各类工业产品和农产品产量

① 《陈云文选》（第二卷），人民出版社 1995 年版，第 157—163 页。

显著增长。在基础设施领域，也有着非常大的进步，在水利建设方面：1952 年继续提高了各河防御洪水的能力，完成了 10 亿余土方的巨大工程。公路、铁路等交通基础设施都有所进步。此外，人民生活也在不断改善。1951 年 7 月 4 日，中共中央批转李立三《关于调整工资情况的综合报告》，改革工资制度。1952 年全国职工和国家机关工作人员普遍性地增加了工资。根据《关于一九五三年国家预算的报告》的有关数据，“国营企业员工一九五二年所得的工资比一九五一年一般增加了百分之一一到三六；国家机关工作人员工资，也较一九五一年平均提高了百分之一五到三一。”农业丰收，使得农民收入也在不断提高，农村消费品市场发展趋好。

六、1949—1952 年国民经济恢复时期财政支出的趋势和特征

表 2－4 总结了 1950—1953 年，我国财政收支发展的情况，表格数据是以 1950 年作为基期，设定指数为 100。从表 2－4 中可以看出，1953 年财政总支出已经达到 1950 年的 3.43 倍。1953 年，国民经济建设费支出增长是最迅速的，是 1950 年的 5.96 倍；其次是社会文教建设支出，是 1950 年的 4.61 倍；然后是其他支出、行政费支出和国防费支出，分别是 1950 年的 2.06 倍、1.81 倍、1.84 倍。

表 2－4　　1950—1953 年我国财政收支发展状况　　单位：%

年　份	1950	1951	1952	1953
总收入	100	204.63	272.60	336.29
各项税收	100	165.64	196.45	234.14
其中：				
工商各税	100	195.72	230.88	292.75
农业税	100	113.58	134.01	134.32
国营企业收入	100	351.20	535.71	804.92
信贷保险收入	100	173.43	76.61	313.78
其他收入	100	291.55	518.21	454.31
总支出	100	174.82	239.74	342.97
国民经济建设费	100	202.29	421.01	596.49
社会文教建设费	100	177.91	295.70	460.89

续表

年　份	1950	1951	1952	1953
国防费	100	178.99	151.30	184.81
行政费	100	132.93	147.25	181.08
其他支出	100	136.55	322.64	206.35

注：1953年2月12日，时任中央人民政府财政部部长 薄一波在中央人民政府委员会上作《关于一九五三年国家预算的报告》，表2－4中1950年、1951年是实际收支数，1952年是预计收支数，都是收大于支，1953年是预算数，收支相等，所以1953年对1950年的百分比总收入低于总支出。

资料来源：人民网 http://cpc.people.com.cn/GB/67481/77196/77202/5293684.html。

这一时期军事国防支出仍然是重要支出类型，但是已经达到高峰，伴随着军队在各个战线不断取得新成绩，我国财政支出重点逐渐从军事斗争转向经济社会文化建设。经济社会文化建设要按照有计划、按比例地发展，确保工业基本建设稳妥、协调发展，在全国统一计划下根据财政能力来推动实施。同时，尽力确保预算平衡，在增加生产的基础上增加国家的收入，并节减一切可以节减的财政开支。经过中华人民共和国成立以来三年多国民经济的全面恢复，遭到战争严重破坏的国民经济有了非常显著的起色，人民生活水平显著改善。

第二节　1953—1956年社会主义过渡时期总路线的提出

中华人民共和国成立后的第二个重要时期就是社会主义过渡时期，它是指中华人民共和国成立后到生产资料私有制的三大改造基本完成时期。1949年3月，在西柏坡召开了党的七届二中全会，会议讨论了党的工作重心的战略转移，即工作重心由乡村转移到城市的问题。同时，这次全会也明确指出，抗日战争在全国胜利后，要迅速恢复和发展生产，对付国外的帝国主义，使中国稳步地由农业国转变为工业国，由新民主主义国家转变为社会主义国家。

一、财政支出全面贯彻落实过渡时期总路线的方针和政策

社会主义过渡时期，贯彻落实过渡时期总路线是财政支出所面临的主要任务。1953年6月15日，中共中央召开了政治局扩大会议，毛泽东发表了重要讲话，第一次对党在过渡时期的总路线和总任务作了比较完整的表述。这次政治局扩大会议后，在中央宣传部起草关于总路线宣传提纲时，毛泽东将它更进一步完整表述为："从中华人民共和国成立，到社会主义改造基本完成，这是一个过渡时期。党在这个过渡时期的总路线和总任务，是要在一个相当长的时期内，逐步实现国家的社会主义工业化，并逐步实现国家对农业、对手工业和对资本主义工商业的社会主义改造。"[①] 党的七届四中全会正式批准了这条总路线。1954年9月，这条总路线又为全国人大一次会议所接受，并记载在中华人民共和国宪法里[②]。1981年6月，中共十一届六中全会通过《关于建国以来党的若干历史问题的决议》对过渡时期总路线的论断是：它"反映了历史的必然性"，"历史证明，党提出的过渡时期总路线是完全正确的。"

在过渡时期总路线的引领下，我国开始制订第一个五年计划（简称"一五"计划）。它奠定了一个重要的经济发展方式和手段，五年计划对全国重大基础建设项目和各类产业发展做出了前瞻性规划，为国民经济发展提出远景目标和发展方向，也是中国式发展道路和能力的重要体现。1955年7月30日，第一届全国人大二次会议通过了《中华人民共和国发展国民经济的第一个五年计划（一九五三——九五七）》，"一五"计划在"第一章 第一个五年计划的任务"提出，"第一个五年计划的基本任务是根据这个过渡时期的总任务提出的。第一个五年计划的基本任务，概括地说来就是：集中主要力量进行以苏联帮助我国设计的一五六个建设单位为中心的、由限额以上的六九四个建设单位组成的工业建设，建立我国的社会主义工业化的初步基础；发展部分集体所有制

---

① 人民网时政专题《中共党史上的今天》：《6月15日 毛泽东正式提出过渡时期总路线》，http：//www.people.com.cn/GB/shizheng/252/4971/5579/20010615/489376.html。

② 王丙乾：《中国财政60年回顾与思考》，中国财政经济出版社2009年版，第56页。

的农业生产合作社，并发展手工业生产合作社，建立对于农业和手工业的社会主义改造的初步基础；基本上把资本主义工商业分别地纳入各种形式的国家资本主义的轨道，建立对于私营工商业的社会主义改造的基础。”①

1953 年 9 月 8 日，周恩来同志在中国人民政治协商会议第一届全国委员会第四十九次常务委员会扩大会议上作了《过渡时期的总路线》报告，报告指出：“我们要在总路线的指引下，确定第一个五年建设计划的基本任务。第一个五年建设计划的基本任务是：首先集中主要力量发展重工业，建立国家工业化和国防现代化的基础；相应地培养技术人才，发展交通运输业、轻工业、农业和扩大商业；有步骤地促进农业、手工业的合作化和对私营工商业的改造；正确地发挥个体农业、手工业和私营工商业的作用。所有这些，都是为了保证国民经济中社会主义成分的比重稳步增长，保证在发展生产的基础上逐步提高人民物质生活和文化生活的水平。”

“一五”计划是在党中央的正确领导下，由周恩来总理、陈云同志主持制定的发展计划，1955 年 7 月由全国人大一届二次会议通过，到了 1957 年，“一五”计划超额完成既定目标，它的实施，为中华人民共和国成立后三年过渡时期国民经济发展提供了坚实基础和引领，新中国工业化发展格局由此奠定。

中华人民共和国成立之后，中国开始了社会主义建设的征程，由于国家长期处于战争状态，缺乏经济建设的经验，再加上新民主主义革命刚刚胜利，当时国际存在社会主义和资本主义两大阵营的对立，欧美等资本主义国家加强对中国的经济封锁，这种内外部环境因素约束下，为了更好地快速推进工业化进程，我们必须要全面向苏联学习推进工业化的经验。毛泽东同志的《论人民民主专政》一文中明确提出：“苏联共产党人开头也有一些人不大会办经济，帝国主义者也曾等待过他们的失败。但是苏联共产党是胜利了，在列宁和斯大林领导之下，他们不但会革命，也会建设。他们已经建设起来了一个伟大的光辉灿烂的社会主义

---

① 《中国共产党新闻：建国以来重要文献选编第六册》，人民网，http：//cpc. people. com. cn/GB/64184/64186/66660/4493004. html。

国家。苏联共产党就是我们的最好的先生，我们必须向他们学习。”

1952年12月22日，中共中央发布《关于编制一九五三年计划及五年建设计划纲要的指示》，对编制“一五”计划中须注意的问题作了指示：“一是我们国家大规模建设是在抗美援朝环境下进行的，因此必须按照中央的‘边打、边稳、边建’的方针来从事国家的建设；二是工业化的速度首先决定于重工业的发展，因此我们必须以发展重工业为大规模建设的重点；三是在编制生产计划时，必须充分发挥现有企业的潜在力量，反对保守主义；四是必须以科学的态度从事计划工作，使我们的计划正确地反映客观经济发展的法则；五是在各部门和各地方计划时吸收群众特别是各部门中先进人物参加讨论计划的编制，是必须采取的方法；六是中央各经济、文教部门，各大行政区应争取按原规定于一月十日前首先编制好一九五三年的计划送达国家计划委员会和中央。”

1955年7月5日至6日，时任国务院副总理兼国家计划委员会主任李富春在第一届全国人民代表大会第二次会议上作《1955年国务院政府工作报告——关于发展国民经济的第一个五年计划的报告》明确提出：“我国第一个五年计划的基本任务，是根据国家在过渡时期的总任务提出的。第一个五年计划的基本任务，概括地说来，就是：集中主要力量进行以苏联帮助我国设计的一百五十六个单位为中心的、由限额以上的六百九十四个建设单位组成的工业建设，建立我国的社会主义工业化的初步基础；发展部分集体所有制的农业生产合作社，并发展手工业生产合作社，建立对于农业和手工业的社会主义改造的初步基础；基本上把资本主义工商业分别地纳入各种形式的国家资本主义的轨道，建立对于私营工商业的社会主义改造的基础。”

过渡时期，财政支出要全力保障支持推动工业化并有效促进农业、手工业和资本主义工商业的三大改造。根据《中华人民共和国发展国民经济的第一个五年计划（一九五三——一九五七）》，五年内，全国对于经济事业和文化教育事业的支出总数为766.4亿元。其中：国家财政拨款为741.3亿元，中央各经济部门和各省市动员内部资金为25.1亿元，关于财政支出结构参见表2－5。在全部经济建设和文化教育建设支出中，占绝大部分的仍然是基本建设投资支出（参见表2－6）。在基本建设投资支出结构中（参见表2－7），投资重点主要是工业领域，总额高达248.5亿元，占全部基本建设投资的比重高达58.2%，这说明国家在推进经济建设方面，工业领域投资是重中之重。除了上述工业部门基本建设投资支出之外，还要加上中央各工业部门以外的其他各部门的工业基本建设投资17.7亿元，这意味着，“一五”计划内工业基本建设投资达到266.2亿元。表2－8是工业基本建设投资中分配给各管理部门的支出结构情况，其中燃料工业各部和机械工业各部分配的支出规模分别为67.9亿元、69.2亿元，占比分别为25.5%、26%。

据王丙乾同志的著作，“一五”期间，整个国家财政总支出为1435.68亿元，其中经济建设费占比高达49.9%。在基本建设投资支出总额中，对重工业的投资占比36.1%，轻工业投资占比为6.4%①。

表2－5　“一五”计划中经济建设和文化教育建设支出的规模和结构

部门类型	规模（亿元）	比重（%）
工业部门	313.2	40.87
农业、水利和林业部门	61	7.96
运输和邮电部门	89.9	11.73
贸易、银行和物资储备部门	21.6	2.82
文化、教育和卫生部门	142.7	18.62
城市公用事业	21.2	2.77
各经济部门的流动资金	69	9.00
各经济部门的大修理费用	36	4.70
其他经济支出	11.8	1.54
总计	766.4	100

资料来源：《中华人民共和国发展国民经济的第一个五年计划（一九五三—一九五七）》。表格中，按1952年不变价格计算。

① 王丙乾：《中国财政60年回顾与思考》，中国财政经济出版社2009年版，第60—61页。

表2-6　全部经济建设和文化教育建设支出中基本建设投资支出的比重

支出类型	规模（亿元）	占比（%）
基本建设投资支出	427.4	55.8
其他支出	339	44.2
总计	766.4	100

注：其他支出包含基本建设所需要的资源勘探、工程勘测、工程设计和器材储备，发展工业生产和运输交通（如设备大修理、技术组织措施、新种类产品试制、零星固定资产购置等），经济和文化教育各部门的事业用费和培养专业干部用费。

表2-7　“一五”计划基本建设投资支出结构

支出类型	规模（亿元）	占比（%）
工业部门	248.5	58.14
农业、林业和水利部门	32.6	7.63
运输和邮电部门	82.6	19.20
贸易、银行和物资储备部门	12.8	2.99
文化、教育和卫生部门	30.8	7.21
城市公用事业建设	16	3.74
其他	4.6	1.08
总计	427.4	100

资料来源：《中华人民共和国发展国民经济的第一个五年计划（一九五三——一九五七）》。

表2-8　工业基本建设投资中分配给各管理部门的支出结构

管理部门	规模（亿元）	占比（%）
重工业部	64.9	24.38
燃料工业各部	67.9	25.51
机械工业各部	69.3	26.03
纺织工业部	11.6	4.36
轻工业部	6.9	2.59
地质部	2	0.75
建筑工程部（包括地方建筑企业）	6.9	2.59
地方工业	19	7.14

续表

管理部门	规模（亿元）	占比（%）
中央各工业部以外的其他各部的工业（包括林业部的木材工业，商业部、粮食部的加工工业，铁道部和交通部的机车、车辆、船舶的修配工业和建筑业，文化部的电影工业，等等	17.7	6.65
总计	266.2	100

资料来源：《中华人民共和国发展国民经济的第一个五年计划（一九五三——九五七)》。

为了配合“三大改造”的完成，在财政支出方面主要采取了以下措施：为了更好地促进农业社会主义改造，国家财政增加对农业的投资性支出，并重点支持培训农村干部；为了更好地促进手工业的社会主义改造，财政对手工业合作社给于直接支持；为了更好地促进工商业的社会主义改造，财政支出重点支持工商业的深化改造、转型。

二、1953年财政支出的规模与结构情况

1954年6月16日，时任财政部部长邓小平同志在中央人民政府委员会第31次会上作了《关于一九五四年国家预算草案的报告》，对1953年预算执行情况做了总结：总支出规模达到2138826亿元，为原预算的91.6%，比1952年增长27.41%，支出结构见表2-9。从1953年的预算支出执行结果来看，一些支出（比如经济建设费、社会文教费、行政管理费）等比原来预算计划编制的支出规模小。原因在于在当初预算编制时，高估了支出规模，同时为了更好保证重点支出领域，严格按照节省支出的原则。有些支出，比如国防费支出规模有所增加，这是由于1953年上半年，美国图谋扩大朝鲜战争规模，我国为了更好地应对这种局势，在军事国防领域采取了额外的一些应对措施，导致国防费支出有所增加。

从1953年的预算执行情况来看，在支持“一五”计划第一个年度方面发挥了重要的支撑作用，据《关于一九四五年国家预算草案的报告》，全国工农业总产值比1952年增长11.4%。其中，现代工业总产值占比为31.6%，显著大于1952年的28%，工场手工业、个体手工

表 2－9　　1953 年预算的实际执行情况

支出科目	支出规模（亿元）	占总支出的比重（%）
经济建设费支出	860179	40.22
社会文教费支出	318515	14.89
国防费支出	691878	32.35
行政管理费支出	210069	9.82
其他支出	58185	2.72

资料来源：1954 年 6 月 16 日，时任财政部部长邓小平同志在中央人民政府委员会第 31 次会上作了《关于一九四五年国家预算草案的报告》。

业、农副业的占比分别为 7.8%、6.3%、54.4%。1953 年工业总产值比 1952 年增长 28%。1953 年中央财经各部的基本建设投资，比 1952 年增加了 116.6%，其中国营工业建设的投资增长了 145.9%。这些国民经济建设成就的取得与财政支出是密不可分的。

三、1954 年财政支出的规模与结构情况

关于 1954 年财政支出的安排，需要回到当时的社会经济背景，与这年预算草案相关的两个重要讲话分别是：一是 1954 年 1 月 13 日，邓小平同志在全国财政厅局长会议上所作报告《财政工作的六条方针》。其一归口。这是对财政预算管理的要求。对此，他指出：“归口不等于财政部不管，财政部有干预的权利，要提出 意见。财政部提意见，是从全局出发，考虑有钱没有钱，是否符合国民经济发展的比例。预算不能由各部自行决定，但必须以各部门为主，共同商量。”其二包干。包干的目的是为了更好地优化、控制预算执行。他指出：“包干分两种：一是中央各口的包干，主要是归大口。……总的预算投资多少，由财委、计委审核。各项事业的轻重缓急与投资的分配，由各口去考虑。二是地方的包干，主要是大区包干。包干之后，由地方去调剂。”其三自留预备费，结余留用不上缴。其四精减行政人员，严格控制人员编制。其五动用总预备费须经中央批准，对此他指出：“总预备费是留着解决大问题的，不是用来买烧饼油条的”。其六加强财政监察。二是 1954 年 6 月 30 日，陈云同志曾就关于第一个五年计划编制情况向中共中央汇

报《关于第一个五年计划的几点说明》[1]。在报告中，他明确提出了预算收支的想法：一是军政费用支出难以压缩。对此，他指出：“今后三年，政费难减，因为不能大量裁员。要减军费，也只有减人员，降低现代化程度。我以为，五年计划草案不能这样制定。”二是工业投资支出须维持适当水平。对此，他指出:“既然一百四十一项定了，不能推迟，工业上的钱也是少不了的。……因此，较适当的是现在的二百九十二万亿元的方案。”三是预备费是不能再少的。对此他指出：“今后三年只有三十八万亿元（旧人民币币值），只占总支出的百分之四，是很少的。中国这样一个大国，某些临时的支出一定会有。而且根据过去经验，工业的项目及其造价往往比原计划增加。这些都要求财政上有一定的后备力量。”

1954年6月16日，邓小平同志在中央人民政府委员会第三十一次会议上的报告了《关于一九五四年国家预算草案的报告》。1954年财政预算的安排，主要是目标是为了更好地扩大生产、扩大物资交流、提升劳动生产率，更好地积累基本建设资金并投入到工业建设的需要，同时加强巩固军事、国防，进一步改善劳动人民的物质文化生活，预算资金的安排绝大部分用于发展工业、农业、交通运输业、商业、公私合营企业和社会文教事业领域，特别是经济建设费支出在全部财政支出中占据绝大部分。正如周恩来同志所指出的那样：“以上这些情况充分地说明了我们国家的预算是和平的、建设性的预算。”

此外，为了更好地激发地方政府的积极性，1954年预算按照中央统一领导和分级管理的方针政策，对地方政府的财政支出预算也作了明确规定，它提出：“1954年各省（市）地方预算支出总额为596462亿元，占国家预算的23.91%，比1953年增长14.9%，其中地方经济建设费占23.86%，1954年地方国营工业生产总值将比1953年增长31.3%；社会文教费占40.64%；行政管理费占29.16%。在预算中还列有预备费36185亿元，并在预算之外列有17553亿元的周转金。”

---

① 《陈云文选（第二卷）》，人民网，http://cpc.people.com.cn/GB/69112/83035/83317/83596/5738291.html。由于这个讲话略晚于关于一九五四年国家预算草案的报告的时间，因此，能够表示出1954年预算编制的基本宗旨，也为了解当时的社会经济发展状态提供了非常明确的材料支撑。

表 2-10　　　　1954 年财政预算支出结构安排

支出类型	规模（亿元）	占比
经济建设费支出	1132270	占预算总支出比重的 45.39%
其中：1）基本建设拨款	751116	占将经济建设费支出的 66.34%
2）流动资金	160000	占经济建设费支出的 14.13%
3）事业费及其他支出	221154	占经济建设费支出的 19.53%
社会、文化、教育、科学、卫生支出	366920	占预算总支出比重的 17.41%
行政管理支出	238737	占预算总支出比重的 9.57%
国防费支出	526700	占预算总支出比重的 21.11%

注：规模按照旧人民币币值统计。

资料来源：财政部办公厅 编：《中华人民共和国财政史料 第二辑 国家预算决算（1950—1981）》，中国财政经济出版社 1983 年版，第 44—60 页。

从 1954 年的财政决算来看，全年财政支出规模达到 246.3244 亿元，完成预算支出数的 98.74%①。从财政支出结构来看（参见表 2-11），经济建设支出、国防支出仍然是第一、第二大支出，两项支出均超额完成了预算，分别完成预算数的 109.15% 和 110.38%；社会文教事业支出成为第三大支出类型，然后是行政管理费支出、信贷保险和其他支出。这种支出结构有力支撑了工业经济建设，1954 年基本建设（包括经济、文教、行政等）完成的投资总额比 1953 年同比增长了 15%，进行建设的限额以上的工业建设单位有 411 个，中央 5 个工业部门已全部完工的主要工程有 33 项，工业领域的设备能力和固定资产有了很大提升。关于工农业总产值方面，与 1953 年相比，1954 年现代工业占比已由 30% 上升至 33%；工业总产值中，国营工业占比已由 54% 上升至 59%，合作社营工业占比已由 3.4% 上升至 3.8%，公私合营工业占比已由 5.7% 上升到 12.3%，私营工业占比已由 36.8% 降至 24.9%；生产资料生产占比已由 41.2% 升至 42.3%，消费资料生产占

① 1955 年 7 月 6 日，时任国务院副总理兼财政部长李先念在第一届全国人民代表大会第二次会议所作 1954 年《关于一九五四年国家决算和一九五五年国家预算的报告》，这个报告采取了“新币”来计量各类财政收支。该报告指出：“在物价继续稳定、币值巩固的前提下，本年三月发行了新的人民币，新币每元等于旧币一万元，消除了历史上通货膨胀所遗留的痕迹。新币的发行大大便利了货币的计算和使用，在发行过程中既没有使人民受到任何损失，也没有影响物价。这是我国经济状况健全的一个显著的标志。”

的比已由58.8%降至57.7%。

表2-11　　　　1954年财政支出结构决算数据

支出类型	规模（亿元）	占比（%）	完成预算数的比例（%）
经济建设支出	123.5822	50.17	109.15
社会文教事业支出	34.6051	14.05	94.31
国防支出	58.1353	23.6	110.38
行政管理费支出	21.6207	8.78	90.5
信贷保险和其他支出	8.3811	3.4	109.77
总额	246.3244	100%	98.74

此外，1954年国家决算中财政收入超出财政支出的余额为16.0439亿元，与1953年及其之前滚存下来的结余45.09亿元，共计61.1339亿元。事实上，按照国家预算平衡和信贷平衡的基本原则，部分资金先前已经通过银行存款的方式投入到经济建设之中。为了更好地在国家预算中明确、清晰反映这种情况，对上述结余做出以下处理：地方周转金转出3.0742亿元、归还革命战争时期和建国初期政府向银行透支款项21.5883亿元、通过专户存入国家银行5.0440亿元、31.4274亿元转入1955年国家预算作为结余。

四、1955年财政支出的规模与结构情况

1955年是新中国“一五”计划的第三个年度，处于五年计划的中期阶段，对整个五年计划的完成具有非常重要的意义，从1955年预算编制的基本要求来看：一是坚持贯彻增加生产、厉行节约的方针，以便积累资金，保证国民经济建设首先是重工业建设的需要。二是保持相当的财政后备力量。从财政支出来看，预算支出的首要任务是根据发展国民经济的计划，保证发展重工业，并相应地发展轻工业、农业、交通运输业和文化教育事业。表2-12是1955年财政预算支出规模和结构，经济建设费支出占比为首位，达到47.72%；国防费支出为次位，占到24.19%；然后依次为，社会文教事业费支出、行政管理费支出、信贷保险和其他支出、总预备费等。在经济建设费中，工业支出占到接近一半的比重，然后是商业、粮食、对外贸易等部门的支出，交通运输支

出，储备物资支出、市政建设支出、公私合营企业投资支出和其他经济建设支出以及农业、林业、水利、气象的支出。

表 2－12　　　　1955 年财政预算支出规模和结构

支出项目	规模（亿元）	占比	同比增长（%）
经济建设费支出	141.8876	占本年全部支出的 47.72%	14.81
其中：①工业支出	63.88	占经济建设费支出的 45.02%	11.32
②农业、林业、水利、气象支出	13.1221	占经济建设费支出的 9.25%	－4.57
③交通运输支出	21.4573	占经济建设费支出的 15.12%	21.89
④商业、粮食、对外贸易等部门支出	28.4463	占经济建设费支出的 20.05%	61.51
⑤储备物资支出、市政建设支出、公私合营企业投资支出和其他经济建设支出	14.9819	占经济建设费支出的 10.56%。	—
社会文教事业费支出	38.5069	占本年全部支出的 12.95%	11.28
国防费支出	71.9315	占本年全部支出的 24.19%	—
行政管理费支出	22.4156	占本年全部支出的 7.54%	－1.24
信贷保险和其他支出	12.4533	占本年全部支出的 4.18%	—
总预备费	10.1723	占本年全部支出的 3.42%	—
总支出	297.3672	100%	同 1954 年国家决算比较，本年支出增长 20.72%

注："—" 表示没有数据。

资料来源：《关于一九五四年国家决算和一九五五年国家预算的报告》。

表 2－13 是 1955 年经济建设费支出中工业支出结构情况，从中可以看出，工业支出中接近 9 成的支出用于电力、煤炭、原油、冶金、化学、机械制造等重工业。从 1955 年财政预算的总体情况来看，用于基本建设（包括经济、文教、行政各方面）的部分有 95.9164 亿元，占本年预算总支出的比重为 32.26%，同比增长 10.43%。在苏联援建我国的 156 个项目中，1955 年内开始建设的有 37 个，继续建设的有 54 个。

中央 5 个工业部门中有 67 个重大建设单位，完成建设或完成重要工程的建设。

表 2－13　1955 年经济建设费支出中工业支出结构情况

支出领域	规模（亿元）	占工业支出总数的比重（%）
电力、煤炭、原油、冶金、化学、机械制造等重工业的拨款	56.9807	89.20
纺织、造纸、糖、食盐等轻工业的支出	6.8993	10.80

资料来源：《关于一九五四年国家决算和一九五五年国家预算的报告》。

此外，1955 年财政预算还包含了地方政府预算。如果将各级政府预算考虑在内，那么中央政府预算支出总额为 233.2688 亿元，占国家预算支出总额的比重为 78.44%；地方政府预算支出总额为 64.0984 亿元，占国家预算支出总额的比重为 21.56%。在地方政府预算支出中，主要支出类型的结构情况为：社会文教费支出占比为 9.86%；地方经济建设费支出占比为 25.69%，主要是农业、林业、水利和地方交通运输的支出；行政管理费支出占比为 26.01%。此外，为了更好地平衡现金余缺，还设有预算周转金 3.9253 亿元，由 1954 年结转的部分为 3.0742 亿元，1955 年补充的部分为 0.8511 亿元。

从 1955 年财政决算来看，财政支出没有完成预算，主要原因是各部门、各地区厉行节约、反对浪费的结果，最终完成预算数的 98.41%，比预算数 298.21828 亿元少支 4.7489 亿元①。其中：经济建设费支出 137.6209 亿元，完成预算数的 96.99%；社会文教费支出 31.8927 亿元，完成预算数的 82.82%；国防费支出 64.99862 亿元，完成预算数的 90.36%；行政管理费支出 21.54067 亿元，完成预算数的 96.10%；债款支出 6.66228 亿元，完成预算数的 106.48%；对外援助和其他支出 4.55722 亿元，完成预算数的 73.55%。

① 1956 年 6 月 15 日，时任国务院副总理兼财政部部长李先念同志在第一届全国人大第 3 次会议上所作《关于一九五五年国家决算和一九五六年国家预算的报告》，收录于《中华人民共和国财政史料第二辑　国家预算决算（1950—1981）》，第 108—134 页。

关于 1955 年决算没有完成预算的原因，1956 年 6 月 28 日，第一届全国人民代表大会预算委员会通过了《第一届全国人民代表大会预算委员会关于一九五五年国家决算和一九五六年国家预算的审查报告》中对此作了说明，本书作如下归纳：一是基本建设领域厉行节约。由于在基本建设领域厉行节约、反对浪费，使国家节约了资金达 10 亿元以上，并在 1955 年利用节约下来的资金，增办了限额以上的工程 60 多个。然而，也出现了一些问题，比如在削减基本建设投资中，缺乏全面安排，导致有些工程中途停工；过多削减了某些非生产性建设投资；有些建筑物在降低造价时，导致工程质量受到影响；等等。二是社会文教费支出结余较多，原因主要是基本建设项目削减，降低造价，没有完成基本建设任务计划，削减了招生计划，农业丰收，传染病减少，厉行节约；等等。

五、1956 年财政支出的规模与结构情况

1956 年是过渡时期总路线的关键一年，这一年新中国于 1956 完成了三大改造，圆满完成过渡时期总路线的各项任务，同时又提前完成了“一五”计划，为推进社会主义工业化奠定了坚实基础。在编制 1956 年财政预算之前，1956 年 4 月李先念同志向毛泽东等中央领导同志作了《关于财贸工作向中央的汇报提要》[①]，在这个报告中提出：“财政和经济是既相互促进、又相互制约的。财政框着经济，经济也框着财政。决定财政的是经济，但财政工作的好坏反过来也可以影响经济。财政必须适应经济的发展，保证经济发展的需要。根据这种体会，我们认为，国家财政预算的设计，必须进一步执行‘收入打足，支出打紧’的方针，这就是要尽可能把应该收的钱都收上来，尽可能把已经收到的钱合理地使用出去，避免年终结余过多。”对此，报告还提出了一些关于财政支出的意见：“财政部门在预算设计上必须克服‘窄打怕用’的思想……尽可能核实每一个项目的开支预算，以防‘宽打’。在留下必要的

① 《关于财贸工作向中央的汇报提要》，李先念向毛泽东等中央领导同志所作的关于财贸工作的汇报提要九个部分中的第二、四、五部分，人民网 http：//cpc. people. com. cn/GB/64184/64186/66662/4493086. html。

预备费以外，在财政力量和建设力量允许的条件下，年初可以多列一些预备项目，以免结余过多”，“建议国家建立基本建设的预备项目制度”，“在财政力量允许的情况下，重点项目如果准备不及，也可以办若干非重点的项目”。

《关于一九五五年国家决算和一九五六年国家预算的报告》明确提出，“1956 年是我国发展国民经济的第一个五年计划的第四年，同时是我国农业、手工业和资本主义工商业的社会主义改造发展得最快和取得决定性胜利的一年。全国人民对于建设社会主义的热情空前地高涨。中共中央和国务院根据这种形势，号召全国人民在稳妥可靠的基础上又多又快又好又省地发展各项建设事业，争取提前完成和超额完成第一个五年计划。”[①] 因此，1956 年财政预算，就是为了更好地提前、超额完成“一五”计划的要求下编制的。这一年的财政预算支出的主要任务是，“根据发展国民经济的计划，保证优先发展重工业，同时积极发展轻工业、农业、交通运输业和文化教育事业，使它们之间保持应有的合理的比例。”表 2－14 是 1956 年财政预算支出的总量和结构状况，从中可以看出，经济建设费支出仍然是占据第一大比重，而且，与 1955 年占比 47.72% 相比，1956 年此类支出占比显著提高，占比超过一半。据《关于一九五五年国家决算和一九五六年国家预算的报告》有关数据显示：“1956 年，全国基本建设（包括经济、文教、行政各方面的基本建设）的投资共有 140 亿元，比 1955 年基本建设投资增长 62%”。而且，经济建设费支出中的工业支出，农业、林业、水利、气象支出，交通运输支出，国家储备支出、城市建设支出和其他经济建设支出同比增长都非常快；社会文教事业费支出同比增长 18.36%，将快速推动文化、教育、科学、卫生事业等领域的繁荣发展；国防费支出有着较为显著的下降，同比减少 5.52%，这标志着新中国正在朝着和平发展的方向前进，但是要看到仍有一定不安定的因素，影响着我国的主权和领土完整，特别是台湾问题，所以预算提出“为着保卫我国的，为着积极准备解放台

---

① 1956 年 6 月 15 日，时任国务院副总理兼财政部部长李先念同志在第一届全国人大第 3 次会议上所作《关于一九五五年国家决算和一九五六年国家预算的报告》，收录于《中华人民共和国财政史料第二辑 国家预算决算（1950—1981）》，第 108—134 页。

湾，在我们集中主要力量进行建设的同时，继续增强国防力量，巩固国防，这是完全必要的”。

表 2－14　　　　1956 年财政预算支出规模和结构

支出项目	规模（亿元）	占比	同比增长
经济建设费支出	160. 55206	占本年预算支出的 52. 22%	比 1955 年经济建设支出决算数增长 17. 04%
其中：①工业支出	85. 44082	占经济建设费总数的 53. 22%	比 1955 年实际增长 46. 02%
②农业、林业、水利、气象支出	21. 84894	占经济建设费总数的 13. 61%	比 1955 年增长 48. 30%
③交通运输支出	28. 95753	占经济建设费总数的 18. 03%	比 1955 年增长 51. 51%
④商业、粮食、农产品采购和对外贸易等方面支出	8. 57182	占经济建设费总数的 5. 34%	比 1955 年下降 74. 45%
⑤国家储备支出、城市建设支出和其他经济建设支出	15. 73295	占经济建设费总数的 9. 80%	比 1955 年增长 39. 59%
社会文教事业费支出	39. 15993	占本年预算支出的 12. 74%	同 1955 年比较增长 18. 36%
国防费支出	61. 41391	占本年预算支出的 19. 98%	比 1955 年年国防费决算数减少 5. 52%
行政经费支出和公安、司法、检察经费支出	24. 10935	本年预算支出的 7. 84%	—
债款支出	7. 59227	占本年预算支出的 2. 47%	—
对外援助和其他支出	6. 69315	占本年预算支出的 2. 18%	—
总预备费	7. 90703	占本年预算支出的 2. 57%	—
支出总数	307. 4277	100%	同 1955 年国家决算比较，本年支出增长 4. 76%

注：“—”表示没有数据。

资料来源：《关于一九五五年国家决算和一九五六年国家预算的报告》。

表 2 - 15 是 1956 年财政决算支出结构情况，从中可以看出：大部分支出项目都超过预算的 1.1 倍之上，债务支出、对外援助支出和其他支出三类支出项目没有完成预算。经济建设支出中，用于各类基本建设的投资共为 139.86 亿元，占决算总支出的 45.74%，比 1955 年增长 62%。1956 年是过渡时期总路线时期的最后一年，这一年的财政支出在执行总路线方面发挥了至关重要的作用。广大人民群众在社会主义三大改造和社会主义经济建设中的热情非常之高，很多经济建设事业方面的预算计划难以满足实际需求，在实际执行过程中，超出了预算，相应决算支出也就有所超支；随着经济建设的持续深入，整个行政管理范围也在适应经济建设进程不断扩大，人员的增加超过计划，国家机关和企事业单位的工资增长幅度超出了预算计划安排。1955 年 8 月 31 日，国务院发布《关于国家机关工作人员全部实行工资制和改行货币工资制的命令》，决定自 1955 年 7 月份起，在国家机关及所属事业单位先行废除工资分计算办法，改行货币工资制；1956 年我国遭受了自然灾害的影响，时任国务院副总理兼国家经济委员会主任薄一波同志在 1957 年 7 月 1 日在第一届全国人民代表大会第四次会议上作《关于一九五六年度国民经济计划的执行结果和一九五七年度国民经济计划草案的报告》明确指出，1956 年我国遭受了最近几十年来最严重的一次自然灾害，某些农作物受到很大的损失，受灾的农田面积约 2.3 亿亩，受灾的人口约 7000 万人。因此，本年相关的救灾支出也高于预算计划数额；等等。

从 1956 年财政支出的执行效果来看，不仅超额完成了年度国民经济发展计划，更对农业、手工业和资本主义工商业的社会主义改造形成了全面的支撑作用，这一年，我国完成了三大改造，成功实现了向社会主义公有制的转型，确立了社会主义经济制度，这标志着改变生产资料私有制为公有制的社会主义改造的任务基本完成。正如刘少奇同志在 1956 年 9 月 15 日在党的八大上作政治报告中指出：“我国的农业、手工业、资本主义工商业的社会主义改造，现在已经取得了决定性的胜利。”

表 2 - 15　　　　1956 年财政决算支出规模和结构

支出项目	规模（亿元）	完成预算的比重（%）	与 1955 年相比，同比增长（%）
经济建设费支出	159.1513	104.9	22.81
其中：①工业支出	88.2750	110.4	—
②农业、林业、水利等支出	22.8442	105.4	—
③铁道、交通、邮电等支出	27.8218	101.7	—
④商业、粮食、对外贸易等支出	9.3979	110.5	—
社会文教事业费支出	45.9590	118.3	39.82
其中：①文化、教育、科学、卫生等支出	40.0277	115.7	—
②抚恤、社会救济等支出	5.7512	140.3	—
国防费支出	61.1656	102.3	-5.9
行政经费支出（包括公安、司法、检察费）	26.5964	110.3	29.6
债务支出	7.2189	96.3	10.8
对外援助	4.0400	91.9	2.76
其他支出	1.6100	67.3	60.6

注："—" 表示没有数据。

资料来源：《关于一九五六年国家决算和一九五七年国家预算的报告》。

第三节　1949—1956 年社会主义过渡时期财政支出的特征和趋势

1949—1956 年社会主义过渡时期是新中国历史上的一个特殊时期，这个时期，新中国面临着尽快结束战争、建立社会主义制度、恢复社会经济建设以及推动工业化等多重挑战，周恩来同志在 1949 年 12 月 22 日至 23 日，对参加全国农业会议、钢铁会议、航务会议人员作了《当前财经形势和新中国经济的几种关系》讲话，提出了国家财经计划的制定理由，包括：一是承受负担。他指出："解放战争已经取得基本的胜利，只剩下成都附近以及西藏、台湾、海南岛等地尚待解放。只有这些地方解放了，才能得到完全的胜利。因此，还要有军事上的准备，不仅要有陆军的而且要有海军、空军的准备。这样，军费在财政支出上仍要占很大的比重。”二是恢复生产。他指出：“生产是我们新中国的基本任务。当前生产任务的重心是恢复而不是发展，当然也不排斥可能而且必要的发展。”三是开源节流。在安排财政支出时，严格按照节约的原则来安排军事国防支出、行政管理费支出、经济建设和文教费支出以及总预备费等。四是掌握政策。他指出：“我们一定要在上面说的总的方向下掌握政策，进行工作，这样才能避免各部门闹独立性。”

这个时期的财政支出的特点和趋势非常深刻地体现到以下特征：一是军事国防支出占比不断下降，但仍然占据一个重要地位。虽然，新中国成立之后，大规模战争基本结束，但是国家仍然面临着多种战争影响，抗美援朝、台湾问题，还面临着新中国成立后彻底消费反动残余势力、全面巩固新生政权的重要任务。这种情况下，随着国家从战争状态转向和平建设，军事国防支出比重在逐渐下降，但是为了准备应对各种可能突出的军事冲突状态，这个时期的军事国防支出的比重仍然维持在一个较高的比重。二是财政支出的生产建设型特征较为突出，基本建设是党和国家着力推动的核心领域，社会文教事业在慢慢恢复。长期的战争已经对中国的社会经济发展带来的严重破坏，工业化水平和城镇化水平都亟待恢复。1952年11月18日，《人民日报》社论《把基本建设放在首要地位》指出：“为了使我国的工业生产能够以较快的速度不断增长起来，这就要求我们进行规模巨大的基本建设工作。三年来国家对于基本建设的投资是逐年增加的，明年基本建设的投资又将比今年增加很多，其中工业投资将增加更多。因此，基本建设在整个工作中的比重，已经起了根本的变化，基本建设工作在整个国家工作中就被提到了首要的地位。我们能不能建设一个工业化的国家，首先要看我们是否能够保证基本建设的成功。”① 此外，1953年12月，中共中央宣传部在《为动

① 《建国以来重要文献选编（第三册）》，人民网，http：//cpc.people.com.cn/GB/64184/64186/66657/4492756.html。

员一切力量把我国建设成为一个伟大的社会主义国家而斗争——关于党在过渡时期总路线的学习和宣传提纲》中明确指出，“实现国家的社会主义工业化的中心环节是发展国家的重工业，以建立国家工业化和国防现代化的基础。……只有建立了重工业，才能使全部工业、运输业以及农业获得为发展和改造所必需的装备。”[①] 这种情况下，财政支出方面向经济建设倾斜、向工业部门建设倾斜，特别是财政支出在推动基本建设方面，发挥了重要的推动作用。此外，在社会文教事业方面，财政着力解决其中的矛盾，整个教育、医疗卫生、社会保障、科学研究、文化体育等各个领域都在不断恢复发展。三是财政支出在支持国民社会经济稳定方面的作用至关重要。新中国成立之初，“三座大山”给中华民族和中国人民带来的苦难非常深刻，战争对社会经济的创伤有待于慢慢消融，特别是通货膨胀、失业等问题需要我们去着力解决，这个时期，国内运用财政支出着力解决新中国成立之初的矛盾，事实表明是非常成功的。四是财政支出重点支持“三大改造”。国家运用财政支出支持“三大改造”顺利、有步骤进行。对于农业的社会主义改造，主要是鼓励农民从互助组到合作社的转型过程；对于手工业的社会主义改造，主要是鼓励从分散生产到分工合作、从小规模到较大规模的手工业转型；对于资本主义工商业的社会主义改造，主要是鼓励支持从部分行业的公私合营扩大到全行业。五是这个时期从体制角度来看，统一财政收支也成为一个重要特征。中华人民共和国成立后，为了更好地克服经济社会发展的困难、尽快恢复国民经济发展，国家开始统一财政收支，整个财政支出由中央来统筹布局，更好地集中力量干大事，解决国家财政收支平衡、实现物价水平稳定和信贷平衡，事实表明，效果也是非常成功的。六是财政支出在财政平衡中发挥着越来越重要的作用，事实上，这是计划经济体制条件下财政政策的雏形。国家财政平衡需要与银行信贷、物资调拨之间的平衡统筹考虑，财政支出不仅要确保国民经济各条战线上的支出需要，还要更好保障金融系统发放信贷资源的需要。有时候，仅仅考虑到财政收支的平衡，而没有做到国家信贷收支的平衡，仍然会引

① 《建国以来重要文献选编（第四册）》，人民网，http：//cpc. people. com. cn/GB/64184/64186/66658/4492852. html。

发不平衡[1]。从某种意义上说，财政支出实现的平衡应该是国民经济大平衡，而不仅仅财政收支的平衡，这也是国家分配论的重要理论观点之一。七是这个时期，每年预留了一些预备费支出，是这个时期财政支出的一大特点。在社会经济形势尚未完全稳定的时候，预备费支出能够更好地应对不确定性事件和各类风险，对于更好地维护经济社会稳定发挥了重要作用。

总之，财政支出在这个时期的特点从本质上反映了财政和经济社会发展的内在逻辑关系，财政支出规模和结构的安排总是针对当时经济社会发展的主要矛盾和节点，全面系统服务于党和国家的中心工作。

① 对此，时任国务院副总理兼财政部长李先念在 1957 年 6 月 29 日在第一届全国人民代表大会第四次会议上所作《关于 1956 年国家决算和 1957 年国家预算草案的报告》中讲话，非常能够描述财政收支平衡和国民经济平衡之间的关系。他指出：“为什么银行发放贷款所需要增加的信贷资金，必须由国家预算加以保证呢？这是因为：一、我国的经济是社会主义的计划经济，社会流动资金和周转资金必须有计划地进行安排；二、我们必须基本上稳定物价，不允许银行任意发行货币，引起物价波动；三、国民经济在不断地发展和扩大，各企业各经济单位对流动资金和周转资金的需要不断地增加。因此，银行的信贷资金必须逐年有所增加，而且需要有可靠的来源。银行的信贷资金从哪里来呢？一个来源是各企业、各经济单位、机关、团体、学校暂时闲置存入银行的资金和城乡人民的储蓄，另一个来源是银行在正常需要的范围内所发行的货币。但是，在我国目前的情况下，银行的信贷资金仅仅依靠这两个来源是不够的。这个不够的部分就是我们所说的信贷收支差额。为了弥补这个差额，使之达到平衡，只能依靠国家预算拨款来解决。因此，银行每年需要由国家增拨的信贷资金，应当看作是国家建设事业中不可缺少的一部分投资，应当由国家预算有计划地给予保证。”

第三章　1957—1966 年全面建设社会主义时期的财政支出

随着社会主义三大改造的顺利完成和“一五”计划提前完成之后，新中国进入了全面建设社会主义时期的新阶段，开始探寻适合中国国情的社会主义发展道路。这个时期的开启，标志着过渡期的结束，党和国家的工作全面转向经济建设、推动工业化和改善人民群众生活水平。

第一节　全面建设社会主义时期面临的主要任务

1956 年 1 月 25 日毛泽东同志在最高国务会议第六次会议上发表了《社会主义革命的目的是解放生产力》讲话，明确提出：“社会主义革命的目的是为了解放生产力”，“我国人民应该有一个远大的规划，要在几十年内，努力改变我国在经济上和科学文化上的落后状况，迅速达到世界上的先进水平”。随后，他在 1956 年 4 月 25 日发表《论十大关系》讲话，指出：“我们要调动一切直接的和间接的力量，为把我国建设成为一个强大的社会主义国家而奋斗。”他围绕社会主义建设和社会主义改造的十个问题阐述了社会主义建设的十大关系。

在这个重要节点，1956 年 9 月，党的八大胜利召开。这次会议通过了《中共八大关于政治报告的决议》，明确指出："我国的无产阶级同资产阶级之间的矛盾已经基本上解决，几千年来的阶级剥削制度的历史已经基本上结束，社会主义的社会制度在我国已经基本上建立起来了。"还指出："我们国内的主要矛盾，已经是人民对于建立先进的工业国的要求同落后的农业国的现实之间的矛盾，已经是人民对于经济文化迅速发展的需要同当前经济文化不能满足人民需要的状况之间的矛盾。这一矛盾的实质，在我国社会主义制度已经建立的情况下，也就是先进的社会主义制度同落后的社会生产力之间的矛盾。党和全国人民的当前的主要任务，就是要集中力量来解决这个矛盾，把我国尽快地从落后的农业国变为先进的工业国。"[①]

在全面建设社会主义时期，财政与经济社会发展的关系方面，党的八大形成了丰富的理论成果。周恩来同志在《关于发展国民经济的第二个五年计划的建议的报告》系统阐述了经济和财政关系，他指出，"多年来的经验是：我们的财政收入必须建立在经济发展的基础上，我们的财政支出也必须首先保证经济的发展。因此，应该首先考虑经济、特别是工农业生产的发展计划，然后根据它来制订财政计划，用财政计划保证经济计划的圆满执行。"这事实上深刻阐述了财政平衡和经济平衡之间的内在逻辑关系以及基本原则，财政和经济之间要确保一个稳定的结构关系。同时，他还提出了"改进国家行政体制，发挥地方的积极性"，"按照统一领导、分级管理、因地制宜、因事制宜的方针，进一步地划分中央和地方的行政管理职权，改进国家的行政体制，以利于地方积极性的充分发挥"，还提出了改革高度集中的行政管理体制的七原则，这对于更好地发挥地方政府在经济建设中的积极性至关重要。1956 年 9 月 18 日薄一波同志在党的八大上作《正确处理积累和消费的比例关系》报告，提出正确处理积累和消费关系以及财政支出正确发挥调控功能作用的"二三四"比例理论[②]。他认为："正确地解决积累

---

① 《中共八大关于政治报告的决议》，中央政府网站，http：//www. gov. cn/test/2008 - 06/04/content_ 1005155. htm。

② 《建国以来重要文献选编（第九册）》，人民网，http：//cpc. people. com. cn/GB/64184/64186/66663/4493132. html。

和消费的关系，是我国社会主义工业化过程中一个头等重要的问题”，“在通常的情况之下，我国国民收入中积累部分的比重，不低于百分之二十，或者略高一点；我国国民收入中国家预算收入的比重，不低于百分之三十，或者略高一点；我国国家预算支出中基本建设支出的比重，不低于百分之四十，或者略高一点”。陈云同志也在党的八大上作了《社会主义改造基本完成以后的新问题》中提出了“社会主义的统一市场”和“三个主体，三个补充”的理念构想，即“国家经营和集体经营是工商业的主体，但是附有一定数量的个体经营。这种个体经营是国家经营和集体经营的补充。至于生产计划方面，全国工农业产品的主要部分是按照计划生产的，但是同时有一部分产品是按照市场变化而在国家计划许可范围内自由生产的。计划生产是工农业生产的主体，按照市场变化而在国家计划许可范围内的自由生产是计划生产的补充。因此，我国的市场，绝不会是资本主义的自由市场，而是社会主义的统一市场。在社会主义的统一市场里，国家市场是它的主体，但是附有一定范围内国家领导的自由市场。这种自由市场，是在国家领导之下，作为国家市场的补充，因此它是社会主义统一市场的组成部分。”这从另外一个侧面也提出了财政服务于“社会主义的统一市场”和“三个主体，三个补充”的功能。

这个时期，随着社会主义制度全面确立，财政制度在社会产品生产中发挥了至关重要的调控作用，其中一个重要的核心问题在于如何正确处理积累和消费的关系。对此，财政支出在支持社会主义建设方面发挥了至关重要的功能和作用。

第二节　“二五”计划实施期间的财政支出

一、“二五”计划的制定过程是一个曲折的过程

“二五”计划的编制和实施是全面建设社会主义时期的重要阶段，

制定并实施“二五”计划是进入全面建设社会主义时期所面临的首要任务，但是这个计划的制定过程较为曲折，体现出发展理念的重要变化。从“一五”计划实施的效果来看，国内经济社会发展出现了安定团结的局面，各个领域都向好发展，工业体系建设，特别是重工业领域的不断进展，更好地夯实了整个工业化基础，同时，顺利完成了社会主义三大改造，确立了以公有制为主体的社会主义经济体制，可以说“一五”计划的顺利实施为“二五”计划开局奠定了非常良好的基础，同时，也带来了一些对发展目标的盲目乐观甚至偏离客观规律的估计。“一五”计划实施的末期，我国经济建设领域开始出现了一股冒进势头。王丙乾同志曾经指出，“从 1955 年第四季度开始，我们国家的经济建设就出现了一股层层抬高指标和忽视综合平衡的冒进势头”①。

1955 年底，毛泽东同志主持编辑的《中国农村的社会主义高潮》出版，他亲自撰写了序言和 104 篇按语，在序言中指出“这件事告诉我们，中国的手工业和资本主义工商业的社会主义改造，也应当争取提早一些时候去完成，才能适应农业发展的需要。这件事告诉我们，中国的工业化的规模和速度，科学、文化、教育、卫生等各项事业的发展规模和速度，已经不能完全按照原来所想的那个样子去做了，这些都应当适当地扩大和加快”。1956 年元旦，《人民日报》发表社论《为全面地提早完成和超额完成五年计划而奋斗》，提出了“多、快、好、省”的发展方针②，同时也提出了“反对保守主义的斗争”的方针。同时，一些中央领导同志也在极力反对冒进，特别是主管一线经济工作周恩来同志、陈云同志以及李先念同志等人。周恩来同志并不赞成过早地宣布实现工业化。1956 年 2 月 8 日，周恩来同志在国务院第 24 次全体会议上

① 王丙乾：《中国财政 60 年回顾与思考》，中国财政经济出版社 2009 年版，第 85 页。

② 对此，《为全面地提早完成和超额完成五年计划而奋斗》中指出：“这样，在工业、文教事业的面前，就摆着一个问题：要又多、又快、又好、又省地发展自己的事业。必须又多又快，才能赶上国家和人民的需要；必须要好，要保证质量，反对不合规格的粗制滥造；必须要省，要用较少的钱办较多的事，以便用可以积累起来的财力来办好一切应该办而且可以办的事情。又多又快，是反对保守主义，又好又省，是反对潦草从事，盲目冒进，铺张浪费。又多、又快、又好、又省，这四条要求是互相结合而不可分的，遵守这四条要求，我们就能按照社会主义经济的有计划（按比例）发展的法则，来进行全面规划。”

说："绝不要提出提早完成工业化的口号。"① 1957 年 1 月 18 日，陈云同志在各省、自治区、直辖市党委书记会议上发表讲话《建设规模要和国力相适应》，提出："建设规模的大小必须和国家的财力物力相适应。适应还是不适应，这是经济稳定或不稳定的界限。像我们这样一个有六亿人口的大国，经济稳定极为重要。建设的规模超过国家财力物力的可能，就是冒了，就会出现经济混乱；两者合适，经济就稳定。"②

1956 年 6 月 20 日《人民日报》发表社论《要反对保守主义，也要反对急躁情绪》，指出"我们对中央提出的'又多、又快、又好、又省'的方针要有一个正确的了解，不要把它片面化、绝对化，这样才不会走到急躁冒进。总的方针是要又多、又快、又好、又省，但在具体的工作中，哪些能又多又快，哪些不能又多又快，哪些是现在就可以又多又快的，哪些是将来才能又多又快的，怎样才算省得恰当，怎样既多、既快、既省，而又能达到好的目的，这些都要根据具体情况仔细地、实事求是地去加以考虑，不能把问题看得太死，太简单。"李先念同志曾经在《关于一九五五年国家决算和一九五六年国家预算的报告》指出："在当前的生产领导工作中，必须着重全面地执行多、快、好、省和安全的方针，克服片面地强调多和快的缺点。生产的发展和其他一切事业的发展都必须放在稳妥可靠的基础上。在反对保守主义的时候，必须同时反对急躁冒进的倾向，而这种倾向在过去几个月中，在许多部门和许多地区，都已经发生了。"

关于"二五"计划的制定，党的八大期间，周恩来同志作了《关于发展国民经济的第二个五年计划的建议的报告》指出："党中央委员会提出，我国发展国民经济的第二个五年计划的基本任务应该是：①继续进行以重工业为中心的工业建设，推进国民经济的技术改造，建立我国社会主义工业化的巩固基础；②继续完成社会主义改造，巩固和扩大集体所有制和全民所有制；③在发展基本建设和继续完成杜会主义改造的基础上，进一步地发展工业、农业和手工业的生产，相应地发展运输

① 《十四、振兴中华 提出四化》，人民网"开国总理周恩来"栏目，http：//www.people.com.cn/item/zel/newfiles/zzj/14.html。

② 《陈云文选第三卷》，人民出版社 1995 年版。

业和商业；④努力培养建设人才，加强科学研究工作，以适应社会主义经济文化发展的需要；⑤在工业农业生产发展的基础上，增强国防力量，提高人民的物质生活和文化生活的水平。”① 另外，陈云同志也在党的八大上作了《社会主义改造基本完成以后的新问题》报告②，指出：“在社会主义改造完成以后，我们应该采取正确的方针指导企业的生产和经营。就是说，我们必须使消费品质量提高，品种增加，工农业产量扩大，服务行业服务周到，而决不是相反。”《中国共产党第八次全国代表大会关于发展国民经济的第二个五年计划（一九五八——一九六二）的建议》③ 对“二五”计划的国民经济发展和改造提出了十六项方针和部署，其中部分目标是：1962年的工农业总产值，比1957年计划（系指第一个五年计划中的1957年计划）增长75%左右；1962年的国民收入，有可能比1957年增加50%左右；“二五”计划的中心任务仍然是优先发展重工业。同时，在优先发展重工业的同时，应该在农业发展的基础上，适当地加速轻工业的建设，以适应广大人民对消费品的日益增长的需要，并且增加国家的资金积累；适应工农业生产和国防建设的需要，推动各个领域的基础设施建设；推进国民经济的技术改造，发展科学研究事业；正确地调整中央同地方的关系，充分地发挥各地方、各业务部门和各基层单位的积极性；等等。

二、“二五”计划时期的财政支出原则

按照“二五”计划中关于国民经济建设的思路和理念，《中国共产党第八次全国代表大会关于发展国民经济的第二个五年计划（一九五八——一九六二）的建议》提出了财政支出的基本原则，主要有：一是财政支出的安排须遵循财政收支平衡的基本原则。财政支出必须与财政收入之间保持匹配、适应，确保财政平衡，还要充分考虑保持后备力

① 《建国以来重要文献选编（第九册）》，人民网，http://cpc.people.com.cn/GB/64184/64186/66663/4493134.html。

② 《陈云文选第三卷》，人民网，http://cpc.people.com.cn/GB/69112/83035/83317/83597/5738349.html。

③ 《党的历史文献集和当代文献集》，人民网，http://cpc.people.com.cn/GB/64184/64186/66663/index.html。

量。同时还要确保信贷平衡。二是关于财政支出结构的安排，要提高济建设和文化建设的支出比重，特别是基本建设投资支出比重。“二五”计划期间，在确保增强国防力量和提高行政效率的条件下，减少用于国防和行政的支出，相应增加经济建设和文化建设的支出。该建议提出，“二五”计划期间，用于经济建设和文化建设的支出占全部财政支出的比重应该提高至60%—70%，显著高于“一五”计划期间的56%左右。其中，用于基本建设投资在全部财政支出中所占的比重提高到40%左右，显著高于“一五”计划的35%左右。用于国防和行政费用的支出占比应下降至20%左右，显著低于“一五”计划期间的32%左右。其他方面用于国家物资储备、信贷资金、归还内外债款和总预备费等方面。

此外，《关于发展国民经济的第二个五年计划的建议的报告》也提出了财政支出安排的思路和原则。它强调：一是要充分权衡经济发展、经济建设和其他领域的支出比例关系，确保财政支出对经济发展和经济建设形成充分保障作用。二是充分考虑积累和消费之间的比例关系，确保经济建设和物资供应之间的平衡。三是在安排基本建设投资支出结构时，须确保工农业的高速发展。因此，在投资支出总额中，工业投资支出占比应提高至60%左右，显著高于“一五”计划的58.2%。农业、水利和林业的投资支出占比，应提高至10%左右，显著高于“一五”计划的7.6%，此外，还要对运输、邮电、科教文卫、城市建设、商业等部门的支出结构进行适当安排，更好地符合国民经济发展的客观需要。四是在安排工业投资支出结构时，应更好地权衡重工业和轻工业之间的结构。考虑到“一五”计划期间我国轻工业发展具有较大潜力，并考虑到人民消费水平逐步升级提高的需求，适当提高轻工业投资占比是符合国民经济客观发展需要的，“二五”计划对轻工业投资占全部工业投资支出的比重设定为11.2%。

在财政支出体制方面，这个时期还对政府间的财政支出体制作了改革探索。新中国建立之后，确立了高度集中统一的财政管理体制格局，对各级地方政府和企业等微观主体观管的过多、过严，导致地方和企业难以有充分的自由度来发挥积极性。根据“大计划、小自由”的方针理念，陈云同志在 1956 年 9 月 20 日党的八大上作了《社会主义改造基本完成以后的新问题》的发言，其中提到“计划生产是工农业生产的主体，按照市场变化而在国家计划许可范围内的自由生产是计划生产的补充。因此，我国的市场，绝不会是资本主义的自由市场，而是社会主义的统一市场。在社会主义的统一市场里，国家市场是它的主体，但是附有一定范围内国家领导的自由市场。”这不仅对中华人民共和国成立初期计划和市场关系有着非常清晰的定位，对现在也有深刻的现实意义。这种理念指引下，1957 年 11 月 8 日，国务院全体会议第六十一次会议通过《关于改进财政管理体制的规定》，1957 年 11 月 14 日第一届全国人民代表大会常务委员会第八十四次批准通过，自 1958 年开始实行。这个文件划定了中央和地方财政收支范围，并明确了计算地方正常年度支出的办法，应剔除一些并不是各省市年年都需要安排的特殊性支出数字，同时明确，由于基本建设应由中央在地区之间作统一安排，那么地方基本建设投资支出，也不应计算在地方正常支出基数以内。还对中央和地方预算收支关系的“一年一变”转变为“分成的计算方法和分成比例三年不变”，增强了地方的自主性，有力调动了地方政府积极性。

后来，《国务院关于地方财政的收支范围、收入项目和分成比例改为基本上固定五年不变的通知》提出，“1958 年 2 月 1 日，在第一届全国人民代表大会第五次会议，李先念同志作了《关于一九五七年国家预算执行情况和一九五八年国家预算草案的报告》曾经提出，拟将原来规定的基本上三年不变，改为基本上五年不变，以便中央和地方都能够更好地安排整个第二个五年计划期间的财政收支和建设计划。这个报告已经得到全国人民代表大会批准。现在，国务院正式通知，原定地方财政的收支范围、收入项目和分成比例，改为基本上固定五年不变。”①

三、1957 年财政支出的规模与结构情况

1958 年 2 月 1 日，时任国务院副总理兼财政部长李先念同志在第

① 中国社会科学院、中央档案馆编：《1958—1965 中华人民共和国经济档案资料选编（财政卷）》，中国财政经济出版社 2011 年版，第 15 页。

一届全国人民代表大会第五次会议上作了《关于一九五七年国家预算执行情况和一九五八年国家预算草案的报告》报告①，数据显示，1957 年预算执行情况是良好的，超额完成财政收支计划，实际财政收入和支出都超过原计划，且收大于支，有力支撑了“一五”计划的实现。

表 3－1 是 1957 年财政预算执行情况，从中可以看出，1957 年实际执行支出总额为 305.49 亿元，而 1957 年预算支出总额为 293.94 亿元，实际执行支出是原预算的 103.93%，同 1956 年的支出大体相平。从各个不同类型支出来看，经济建设费支出是超额完成预算计划，社会文教费、行政管理费、债务和对外援助支出和国防费是基本接近预算计划数额，而其他支出没有完成预算计划数。值得指出的是，1957 年完成 119.05 亿元（如果加上各方面用自有资金所进行的基本建设投资计算，总计达 123.7 亿元），完成预算计划数的 107.25%。

表 3－1　　1957 年财政支出预算执行情况

支出类型	实际预算执行规模（亿元）	预算支出规模（亿元）	实际执行规模与预算规模的百分比
经济建设费	148.61	139.72	106.36
社会文教费	47.39	48.35	98.01
国防费	55.09	55.23	99.74
行政管理费	23.22	24.45	94.96
债务和对外援助支出	12.93	13.37	96.71
其他支出	1.99	2.75	72.27
增拨银行信贷资金和归还一九五六年向银行透支款	15.53	6.00	258.83
增拨地方预算周转金	0.73	—	—
支出总规模	305.49		103.93

资料来源：《关于一九五七年国家预算执行情况和一九五八年国家预算草案的报告》。

从整个 1957 年的预算执行结果来看，财政收入超过了原定预算计划，但一些支出类型的实际执行数则比原预算计划有所减少。这缘于当

① 《中华人民共和国财政史料 第二辑　国家预算决算（1950—1981）》，中国财政经济出版社 1983 年版，第 184—210 页。

时非常深刻的时代背景的，特别是由于大力开展增产节约运动，全国人民实施整风运动和反“右派”斗争。1957年4月27日，中共中央发出《关于整风运动的指示》并于5月1日在《人民日报》上公开发表。该指示明确指出：“几年以来，党内脱离群众和脱离实际的官僚主义、宗派主义和主观主义有了新的滋长，因此有必要按照‘从团结的愿望出发，经过批评和自我批评，在新的基础上达到新的团结’的方针，在全党重新进行一次普遍的、深入的反官僚主义、反宗派主义、反主观主义的整风运动，提高全党的马克思主义的思想水平，改进作风，以适应社会主义改造和社会主义建设的需要。”该指示深刻阐述了整风运动的重要性、必要性、指导思想、主题、具体要求、方法步骤等。整风运动开始之后，又开始了反“右派”斗争，1957年6月8日，中共中央发布《关于组织力量准备反击右派分子进攻的指示》①，对少数资产阶级“右派”分子进行坚决反击。至此，全国各地自上而下开展了一场群众性的政治运动。

这些背景对当时的财政收支形势产生了巨大影响。《关于一九五七年国家预算执行情况和一九五八年国家预算草案的报告》指出：“在工业方面，广大职工群众通过反右派斗争和整风运动大大地提高了阶级觉悟和革命积极性，从而提高了劳动生产率，加强了劳动纪律，绝大多数企业的职工出勤率比过去有了显著的上升。”不仅如此，对增产节约运动和整风运动等对农业、交通运输、商业和其他各个部门以及节约国家机关经费等都有着非常积极的影响，这些因素都对1957年财政收支结余产生了重要作用。按照收支结余的现实情况，1957年下半年，国家对财政支出陆续追加了13.4亿元，主要用于基本建设领域。

此外，《关于一九五七年国家预算执行情况和一九五八年国家预算草案的报告》还对“一五”计划期间的财政支出情况作了总结。整个“一五”计划期间，财政支出累计总规模达到1364.09亿元，完成原定支出计划的106.4%。其中：基本建设投资支出累计总规模达到487.77亿元，完成原定支出计划的114.12%。在财政支出结构中，经济建设

① 人民网，http://cpc.people.com.cn/GB/64162/64165/82273/82281/5759539.html。

和文化教育建设支出占全部支出的比重由 1952 年的 59% 提高至 1957 年的 64.17%；国防费和行政管理费支出占全部支出的比重则由 1952 年的 36.3% 下降至 1957 年的 25.63%。由此可见，整个“一五”计划期间财政支出在支持国家经济建设方面发挥了越来越大的功能作用，有力保障了“一五”计划的实施，也为“二五”计划的实施奠定了良好的基础和开端。

四、1958 年财政支出的规模与结构情况

1958 年之后，国民经济发展形势发生了巨大变化，本年及之后的若干年份的财政支出形势与之紧密相关，一个重要的线索就是“大跃进”运动的开始。

到了 1957 年下半年，开始对“反冒进”进行批评。在 1957 年 9 月，党的八届三中全会（扩大）会议上，毛泽东同志对 1956 年以来党中央对“反冒进”纠偏的一些做法进行了严厉批评，认为发展的步子还要更大一点，这事实上就是 1958 年“大跃进”运动的开端。他在党的八届三中全会即将结束之前作了《做革命的促进派》讲话，指出：“去年这一年扫掉了几个东西。一个是扫掉了多、快、好、省。不要多了，不要快了，至于好、省，也附带扫掉了。好、省我看没有哪个人反对，就是一个多、一个快，人家不喜欢，有些同志叫‘冒’了。”①1957 年 11 月 13 日，《人民日报》发表社论《发动全民，讨论四十条纲要，掀起农业生产的新高潮》，明确提出：“有些人害了右倾保守的毛病，像蜗牛一样爬行得很慢，他们不了解在农业合作化以后，我们就有条件也有必要在生产战线上来一个大的跃进。”这是第一次正式提出“大跃进”的号召。党的八届三中全会（扩大）会议之后，毛泽东同志连续在南宁、成都、武汉召开会议，对“反冒进”进行了批评。

1958 年 1 月 11 日至 22 日，毛泽东同志在南宁召开中央工作会议。部分中央领导人和九省二市负责人参加。会上，毛泽东同志对“反冒

① 《毛泽东选集》第五卷，人民出版社 1977 年版，第 466—479 页。

进”提出了批评，他指出：“不要提‘反冒进’这个名词，这是政治问题。一反就泄了气，六亿人了一泄气不得了。”1958年2月2日，《人民日报》发表社论，明确提出：“我们的国家正面临着一个全国‘大跃进’的形势，工业建设和工业生产要‘大跃进’，农业生产要‘大跃进’，文教卫生事业也要‘大跃进’。”1958年3月8日至16日，又在成都召开中央政治局扩大会议，毛泽东同志又提出：“‘反冒进’是一个方向性的错误，南宁会议提出了这个问题，有许多同志紧张，现在好了”。到了1958年5月，党的八大二次会议通过了“鼓足干劲，力争上游，多快好省地建设社会主义”的总路线，并提出中国在15年或更短的时间内，在主要工业产品产量方面在十年内超过英国、十五年内赶上美国（“超英赶美”）。会后便形成了掀起“大跃进”的高潮，开启了全民大炼钢铁和人民公社化的高潮。随后，1958年6月，国家计委提出了《第二个五年计划要点》，提出“五年超过英国、十年赶上美国”的奋斗目标。

1958年预算计划的制定，具有非常浓重的时代印记。《关于一九五七年国家预算执行情况和一九五八年国家预算草案的报告》在阐述1958年国家预算安排时，明确提出“贯彻执行又多又快又好又省地发展社会主义建设的方针，争取在今后十五年或者更多一点的时间内，在钢铁和其他主要工业产品的产量方面赶上或者超过英国，争取提前实现全国农业发展纲要（修正草案），并且争取在不太长的时间内，在急需的科学技术部门接近或者达到世界先进水平。”它要求在编制预算时，使得整个国民经济在1958年有一个新的“跃进”,[①] 所以，从总体来看，1958年的国家预算“是一个反对保守倾向、积极挖掘潜力、收入和支出增长得比较快的预算，是一个贯彻整风精神、坚决反对浪费和坚决紧缩非生产性支出的预算，是一个积极增加生产性支出、积极发展基本建设和大力支援农业的预算”（参见表3-2）。

---

① 特别是1958年8月，党中央在北戴河召开政治局扩大会议。这次会议上全面制定了“大跃进”运动的主要计划，包括制定和通过了《中共中央关于1959年计划和第二个五年计划问题的决定》《1959年度国民经济计划主要指标》《关于第二个五年计划的意见》等主要文件，号召全民大炼钢铁和推进人民公社化，标志着“大跃进”运动达到高潮。

表 3－2　　　　　　**1958 年财政支出的预算计划数**

支出类型	预算规模（亿元）	占全部预算支出的比重（%）
经济建设费	175.48	53.07
其中：①工业支出	91.69	
②农业、林业、水利支出	29.4	
③铁道、交通、邮电等支出	25.4	
④商业、粮食、对外贸易等支出	2.79	
社会文教费	48.96	14.81
其中：①文化支出	2.08	
②初等和中等教育支出	22.53	
③高等教育支出	5.99	
④科学支出	3.84	
⑤卫生支出	5.49	
⑥抚恤和救济支出	5.4	
国防费	50	15.12
行政管理费	20	6.05
债务支出	10.31	3.12
对外援助支出	4.14	1.25
其他支出	2.83	0.86
增拨银行信贷资金	8	2.42
总预备费	10.91	3.3

资料来源：《关于一九五七年国家预算执行情况和一九五八年国家预算草案的报告》。

从 1958 年的国家预算支出结构来看，具有以下几个特点：一是向经济建设倾斜的特征十分明显，经济建设费支出占比是最高的。基本建设领域的工业投资占到一个非常高的比重。1958 年用于基本建设方面的投资支出更是占到了绝大多数，总额达到 138.36 亿元，基本建设领域的投资绝大部分用于经济建设，在社会文教和行政管理领域的基本建设投资，比 1957 年有所减少。如果考虑到国营企业和供销合作社用自有资金安排的基本建设投资和其他方面的基本建设投资，那么 1958 年基本建设投资规模达到 145.77 亿元。巨大的基本建设投资支出支撑了 1958 年 1185 项限额以上的建设项目开工或者继续施工。这种支出结构的特征，说明国家预算支出的生产建设性特征非常明显，国家努力减少非生产性的支出同时增加生产性支出，这对于当时的社会主义建设具有非常重要的作用和意义。二是大力缩减国防和行政管理支出比重。为了更好地加快经济建设步伐，国家努力缩减国防和行政管理领域的支出，国防费和行政管理费支出占全部支出的比重由 1957 年的 25.63% 下降至 1958 年的 21.17%。三是大幅增加对农业生产的财政支出。1958 年用于农业领域的财政预算支出达到 29.4 亿元，同比增加 8.52 亿元，同比增长率达到 40.78%。其中：用于农林水利的基本建设支出规模为 20.69 亿元。

1959 年 4 月 21 日时任国务院副总理兼财政部长李先念同志在第二届全国人民代表大会第一次会议上作了《关于一九五八年国家决算和一九五九年国家预算草案的报告》。从 1958 年预算实际执行的情况来看，财政支出总规模超预算支出较多，1958 年财政总支出达到 409.6 亿元，达到原预算总规模的 123.4%，与 1957 年财政支出相比增长 35%（参见表 3－3）。1958 年财政支出的决算数大大超过预算数的原因是用于基本建设投资支出的规模增长较快。1958 年，用于经济、社会、文教等各领域的基本建设投资支出规模达到 214 亿元，同比增长 70%。但由于精打细算、降低工程造价等原因，同样的基本建设投资支出完成了更多的工作量。同时，由于大力执行教育与生产劳动相结合、勤工俭学和勤俭办事业的方针政策，社会文教费支出没有完成预算数，但社会文教事业同样得到巨大发展。此外，国家建设事业的规模大大超过了原来的计划，导致行政管理费支出超过预算支出规模。

表 3－3　　　　1958 年财政支出的决算数

支出类型	决算规模（亿元）	决算数与预算数的比（%）
经济建设费	262.7	149.7
社会文教费	43.5	88.9
国防费	50	100
行政管理费	22.7	113.7
内债外债和对外援助支出	11.8	71.4
其他支出	2.4	—
增拨银行信贷资金	16.5	—
支出总规模	409.6	123.4

注：“—”代表没有查到相关数据。

资料来源：《关于一九五八年国家决算和一九五九年国家预算草案的报告》。

五、1959 年财政支出的规模与结构情况

“大跃进”运动引发的各类问题慢慢显现出来。在 1959 年及之后毛泽东同志多次召开会议进行纠“左”，领导全党对“左”的错误路线进行纠偏。1959 年 11 月 2 日至 10 日，毛泽东在郑州主持召开由部分中央领导、各协作区主任、部分省市委书记出席的中央工作会议，被称为“第一次郑州会议”，这次会议上他提出必须要纠正已经犯的“左”的错误。他在听取农业发展新四十条纲要的汇报时指出：“建成社会主义，这好。准备向共产主义过渡，你说十年就过渡了，我就不一定相信，你加‘准备’两个字，准备过渡，机动一点。”① 到了 1959 年 2 月 27 日至 3 月 5 日，又在郑州举行了中央政治局扩大会议，被称为“第二次郑州会议”，毛泽东同志作了讲话，他在谈到人民公社时指出：“我们只能一步一步地引导农民脱离较小的集体所有制，通过较大的集体所有制走向全民所有制，而不能要求一下子完成这个过程，正如我们以前只能一步一步地引导农民脱离个体所有制而走向集体所有制一样”，“公社有了强大的经济力量，就可以实现完全的公社所有制，也就可以进而实现全民所有制。时间大约需要两个五年计划，急了不行，欲速则不达。”经过了几次会议之后，不切实际的“浮夸风”“瞎指挥”得到很大程度的遏制，然而，1959 年 7 月举行的庐山会议，又让反“左”的风向标发生了变化，会议主题由反“左”变成反“右”，在庐山会议后继续沿着“大跃进”的道路往前走，让可能纠偏的进程发生了巨大挫折。

1959 年是“二五”计划的第二年，在编制本年国家预算时，时任国务院副总理兼财政部长李先念同志在 1959 年 4 月 21 日第二届全国人民代表大会第一次会议上所作《关于 1958 年国家决算和 1959 年国家预算草案的报告》，明确提出：“我国人民在 1959 年要根据党的社会主义建设总路线，在上年获得伟大胜利和丰富经验的基础上，实现国民经济

① 中共中央文献研究室：《毛泽东年谱（1949—1976）》选载之三：《第一次郑州会议至庐山会议前期纠“左”的努力》，人民网，http：//dangshi. people. com. cn/n/2013/0412/c85037 - 21110840. html。

的继续大跃进。适应这种情况，现在编成的1959年国家预算草案，是一个挖掘潜力，支持全面跃进的预算；是一个贯彻‘全国一盘棋’精神，在集中领导的原则下调动各方面积极因素的预算；也是一个既积极而又可靠的预算。”所以说，1959年国家财政预算仍然坚持支持“大跃进”运动的继续开展①。

表3-4是1959年财政支出的预算计划规模和结构，预算支出总额为520.1亿元。如果按中央预算和地方预算来划分，则中央预算279.1亿元，占预算支出总数的53.7%；地方预算241亿元，占预算支出总数的46.3%。从不同支出类型的结构来看，有以下特点：一是经济建设费占比很高，且增长非常快。经济建设费支出占全部财政支出的比重达到61%。二是基本建设投资支出增长较快。“一五”计划期间，基本建设投资支出占国家预算支出的比重大体在30%至40%之间，而1958年该比重则增加至52%。到了1959年这个比重维持在52%，该年用于基本建设的支出规模为270亿元，同比增长26%，增加了56亿元。特别是1959年继续实行基本建设投资包干制度，更好地调动各个建设单位的积极性，确保工程质量、节约支出。三是在各类财政支出中，增长最快的两项是对外援助费和社会文教费支出，同比增长率分别为118%和32%②。四是国防费和行政管理费支出比重不断下降，分别为11.2%和5.2%，两者合计为16.4%，比1958年下降了1.4个百分点。这说明，我国经济建设的和平环境得到了进一步改善，同时，整个行政机关运行

① 对此，《中共中央关于1959年计划和第二个五年计划问题的决定》指出：“1959年国民经济计划的主要目标是：粮食产量达到8000亿斤到10000亿斤，钢产量达到2700万吨，争取3000万吨，铜40万吨，铝30万吨，机床产量达到30万台，发电量达到550亿度，煤产量达到3.7亿吨，石油产量达到800万吨，水泥产量达到3000万吨，化肥产量达到530万吨，棉纱产量达到1000万件，新建铁路10500公里。为了实现这些指标，并且为1960年的建设作准备，在预计的1959年国家财政收入的722亿元中，用于基本建设投资将为500亿元；地方和企业的用于基本建设的自筹资金在外。”

② 1958年10月29日，中共中央批转陈毅、李富春《关于加强对外经济、技术援助工作领导的请示报告》，明确提出：“认真做好对外经济、技术援助工作，是一项严肃的政治任务，也是我国人民对兄弟国家和民族主义国家的人民应尽的国际义务。这对于增进社会主义阵营的团结和繁荣，发展我国国民族主义国家的友好关系，和打击以美国为首的帝国主义阵营的侵略和扩张活动，具有重大的意义”，“我国对外经济、技术援助的主要对象，应该是社会主义阵营中经济还不够发达的兄弟国家和亚非地区已经取得民族独立或者正在争取民族独立的和平中立国家”。

的支出不断被压缩。五是根据党中央和毛主席的指示，1959 年经济建设支出中增加了针对人民公社的投资支出 10 亿元，这说明国家对人民公社的支持力度很大，党中央强调要发挥国家支持和自力更生相结合的作用①。六是从 1959 年开始，国营企业生产经营需要的流动资金，全部改为银行统一贷放，并且规定今后企业需要经常占用的定额流动资金，仍然由各级政府在年度财政预算中适当加以安排，作为增拨银行信贷资金，交由银行统一贷放。在该年预算支出安排中，增拨银行信贷资金 31.7 亿元。随着工业生产和商品流转的快速增长，国家对银行增拨信贷资金是符合国民经济发展需要的。

表 3－4　　1959 年财政支出的预算计划数

支出类型	预算规模（亿元）	占全部预算支出的比重（%）	比上年增长（%）
经济建设费	317	61	25.9
社会文教费	57.3	11	32
国防费	58	11.2	16
行政管理费	26.9	5.2	18.3
债务支出	11	2	21.7
对外援助支出	6	1.2	118
其他支出	2.7	0.5	13.3
增拨银行信贷资金	31.7	6.1	—
总预备费	9.5	1.8	—
支出总额	520.1	100	—

注：“—”表示无数据。

资料来源：《关于 1958 年国家决算和 1959 年国家预算草案的报告》。

从 1959 年预算实际执行情况来看（参见表 3－5），1960 年 3 月 30 日，时任国务院副总理兼财政部长李先念在第二届全国人民代表大会第二次会议上作了《关于一九五九年国家决算和一九六〇年国家预算草

① 这方面，为了更好地发挥人民公社的积极性，根据 1958 年 12 月 20 日中共中央、国务院出台《关于适应人民公社化的形势改进农村财政贸易管理体制的决定》，对人民公社的财政包干作了详细的规定，决定提出：“国家对人民公社实行财政包干的办法，只是把国家的各种财政收入合并计算，包干上缴，这同人民公社县联社向基层公社提取一定比例的积累是两回事。人民公社在完成国家的财政上缴任务以后，县联社还可以根据各个公社的积累情况和当地群众的要求，酌量提取一定比例的资金，用于全县或者更大范围的生产建设事业、文教事业和社会福利事业，使公社的积累，得到更合理的使用，发挥更大的效能。”

案的报告》，结果显示，经济建设费、社会文教费、行政管理费、其他支出、增拨银行信贷资金等类型超额完成预算。在经济建设、社会文教等类型支出中，用于基本建设投资支出部分达到267亿元，占到决算总支出的比重为50.6%，同比增长24.5%。如果包括各地方各部门自有资金进行基本建设的部分，则比重更高。从收支平衡来看，1959年国家预算执行结果为收支相抵出现了13.9亿元的结余，主要是地方政府形成的结余，结转到1960年安排使用。

此外，在1959年底，党中央批准了《国家计委、财政部、人民银行党组关于加强综合财政计划工作的报告》。由于各个地方、各个部门财力的快速增长，然而，也出现了一些财力不纳入国家计划的情况，严重影响经济建设和物资供应计划与财力之间的匹配。因此，这个报告提出“切实建立和健全综合财政计划制度，把预算内资金和预算外资金，连同信贷资金统一纳入综合财政计划，统筹兼顾，全面安排，就成为十分必要了。这样做，可以看出，资金是否平衡，资金使用是否大体上同国民经济计划相协调，可以比较全面地反映国家财政资金的面貌，而且有利于保证国家财政活动同国民经济计划相适应”①，这些措施将全面加强综合财政计划相关制度体系，把预算外资金纳入综合财政计划，让预算外资金的使用更好地与物资计划相匹配。

表3-5　　1959年财政支出的决算数

支出类型	决算规模（亿元）	决算数与预算数的比（%）
经济建设费	321.7	101.5
社会文教费	58.6	102.3
国防费	58	100
行政管理费	29	107.7
债务支出	9.7	88.2
对外援助支出	3.5	58.3
其他支出	2.9	107.4
增拨银行信贷资金	44.3	139.7
支出总规模	527.7	101.5

资料来源：《关于一九五九年国家决算和一九六〇年国家预算草案的报告》。

① 《建国以来重要文献选编（第十二册）》，人民网。

值得指出的是，1959 年之后，政府间财政关系领域开始不断改革，且出现了放权的趋势。由于基本建设投资全部由中央政府集中掌握进行拨付，难以适应“大跃进”运动对各个地方政府、各个企业积极性的需要。为了正确地处理中央集权和地方分权相结合的问题，以便在统一领导、全面规划下，更好地发挥地方政府积极性，1958 年 8 月 8 日，财政部出台《关于进一步改进财政管理体制和相应改进银行信贷管理体制的几项规定》[①]，对财政管理体制作了改革，主要内容是“收支下放、计划包干、地区调剂、总额分成、一年一变”，从 1959 年开始实行。就财政支出来说，改革后的办法是“国家财政支出除了保证中央各部门直接办理的少部分经济建设支出、中央级行政和文教支出、国防和最新科学技术事业支出、援外和债务支出以外，所有其他各种支出，包括各项基本建设投资和企业需要增加的定额流动资金在内，全部划给省、自治区、直辖市，作为地方的财政支出，不再区别地方正常支出和中央专案拨款支出。”

六、1960 年财政支出的规模与结构情况

1960 年的预算安排，仍然坚持以“更好地贯彻执行党的社会主义建设总路线，实现国民经济全面的、更好的跃进”为主要目标。1960 年 4 月 10 日，第二届全国人民代表大会第二次会议通过《关于一九六〇年国民经济计划、一九五九年国家决算和一九六〇年国家预算的决议》指出：“1960 年的国民经济计划是继续跃进的计划，1960 年的财政预算是同国民经济的发展相适应的，都是积极的和可靠的。实现这个计划和这个预算，就使我们有可能用比十年更少的时间在主要工业品产量方面赶上和超过英国，并且使我们有可能提前两年或者三年实现 1956 年至 1967 年全国农业发展纲要。”此外，李先念同志在《关于一九五九年国家决算和一九六〇年国家预算草案的报告》中对财政支出安排原则作了系统明确：一是以农业为基础、以工业为主导，把优先发展重工业和迅速发展农业结合起来，正确地处理农业、轻工业、重工业之间的关

① 中国社会科学院、中央档案馆编：《1958—1965 中华人民共和国经济档案资料选编（财政卷）》，中国财政经济出版社 2011 年版，第 19 页。

系；二是继续执行工业以钢为纲、农业以粮为纲、全面安排的方针；三是积极加速技术革命和文化革命的进程，提高劳动生产率；四是巩固和发展农村人民公社，积极建立城市人民公社，巩固和发展公共食堂；五是厉行增产节约，反对贪污，反对浪费，反对官僚主义。

表 3－6 是 1960 年财政支出的预算计划数，从中可以看出以下特点：一是在全部财政支出结构中，70% 以上的支出用于经济和文化建设的支出。二是国防费支出占比呈现逐年下降的趋势，1960 年预算安排中，国防费支出仅占 8.3%。从侧面说明了我国想方设法加速经济建设和文化建设的愿望和决心。三是基本建设投资支出的分配呈现了统筹兼顾的特点。既坚持中央统一领导，又要充分发挥地方的积极性。既要建设大型的现代企业，又要发展所谓“小洋群”“小土群”等小企业。在全部基本建设投资中，中央直属企业投资支出比重为 50.3%，地方企业投资支出比重为 49.7%。在工业、交通运输等部门基本建设投资中，着力补短板，向铁路、电子、有色金属等薄弱环节倾斜。四是着力支持农业生产和人民公社的发展壮大。主要项目是：对人民公社的投资支出为 15 亿元，同比增长 50%；农林水利和气象领域基本建设投资规模为 39.1 亿元，同比增长 63%；推广农业技术、推广良种、培训干部、发展畜牧兽医等农林水利和气象方面的事业费支出为 19.4 亿元，同比增长 56%；国营农垦场增拨流动资金支出为 5.4 亿元，同比增长 80.2%；地方自有资金用于农业的支出约有 15 亿元，人民银行除了以前各年发放的农业贷款 41.9 亿元仍然继续周转发放以外，本年新增农贷 5 亿元。

表 3－6　　1960 年财政支出的预算计划数

支出类型	预算规模（亿元）	占全部预算支出的比重（%）	比上年决算增长（%）
经济建设费	429.1	61.3	33.4
社会文教和科学费	86.2	12.3	47.1
国防费	58	8.3	0
行政管理费	31.7	4.5	9.4
债务支出	12	1.7	23.8
对外援助支出	5	0.7	40.5
其他支出	3.2	0.5	—

续表

支出类型	预算规模（亿元）	占全部预算支出的比重（%）	比上年决算增长（%）
增拨银行信贷资金	58	8.3	31
总预备费	17	2.4	—
支出总额	700.2	100	32.7

注："—" 表示无数据。

资料来源：《关于一九五九年国家决算和一九六〇年国家预算草案的报告》。

从 1960 年预算执行结果来看，1962 年 4 月 16 日，第二届全国人大第 3 次会议通过《关于一九六〇年国家决算的决议》，批准了国务院提出的 1960 年国家决算。依据第二届全国人大预算委员会《关于一九六零年国家决算的审查报告》："由于连续两年遭受了严重的自然灾害，1960 年农业减产，工业生产没有完成年度计划，所以 1960 年的国家财政收支也没有完成原批准的预算。全年的总收入只完成了批准预算数的 700.18 亿元的 80.4%，总支出只完成了批准预算数的 83.1%"。[①]

七、1961—1962 年财政支出的规模与结构情况

由于 1958 年、1959 年和 1960 年连续三年开展"大跃进"运动，"左倾"错误对国民经济建设造成了巨大影响，1960 年预算计划指标没有完成，工业、农业等国计民生领域的发展出现了较为严重的困难。由于在发展工业特别是重工业过程中，没有完全按照客观规律来推动，再加上 1959 年和 1960 年两年出现了严重的自然灾害，特别是华东、华北、西北、华南等区域的 15 个省出现严重的旱、虫、风灾，受到影响的耕地面积高达全国耕地面积的一半左右，导致农业生产受到严重影响，急剧下降。同时，中苏关系恶化，导致苏联单方面撕毁合约，1960 年 7 月，苏联政府照会我国政府，单方面宣布在一个月内撤走全部在华专家，导致我国一些重大设计项目和科研项目被迫中断，影响了国民经济建设的进程。

---

① 《关于一九六零年国家决算的审查报告》，收录于《中华人民共和国财政史料 第二辑　国家预算决算（1950—1981）》，第 262—263 页。

这时，党中央和国务院开始调整发展方针，在中国经济社会处于关键时期进行整顿、调整，拨正了经济社会发展的方向。1960年6月，中央政治局在上海举行扩大会议，毛泽东同志作了《十年总结》的报告，对中华人民共和国成立以来特别是“大跃进”运动开始之后的经济建设的经验教训作了深刻反思。1960年7月上旬至8月上旬，党中央在北戴河召开会议，决定对国民经济进行整顿、调整。8月中下旬，国家计委在讨论编制1961年经济计划控制数字时，李富春同志提出了“应以整顿、巩固、提高为主，增加新的生产能力为辅；着重解决配套、补缺门、前后左右和品种质量问题，以便取得主动。”① 同年8月底，国家计委向国务院汇报1961年国民经济发展计划时，提出了“调整、巩固、提高”的意见和建议，周恩来同志表示赞成，并亲自加上了“充实”两字，最终形成了“调整、巩固、充实、提高”八字方针。到了9月30日，中共中央批转了国家计委党组《关于一九六一年国民经济计划控制数字的报告》，提出了1961年发展国民经济的任务和方针，其中写道：“把农业放在首要地位，使各项生产、建设事业在发展中得到调整、巩固、充实和提高，争取国民经济在更加牢固的基础上更好地继续跃进”，并提出了安排1961年国民经济计划的方针是：“第一，更好地贯彻执行以农业为基础的方针，全党全民大办农业，大办粮食，各行各业特别是工业、商业和交通运输业尽可能支援农业，争取农业丰收。第二，工业的发展，要着重注意增加品种，提高质量，填平补齐，抓紧设备维修和产品配套，加强新产品的研究、设计和试制，加快国防新技术的发展。第三，基本建设必须以中小为主，分别轻重缓急，进行排队，继续缩短战线，集中力量打歼灭战。除必要的职工宿舍、学校和营房外，其他非生产性的建设一律停止。第四，在全面安排劳动力和人民生活的条件下，安排国家的生产和建设，保证群众过好日子，保证灾区群众休养生息。增产生活消费品和控制社会购买力相结合，保证市场的稳定。第五，有重点有计划地发展科学技术力量。各项文教事业

① 《第二个五年计划简介》，中国社会科学网，http://econ.cssn.cn/mxh/mxh_gsxh/mxh_wxzl/201712/t20171228_3798592.shtml。

必须有控制地发展，着重巩固提高，密切结合生产。”[①]

随后，1960 年 12 月 24 日至 1961 年 1 月 13 日，党中央召开工作会议，会议听取了关于农村整风整社和纠正“五风”问题以及关于一九六一年国民经济计划问题等问题的多次汇报。毛泽东同志指出：“现在看来，搞社会主义建设不要那么十分急。十分急了办不成事，越急就越办不成，不如缓一点，波浪式地向前发展。我看我们搞几年慢腾腾的，然后再说。今年、明年、后年搞扎实一点，不要图虚名而招实祸。”[②] 1961 年 1 月 14 日至 18 日举行党的八届中央委员会第九次全体会议，通过了全体会议公报，明确提出：“在农村中必须进一步巩固人民公社，贯彻执行关于人民公社和农村经济的各项政策，切实安排好社员的生活，帮助社员渡过由于自然灾害所造成的困难，并且为今年农业的增产做好准备。轻工业部门应当努力克服由于自然灾害所造成的原料不足的困难，开辟新的原料来源，增加生产，尽可能地保证人民生活必需品的供应。重工业方面，由于三年来已经有了巨大的发展，主要产品的产量已经大大超过了第二个五年计划后两年即 1961 年和 1962 年的原定的水平，1961 年应当适当地缩小基本建设的规模，调整发展的速度，在已有的胜利的基础上，采取巩固、充实和提高的方针。这就是说，应当努力提高产品的质量，增加产品的品种，加强生产中的薄弱环节，继续开展群众性的技术革新运动，节约原材料，降低成本，提高劳动生产率。”此外，1961 年 10 月 6 日，中共中央批转国家计委党组《关于第二个五年计划后两年补充计划（控制数字）的报告》，明确提出了“一九六二年的基本建设投资暂定为四十二亿三千万元，其中六亿五千万元不分省市和自治区，也不指定项目，由各中央局安排。在已安排的地方项目中，各中央局认为有必要调整的，也可以商同国家计委进行调整。”

从 1961 年和 1962 年两年的决算支出结构来看：1961 年国家决算总支出为 367.02 亿元，支出大于收入 10.96 亿元；1962 年国家决算总支

① 《中共中央批转国家计委党组〈关于一九六一年国民经济计划控制数字的报告〉》，经济日报、中国经济网，转引自新华网 http://www.ce.cn/xwzx/gnsz/szyw/200706/11/t20070611_11693822.shtml。

② 中共中央文献研究室编撰、逄先知、冯蕙主编：《毛泽东年谱（1949—1976）第 4 卷》，中央文献出版社 2013 年版，第 523—524 页。

出为305.26亿元，收入大于支出8.07亿元。两年的财政支出结构见表3-7。从1961年和1962年的财政支出总量来看，根据国民经济“调整、巩固、充实、提高”八字方针的指导下，已经做了大幅度紧缩[①]：

一是经济建设费支出大量缩减。与以前年度相比，1961年和1962年的经济建设费支出大幅缩减，经济建设费占全部财政支出的比重从1960年60.8%降低至1961年的50.6%，进一步降低至1962年39.4%。这项支出的缩减是符合当时社会经济发展的时代背景的，它是认真执行八字方针的必然结果，落实以党中央和毛泽东同志关于以农业为基础、以工业为主导的国民经济发展方针的结果。特别是经济建设支出中，对基本建设支出作了压缩和减少，根据《关于一九六一年国民经济计划控制数字的报告》提出的“一九六一年的基本建设继续执行缩短战线、集中力量、打歼灭战的方针，以保证重点，迅速发挥投资效果。明年基本建设的项目和投资，由各地方、各部门根据分配到的钢材和设备来安排”方针，1960年国家预算用于基本建设方面的投资是297亿元，到了1961年紧缩为90亿元，到了1962年又进一步紧缩为57亿元。如果考虑到各个部门、各个地方自筹资金，那么1960—1962年三年的基本建设投资支出规模分别为384亿元、123亿元、68亿元。虽然基本建设的“战线”在不断收缩，但是投资效果在不断强化，特别是在确保重点建设项目中发挥了重要功能和作用，对不急需的非生产性建设项目坚决停止，同时加强资金管理，大大减少了浪费资金的现象。

二是社会文教和科学事业支出的规模也有所缩减，但其占全部支出的比重仍然有着提高的趋势。虽然1961年和1962年的社会文教和科学事业支出绝对规模在不断减小，但是由于预算支出规模减少的幅度更大，这样一来，社会文教和科学事业支出占全部财政支出的比重仍然是不断上升的。1960年该比重为13.2%，1961年提高至16.7%，1962年上升至16.9%。

---

① 此外，1962年4月12日，中共中央批转财贸办公室《关于一九六一年财政信贷执行情况和一九六二年如何实现中央“当年平衡、略有回笼”方针的报告》，提出了执行1962年国家预算和信贷计划的几点意见，其中对工资总额、农村人民公社投资、农业贷款、社会集团购买力、小型冶炼企业亏损补贴、国营工商企业的流动资金和贷款、冻结1960年冻结的存款、基本建设拨款等均作了明确规定。

三是对农业生产进行重点支持，支持提高农业增产。在“调整、巩固、充实、提高”八字方针指导下，农业领域是重点加强的领域，特别是我国面临着严重的自然灾害以及对超越农业生产客观规律导致农业生产力遭受严重损失的情况下，1961年和1962年大力支援农业增产，优先支持农业生产，显著提高了农业方面的支出在国家预算中的比重。两年中，用于农林水利领域的财政支出规模共计达到106.48亿元，占1961年和1962年国家财政支出总额的比重为15.8%。在基本建设投资支出中，1960—1962年三年用于农业和直接支援农业的工业投资支出占比分别为16.6%、18.4%、24.7%。这些措施对于快速恢复农业生产，提高生产率都发挥了重要作用。

四是对行政管理支出进行了大力压缩。各级政府在1961年和1962年采取了切实措施，努力压缩行政管理支出①。特别是这一时期按照“精兵简政”地原则，开展了精简职工的改革，有力支持形成经济社会发展的动力，减少了国家用于工资方面的支出规模，为财政状况的好转提供了坚实基础。两年间，职工总额一共减少1719万人，相应的是全国职工工资总额从1960年的263亿元降到1962年的214亿元。同时，开展了节约非生产性支出、压缩社会集团购买力②的相关改革，这部分支出在1960年为81.8亿元，1961年压缩为54亿元，到了1962年则压缩为43亿元。据王丙乾同志曾经回忆道：“1958年，中央国家机关和所属单位实施大精简，财政部门不例外。根据裁并计划，财政部内原有24个司局裁并为13个单位，编制人数从1957年10月2002人减为801人，其中行政单位的人员从1665人减为552人，即减少了67%。企业、事业单位人员从337人减为249人，减少了26%。”③ 值得指出的是，

① 值得指出的是，六十年代初期关于精简机构的文献非常丰富，包括：中共中央批转习仲勋同志关于中央各部门机构编制情况和精简意见的报告（1960年9月14日）；毛泽东同志在习仲勋《关于中央机关精简情况的报告》上的批示（1961年6月22日）；刘少奇同志关于“精兵简政”问题（1962年1月27日）；周恩来同志，必须下最大的决心“精兵简政”（1962年2月7日）；中共中央对于《中央精简小组关于各级国家机关、党派、人民团体精简的建议》的批示（1962年2月22日）；陈云同志，减少城市人口，“精兵简政”（1962年2月26日）。

② 《关于一九六一年和一九六二年国家决算的报告》对社会集团购买力做了定义，即机关、团体、部队、企业和事业单位用于在市场上购买商品的资金。

③ 王丙乾：《中国财政60年回顾与思考》，中国财政经济出版社2009年版，第125页。

这一时期还实施了一系列解决精简同时鼓励就业的政策，比较典型的是知识青年上山下乡[①]，医务人员上山下乡等国家计划，这些计划实施的背景就是当年人员精简的方针政策。

五是国防费支出总体呈现紧缩状态，但由于一些偶然事件的出现，1962 年国防支出有了较大的增长。从 1959—1960 年，国防费支出基本维持 56 亿元左右的稳定状态，到了 1961 年，为了更好地节约支出，将足够的财力用于国民经济“调整、巩固、充实、提高”，压缩为 50 亿元。然而，1962 年，由于海峡两岸对立形势和中印边境军事冲突，为了应对紧张局势，国防费支出增加至 56.68 亿元。

六是着重加强财政金融的集中统一管理。针对部分地区的财权分散、任意扩大支出和挪用行为的现象，这个时期全面加强财政金融的集中统一管理，之所以这个时期能够迅速将财政支出压缩下来，与加强财政金融的集中统一管理改革是分不开的。1962 年 4 月 21 日，中共中央、国务院颁布《关于严格控制财政管理的决定》（被称为“财政六条”）包括：一是切实扭转企业大量赔钱的状况；二是坚决制止一切侵占国家资金的错误做法；三是坚决制止各单位之间相互拖欠货款；四是坚决维护应当上交国家的财政收入；五是严格控制各项财政支出[②]；六是切实

---

① 关于知识青年上山下乡，其主要目标是解决城市青年的就业难问题。“大跃进”运动开始之后，城市青年人的就业途径逐渐变窄，很多青年人中学毕业后找不到工作，引发了严重的社会问题。从 1962 年起，党中央和国务院开始在全国范围内有组织、有计划组织知识青年上山下乡。1962 年 10 月 6 日，中共中央、国务院发布《关于当前城市工作若干问题的指示》，明确提出：“全国施工的大中型基本建设项目，由去年底的一千三百个减少为今年七月底的六百五十个；全国县以上的国营工业企业，由去年底的六万二千个减少为今年七月底的四万六千个”，“全党各级领导机关下最大决心执行了中央提出的今明两年减少职工和城镇人口的计划，今年一月到八月，减少职工九百三十一万人，完成今明两年计划的百分之八十七，连同去年减少并经过核实的八百七十二万人，共减少了一千八百零三万人”。

② 《中共中央、国务院关于严格控制财政管理的决定》，中国网 - 中国国情频道，http://www.china.com.cn/guoqing/2012-09/12/content_26747195.htm。其中：关于“五是严格控制各项财政支出”，该决定明确提出：“责成财政部根据中央四月十二日批准的一九六二年国家预算指标，迅速将各省、市、自治区和中央各部的指标分配下达。各地区、各部门必须在五月十日以前，将支出指标层层落实到基层单位，严加控制。只许减少，不许超过；国家计委、劳动部和财政部三月十七日联合下达的各省、市、自治区一九六二年工资基金指标，必须在五月底以前，按年分季分月落实到基层单位，逐级负责，不许突破；一切国营企业、事业、机关、团体、部队、学校等单位，都必须坚决削减各种非生产性开支，压缩社会集团购买力；手工业生产合作社、供销合作社等集体所有制单位，也应当厉行节约，压缩社会集团购买力，严格控制工资和其他支出。”

加强财政监督。

表 3－7　　1961 年和 1962 年财政支出的决算数

支出类型	1961 年决算支出（亿元）	1961 年各项财政支出占比（%）	1962 年决算支出（亿元）	1962 年各项财政支出占比（%）
经济建设费	185. 61	50. 57	120. 4	39. 44
社会文教和科学费	61. 25	16. 69	51. 73	16. 95
国防费	50	13. 62	56. 68	18. 57
行政管理费	27. 14	7. 39	21. 91	7. 18
债务支出	10. 93	2. 98	10. 37	3. 40
对外援助支出	5. 19	1. 41	8. 54	2. 80
其他支出	2. 2	0. 60	3. 24	1. 06
增拨银行信贷资金	24. 4	6. 65	32. 26	10. 57
增设地方预算周转金	0. 3	0. 08	0. 13	0. 04
支出总额	367. 02	100	305. 26	100

八、1958—1962 年“二五”计划时期财政支出的特征和趋势

“二五”计划实施的前半期（1958—1960 年）和后半期（1961 年和 1962 年）的财政支出规模和结构的特征之间的差异非常大。“二五”计划时期，是新中国进入了全面建设社会主义的全新时期。近代以来，中国已经落后于西方国家很多年，特别是在工业化水平和人民生活水平方面尤其如此，党中央着眼于迅速推动工业化水平和现代化水平，对全面推进社会主义建设、迅速赶超苏联以及西方发达国家的愿望十分强烈。这个时期，毛泽东同志对于社会主义建设的想法和战略思想显然决定了这个时期经济建设和社会文化建设的主要方向，这也是理解和分析这个时期财政支出基本逻辑的主要角度。这个时期极具有转折色彩，从全面借鉴苏联社会主义建设经验和道路，“要学习苏联的先进经验”“走苏联的路”，“一五”计划期间以及“二五”计划前期，我们基本上是借鉴了苏联社会主义建设道路和模式。然而，苏联单方面撕毁条约

后，中国开始“以苏为鉴”，走向自力更生的道路①。之后，又提出了短时间“超英赶美”的战略构想。然而，由于对推动新中国工业化过于乐观，特别是采取了“大跃进”运动方式，有些急于求成，这个时期的财政支出趋势变化亦是体现了这个规律，“二五”计划前半期中基本建设投资支出的增长率始终处于非常高的水平。然而，事实证明，“大跃进”时期，由于偏离了社会经济发展的客观规律，社会主义建设事业遭受了挫折，这种情况下，党中央和国务院按照实事求是的精神迅速“纠错”，让建设社会主义的事业重新回到了正常轨道之上。

在“二五”计划期间，毛泽东同志以及党中央其他领导同志关于经济社会发展目标从推进工业化转向现代化的巨大转折，是新中国对社会经济发展的认识更加深化的结果。中华人民共和国成立之初的文献中，党中央往往以“工业化”作为社会经济发展的目标。随着社会主义建设实践的不断深入，对社会主义道路的认识不断深化，毛泽东同志提出了四个现代化的战略构想，1959 年 12 月到 1960 年 2 月，毛泽东同志在阅读苏联《政治经济学教科书》时指出：“建设社会主义，原来要求是工业现代化，农业现代化，科学文化现代化，现在要加上国防现代化。”②后来，到了 1963 年 8 月，他修改《关于工业发展问题》初稿指出：我们要在一个不太长的历史时期内把我国建设成为一个农业现代化、工业现代化、国防现代化和科学技术现代化的伟大的社会主义国家③。

整个“二五”时期财政支出的规模和结构也体现了与社会经济发展特征相匹配的特征。1963 年 11 月 18 日，李先念同志在第二届全国人

---

① 事实上，早在“一五”计划开始之前，毛泽东同志坚持自身发展模式也是非常清醒地，1956 年 4 月 4 日，他曾经指出：“我认为最重要的教训是独立自主，调查研究，摸清本国国情，把马克思列宁主义的基本原理同我国革命和建设的具体实际结合起来，制定我们的路线、方针、政策。”（这段资料源于：吴冷西：《十年论战》（上），中央文献出版社 1999 年版，第 23—24 页）。此外，毛泽东同志在《论十大关系》中也明确指出：“现在为了进行社会主义革命，建设社会主义国家，同样也实行这个方针。但是，我们工作中间还有些问题需要谈一谈。特别值得注意的是，最近苏联方面暴露了他们在建设社会主义过程中的一些缺点和错误，他们走过的弯路，你还想走？过去我们就是鉴于他们的经验教训，少走了一些弯路，现在当然更要引以为戒。”

② 中共中央文献研究室编：《毛泽东文集第八卷》，人民出版社 1999 年版，第 116 页。

③ 中共中央文献研究室编：《建国以来毛泽东文稿第十卷》，中央文献出版社 1998 年版，第 347 页。

大第 4 次会议上作《关于一九六三年国家预算草案和预算执行情况、一九六四年国家预算初步安排的报告》[①]，对“二五”时期的财政支出作了全面总结。“二五”时期的财政支出总量为 2191.75 亿元，比“一五”时期增长 60.7%。从各类财政支出来看（参见表 3-8），经济建设费支出增长是最多的，与“一五”时期相比，同比增长高达 89.7%。第二是社会文教和科学费支出，同比增长 51.7%。而国防费支出呈现负增长，同比下降 9.3%。行政管理费支出增长较少，同比增长为 14.6%。从各类财政支出占全部财政支出的比重来看，经济建设费和社会文教科学费，由“一五”时期的 62.2%，升至 70.1%；而国防费和行政管理费，由“一五”时期的 30%，降至 18.2%。这说明“二五”期间，集中财力发展经济建设和社会文教事业，是这个时期财政支出的主要方面。

表 3-8　“二五”计划期间的主要类型财政支出规模和增长率

支出类型	规模（亿元）	比“一五”时期同比增长（%）
经济建设费	1244.04	89.7
社会文教和科学费	292.03	51.7
国防费	268.68	-9.3
行政管理费	130.18	14.6

“二五”计划可以分成两个阶段：第一阶段是 1958—1960 年；第二阶段是 1961 年和 1962 年。两个阶段的基本建设投资以及农林水利支出在国家财政支出总额中的比重有着明显差异。基本建设投资支出比重，在“一五”时期大体为 36.1%，“二五”期间的前三年为 51.2%，而“二五”期间的后两年则显著降至 21.9%；农林水利支出比重，在“一五”时期大体为 6.3%，“二五”期间的前三年为 11.3%，而“二五”期间的后两年则显著升至 15.8%。这说明，在二五计划后期，明显加大了对于农业领域的支出力度，同时收缩了基本建设领域的战线。

① 《中华人民共和国财政史料 第二辑 国家预算决算（1950—1981）》，第 282—305 页。

第三节 1963—1965年继续调整和恢复国民经济阶段

1963—1965年是一个非常特殊的阶段，虽然经历1961年和1962年的“调整、巩固、充实、提高”，国民经济逐步回到正常轨道上并进入新的发展时期，但是由于经济社会各方面仍然只是初步恢复，很多领域仍然需要进一步巩固、夯实。这个时期的财政支出是全面支持国民经济的继续调整和恢复。

一、继续执行“八字方针”并提出“四个现代化”

毛泽东同志提出的“把我国建设成为一个农业现代化、工业现代化、国防现代化和科学技术现代化的伟大的社会主义国家”理念，迅速被全党和全国人民所熟知，并作为1963年之后经济社会发展的重要方针。1963年8月至9月间，毛泽东同志修改的《关于工业发展问题》（初稿）中第一次提出“两步走”的战略思想，即：“在三年过渡阶段之后，我们的工业发展可以按两步来考虑：第一步，搞15年，建立一个独立的完整的工业体系，使我国工业大体赶上世界先进水平；第二步，再用15年，使我国工业接近世界的先进水平。”① 1964年12月召开第三届全国人大一次会议上，周恩来作《政府工作报告》，指出：“在深入广泛开展社会主义教育运动的基础上，一九六五年要大力组织工农业生产的新高潮，为一九六六年开始的第三个五年计划作好准备，争取在不太长的历史时期内，把我国建成一个具有现代农业、现代工业、现代国防和现代科学技术的社会主义强国。”②

---

① 中共中央文献研究室编：《建国以来毛泽东文稿》第10卷，人民出版社1996年版，第347页。

② 《周恩来总理作政府工作报告》，中央人民政府网，http：//www.gov.cn/test/2008－03/10/content_915173.htm。

“二五”计划实施之后，应该在 1964—1967 年实施新一轮的“三五”计划，但是由于“二五”计划前半段经济建设和发展失衡，也为了更好地为“三五”计划做准备，1963 年 9 月，党中央召开会议，谈论了一个重要的问题：经过 1962 年和 1963 年，国民经济得到了一定程度地恢复，那么“调整、巩固、充实、提高”的“八字方针”，是否应该继续执行？这次会议讨论了农村和农业发展工作、工业发展的方针政策以及 1964 年国民经济计划等问题，并决定，从 1963—1965 年三年时间，继续进行调整、巩固、充实、提高的工作。这也意味着“三五”计划推迟实施，对国民经济继续进行调整、打好底子，到了 1966 年才开始实施“三五”计划①。

二、1963 年财政支出的规模与结构情况

1963 年国家预算支出的安排是在“二五”计划后，国民经济整体状况好转，同时各地区、各部门大力开展增产节约运动的情况下，来编制的，既能够鼓励人民群众的干劲，又留给余地。与 1962 年决算数相比，支出呈现增长的趋势，主要原因在于基本建设投资支出和农业支出等生产性支出的增长。1959 年以来，由于多年自然灾害的影响，生产性支出出现了暂时下降趋势，但在 1963 年发生了重要转变。1963 年体现了毛泽东同志提出的“以农业为基础、以工业为主导”国民经济发展方针。1963 年 8 月 23 日，周恩来同志在讨论《关于工业发展问题》（初稿）时的讲话时②，做了《国民经济发展的方针和目标》的发言，提出了国民经济发展的方针、目标和道路，包括“（一）三面红旗特别是总路线，是发展国民经济的总纲领。（二）以农业为基础，以工业为

① 李先念同志《关于一九六三年国家预算草案和预算执行情况、一九六四年国家预算初步安排的报告》中也提出：“目前，国民经济调整、巩固、充实、提高的工作还没有完成，我国的农业生产水平还低，基础工业还比较薄弱，许多企业的设备需要配套、维修和更新，企业的经营管理水平有待进一步提高，各方面还有许多迫切的问题需要解决，在经济生活中也还存在着不少的困难。为了使我国国民经济在更加扎实的基础上向前发展，中共中央和国务院提出，从 1963 年到 1965 年这三年，对国民经济进行进一步的调整、巩固、充实、提高的工作；发展国民经济的第三个五年计划，从 1966 年开始。”

② 中国社会科学院、中央档案馆编：《1958—1965 中华人民共和国经济档案资料选编（综合卷）》，中国财政经济出版社 2011 年版，第 553—555 页。

主导，是发展国民经济的总方针。（三）应当按照农、轻、重的次序安排基建和生产。”此外，他还提出了“认真研究国民经济的构成和各部门的比例关系”，“基础工业与重点工业的关系”，“新工业基地与老工业基地的关系”等多个方面的重要问题，在谈到财政支出安排时，他专门提出了处理积累与消费关系的一些意见，他提出：“要研究积累和消费、基本建设投资和其他财政支出的比例。第一个五年计划期间，积累占国民收入的比例平均为百分之二十六，基本建设投资占财政支出的比例平均为百分之三十六；第二个五年计划期间，积累平均占百分之三十二，基本建设投资平均占百分之四十。第一个五年计划的比例可以参考，第二个五年计划的比例太高，并且还不平衡。现在积累和基本建设投资的比例又太低了，应当逐步提高。”

1963 年预算支出 327 亿元，预计完成 338 亿元左右，相当于预算的 103.4% 左右，比上年决算增长 11% 左右。在各类财政支出中，预计用于基本建设投资的支出规模为 82 亿元，相当于预算数 77.1 亿元的 106.4%。表 3－9 是 1963 年国家预算支出预计执行情况，各类财政支出都完成或超额完成预算数。而且，与 1962 年决算相比，1963 年各类生产性支出都有着非常显著的增长，比如支援农业的资金增长 43%，基本建设投资增长 45%，企业的技术措施费、新产品试制费、劳动保护费、零星固定资产购置费等四项费用增长 9.3%。

表 3－9　　1963 年国家预算支出预计执行情况

支出类型	预计完成规模（亿元）	相当于预算支出的百分数（%）
经济建设费	152.8	111.1
社会文教科学费	57.5	103
国防费	64.5	104
行政管理费	23.2	101.4
偿还债务支出	6.5	100
对外援助支出	9.6	120
其他支出	3.9	104.1
增拨银行信贷资金	20	100
支出总规模	338	103.4

资料来源：《关于一九六三年国家预算草案和预计执行情况、一九六四年国家预算初步安排的报告》。

从1963年国家决算来看[①]，财政支出超额完成了预算数额，财政决算支出总额为339.6亿元，超过预算数3.9%，比1962年决算数增长11.3%。从各类财政决算支出来看，基本特征是：一是基本建设投资支出开始出现了显著回升。预算内基本建设投资支出实际完成80.7亿元，比上年增长42.6%。大量的基本建设投资支出支持了大量的全部建成和部分建成投入生产的大中型建设项目，显著扩大了生产能力。二是对农业生产领域的支出全面加强。1963年用于支援农业的财政支出规模为58.88亿元，再加上银行发放的农业贷款9.87亿元，总计达到68.75亿元，比1962年增长57.5%。对于农业生产领域的财政支出，显著改善了农业生产的基础能力。

三、1964—1965年财政支出的规模与结构情况

1964年的财政支出坚持以“农业为基础、以工业为主导”的国民经济发展总方针，《关于一九六三年国家预算草案和预计执行情况、一九六四年国家预算初步安排的报告》指出：“按照解决吃穿用、加强基础工业、兼顾国防的要求，以及对国民经济进行进一步的调整、巩固、充实、提高的要求”，重点支持扩大积累、支持农业发展、加强基础工业和巩固国防等几个方面。时任国务院副总理兼财政部部长李先念同志在1964年7月22日全国人大常委会第124次会议上作了《关于一九六三国家决算和一九六四年国家预算草案的说明》，也提出“1964年国家预算支出的分配，着重增加了支援农业、加强基础工业的投资，并且兼顾了加强国防和发展文教科学事业等方面的需要。”1964年国家预算支出总额为392.27亿元，比《关于一九六三年国家预算草案和预计执行情况、一九六四年国家预算初步安排的报告》中指定的原定初步安排指标380亿元，增加了大约12亿元。

重点财政支出领域主要包括以下方面：一是基本建设投资增长数额是最高的。基本建设投资支出预算金额为112.4亿元，比上年实际完成

---

① 李先念同志在1964年7月22日在第二届全国人大常委会第一百二十四次会议上所作《关于一九六三年国家决算和一九六四年国家预算草案的说明》，收录于《中华人民共和国财政史料第二辑 国家预算决算》。

数增长了40%左右。这部分支出，按照“解决吃穿用、加强基础工业、兼顾国防”的要求作了分配。其中用于加强基础工业、加强农业和直接为农业服务的工业建设的投资，约占76%。二是社会文教科学费的增长率是第二位。这部分的预算支出规模为74.37亿元，比上年实际完成数增长了26.7%。其中，增长最快的是社会救济支出，安排13.44亿元，比去年实际完成数，增长63.5%。社会救济支出主要是应对局部自然灾害，帮助人民群众搞好生活。三是支援农业领域的资金增长也是较快的，预算支出为77.12亿元，比上年实际完成数增长了12.2%，主要是用于增加大中型农田水利工程投资、化肥工业投资。此外，还预留了地方预备费3.3亿元。

从1964年预算的执行结果来看①，整体是实现了既定支出目标，也反映出整个国民经济形势在不断趋好。支出总额为398.9亿元，超过预算支出数额1.7%，比1963年财政决算支出增长17.5%。本年的支出增长主要用于四个方面：一是基本建设投资支出，共计118.5亿元，同比增长46.8%；二是国防支出，共计70.9亿元，同比增长9.8%；三是社会救济支出，共计17.1亿元，同比增长68.7%；四是对外援助支出，共计12.5亿元，同比增长36.9%。

在各项财政支出的支持下，国民经济形势出现了非常好的迹象，1964年12月21日至22日，第三届全国人民代表大会第一次会议召开，周恩来总理代表国务院作了政府工作报告，他指出：“从1961年起，进入一个调整、巩固、充实、提高的时期。现在，调整国民经济的任务已经基本完成，工农业生产已经全面高涨，整个国民经济已经全面好转，并且将要进入一个新的发展时期。”同时，国际形势在发生变化，1964年8月，美国借助“北部湾事件”，对越南北方进行军事打击，严重威胁中国和平建设的环境和人民群众的生命和财产安全，1965年4月，越南劳动党向中国求助，毛泽东同志决定“抗美援越”，当时全国人民代表大会常务委员会宣告：“中国将继续尽自己的一切可能，坚决地、

① 相关李先念1965年7月22日，第三届全国人大常委会第十三次会议上作的《关于一九六四年国家决算和一九六五年国家预算草案的说明》，收录于《中华人民共和国财政史料 第二辑 国家预算决算》（1950—1981），第323—331页。

无保留地支援正在进行抗美爱国正义斗争的越南人民。”

在制定 1965 年预算时，充分的考虑了当时中国国民经济发展的状况和国际形势，既要考虑到加强备战的方面，又要加快重点领域的建设，确保经济建设和人民生活的需要，集中财政能力确保重点项目建设，“建成一批，投产一批”，避免拉长战线、分散力量。同时，还要坚持按照“有多少钱办多少事，少花钱多办事”的财政支出原则，按照轻重缓急的原则，坚持“四保”“四减”原则，“四保”是指“保国防备战，保对外援助，保后方建设，保重点项目”；“四减”是指“减不急需的，减不落实的，减非生产性的，减可以节约的”。1965 年预算支出比上年决算增加 56.4 亿元，同比增长 14.1%，增加的预算支出主要是用于基本建设投资、国防和对外援助等领域。表 3 – 10 是 1965 年国家预算的主要类型。

表 3 – 10　　1965 年国家预算的主要类型

支出类型	规模（亿元）	比上年决算数的增长率（%）
基本建设支出	145.6	22.9
增拨流动资金，老企业设备更新资金，企业“四项费用”（技术措施费、新产品试制费、劳动安全保护费、零星资产购置费）和发放小型技术措施贷款	49	7.7
国防费	83.6	18
支援农业支出	54.3	—
文教卫生科学支出	59.3	2.3
行政管理费	25.2	-0.9
对外援助支出	18	44
预备费支出	6.1	—

注：“—”代表没有查到相关数据。

资料来源：《关于一九六四年国家决算和一九六五年国家预算草案的说明》。

四、1963—1965 年继续调整和恢复国民经济时期财政支出特征和趋势

“大跃进”运动后之所以出现了严重的国民经济失衡问题，根本原因在于忽视了国民经济和财政综合平衡的客观规律，这也是 1961 年

之后，国家在实施国民经济优化、调整过程中，回归到财政、信贷、物资平衡的客观规律。从财政支出来看，既要充分确保经济建设、人民群众生活水平的不断提升，又要严格执行综合平衡的支出原则，这成为 1961 年之后，特别是 1963—1965 年继续调整和恢复国民经济时期财政支出趋势的主要特征。经济建设和基本建设投资仍然是最重要的支出领域。在 1961 年和 1962 年“八字方针”和调整计划之后，国家大规模压缩了基本建设投资支出规模，同时 1963—1965 年继续调整和恢复国民经济时期，对基本建设投资的行业结构作了调整，调整内部结构，进一步调整农业生产和农村政策，提高农业生产者的积极性，有力支持了工业、农业领域的快速发展，同时极力压缩非生产性支出。如果说整个计划经济体制，财政支出呈现生产建设性财政的特征，那么这个时期的生产建设特征更是非常明显的。

第四章 1966—1976年“文化大革命”时期的财政支出

经历“大跃进”运动后的国民经济调整基本完成，国家开始讨论第三个五年计划之时，“文化大革命”全面爆发，发动这场运动的初心是防止资本主义卷土重来、维护党的纯洁性，为中国继续全面建设社会主义的道路扫除障碍。然而，这场运动被“反革命集团”所利用，对于意识形态领域的批判发展成为针对当时中央领导层的政治运动。为期10年的“文化大革命”，让全党、全国的经济建设事业和人民群众的生产生活遭受了严重的挫折和损失①。这个时期的财政事业遭受了“文化大革命”的考验，虽然财政事业艰难维持，但是在当时的历史条件下，特别是财政支出为经济建设、渡过这个特殊时期发挥了重要的基础和支柱作用。

① 对此，1981年6月27日中国共产党第十一届六中全会通过《关于建国以来党的若干历史问题的决议》指出：“‘文化大革命’名义上是直接依靠群众，实际上既脱离了党的组织，又脱离了广大群众。运动开始后，党的各级组织普遍受到冲击并陷于瘫痪、半瘫痪状态，党的各级领导干部普遍受到批判和斗争，广大党员被停止了组织生活，党长期依靠的许多积极分子和基本群众受到排斥。”

第一节 “三五”计划实施与“文化大革命”的全面启动

早在 1964 年初，国家开始研究并编制第三个五年计划，1961 年 1 月 7 日，李富春同志在全国工业交通会议上谈到了关于“三五”计划编制的几个意见，他提出：“第三个五年计划的方针，首先是发展农业，支援农业、解决吃穿用问题；同时，解决常规武器的生产和突破国防尖端。要根据这两个方面的需要和可能，安排基础工业的发展”，“采取这样的程序安排第三个五年计划，可以切实做到保证重点，集中力量打歼灭战，同时，正确安排基础工业的发展，加快计划工作的进度。”① 1964 年 5 月中旬，党中央举行工作会议，听取并讨论了国家计委提出的《第三个五年计划（1966—1970）的初步设想》，该设想提出的“三五”期间国家经济社会发展的基本任务是：“大力发展农业，基本上解决人民的吃穿用问题；适当加强国防建设，努力突破尖端技术；与支援农业和加强国防相适应，加强基础工业，使国民经济建设进一步建立在自立更生基础上；相应地发展运输业、商业、文化教育和科研事业，使国民经济有重点、按比例地向前发展。”

后来，由于国际局势的变化，特别是美苏两大阵营的对立，毛泽东同志提出了“备战、备荒、为人民”的指示，1964 年 9 月，国家计委又修改拟定了《关于第三个五年计划安排情况的汇报提纲》，报请党中央和毛泽东同志，得到基本同意。该提纲明确提出了“三五”时期的方针、任务，即：“第三个五年计划必须立足于战争，从准备大打、早打出发，积极备战，把国防建设放在第一位，加快三线建设，逐步改变工业布局；发展农业生产，相应地发展轻工业，逐步改善人民生活；加

① 中国社会科学院、中央档案馆编：《1958—1965 中华人民共和国经济档案资料选编（综合卷）》，中国财政经济出版社 2011 年版，第 652 页。

强基础工业和交通运输的建设；充分发挥一、二线的生产潜力；积极地，有目标、有重点地发展新技术，努力赶上和超过世界先进技术水平。”① 特别是“三五”计划中提出了三线建设的战略构想，这是对当时中国具有非常显著意义的重大战略决策②。

在财政支出计划中，《关于第三个五年计划安排情况的汇报提纲》也作了非常明确的安排。它对财政收支总量作了安排：“三五”期间，财政收入规模为3050 亿元，扣除由于调整价格而减少的财政收入 1200 亿元，按照财政收支平衡的原则，实际可供安排的财政支出总量为2850 亿元，平均每年增长 7% 左右，大体相当于工农业总产值的增长速度。表 4 - 1 是“三五”计划关于各项财政支出的计划安排，数据显示，基本建设投资支出占全部财政支出的比重仍然是最高的，第二是国防战备费支出，第三是文教卫生事业费支出。此外，如果按照积累和消费的关系来看，“三五”计划安排的财政支出中，扣除总预备费后计算，积累性支出约 1380 亿元，占全部财政支出的比重为 49.6%；消费性支出约 680 亿元，占全部财政支出的比重为 24.5%；国防援外支出约720 亿元，占全部财政支出的比重为 25.9%。

表 4 - 1　　“三五”计划关于财政支出的安排

支出类型	规模（亿元）	占全部财政支出的比重（%）
国防战备费	600	21.1
基本建设投资	900（含机动投资）	31.5
国家物资储备	50	1.8
对外援助支出	120	4.2

① 人民网，http：//cpc.people.com.cn/GB/64184/64186/66676/4493774.html。

② 1964 年我国面临的国际局势非常恶劣，特别是中苏两党两国矛盾的公开化，苏联向中苏边境派出大量军事力量。除了苏联之外，美国也对我国进行全面遏制和包围，在我国周边国家和地区建立了数十个军事基地，严重威胁我国国防军事安全。毛泽东同志从防战争，特别是防核打击的角度来思考整个三线建设布局战略，当时东北重工业和军事工业基地在苏联的打击射程之内，为了更好地优化工业布局，1964 年 5 月 15 日到 6 月 17 日，党中央召开的工作会议上做出“三线建设”的重大战略决策。毛泽东同志指出：“我们不是帝国主义的参谋长，不晓得它什么时候要打仗。要搞‘三线’工业基地的建设，一二也要搞点军事工业。各省都要有军事工业，要自己造步枪、冲锋枪、轻重机枪、迫击炮、子弹、炸药。有了这些东西，就放心了。”

续表

支出类型	规模（亿元）	占全部财政支出的比重（%）
设备更新、四项费用	165	5.8
地质勘探费	50	1.8
增拨流动资金	195	6.8
经济建设事业费	100	3.5
支援农业支出	90	3.1
文教卫生事业费	270	9.5
行政管理费	130	4.6
其他各项支出	110	3.9
总预备费	70	2.4
支出总额	2850	100

资料来源：《关于第三个五年计划安排情况的汇报提纲》。

从重点支出领域来看：一是关于基本建设投资支出的安排。正如《关于第三个五年计划安排情况的汇报提纲》所指出的那样，“第三个五年计划实质上是一个以国防建设为中心的备战计划，必须争取时间，把国防和三线的主要东西搞起来。要从备战的需要出发，来考虑各项建设的安排。”因此，基本建设投资规模必须要适度，留有余地，充分考虑到国防战备、经济建设和人民生活等因素的关系。“三五”计划期间，基本建设投资规模计划安排 800 亿元到 900 亿元，周恩来建议按照 850 亿元安排，预留 50 亿元的机动资金。基本建设投资支出结构可见表 4－2，从中可以看出，用于重工业的基本建设投资接近占到一半，其次是交通运输、农林水、国防工业，占全部基本建设投资支出的比重分别为 15.65%、14.12%、10.24%。

表 4－2　“三五”计划期间基本建设投资支出的主要结构

支出类型	规模（亿元）	占全部基本建设投资支出的比重（%）
国防工业	87	10.24
“小三线”建设	17	2.00
重工业	408	48.00

续表

支出类型	规模（亿元）	占全部基本建设投资支出的比重（%）
轻工纺织	37.5	4.41
交通运输	133	15.65
农林水	120	14.12
财粮贸	15	1.76
文教科学	22	2.59
城市建设	6	0.71
其他部门	4.5	0.53
总计	850	100

资料来源：《关于第三个五年计划安排情况的汇报提纲》。

然而，1966年“文化大革命”全面发动，严重影响了“三五”计划的实施。中共中央政治局扩大会议在北京通过了毛泽东主持起草的指导“文化大革命”的纲领性文件《中国共产党中央委员会通知》（即“五一六通知”）。1966年8月8日，中共八届十一中全会通过《中国共产党中央委员会关于无产阶级文化大革命的决定》（即“十六条”），明确提出：“集中力量打击一小撮极端反动的资产阶级右派分子、反革命修正主义分子，充分地揭露和批判他们的反党反社会主义反毛泽东思想的罪行，把他们最大限度地孤立起来。这次运动的重点，是整党内那些走资本主义道路的当权派”，“必须严格分别两类不同性质的矛盾：是人民内部矛盾，还是敌我矛盾？不要把人民内部矛盾搞成敌我矛盾，也不要把敌我矛盾搞成人民内部矛盾”。

这两个文件的发布，标志着“文化大革命”全面发动起来。“文化大革命”的全面发动，导致大量干部同志被打入“走资本主义道路的当权派”行列，各级政府机关的运行秩序受到了很大冲击。“三五”计划受到了极大影响，刚刚经过多年努力调整好的国民经济秩序又一次受到了很大冲击，社会经济形势又趋于恶化，财政事业和财政支出领域陷入混乱之中。特别是，《关于第三个五年计划安排情况的汇报提纲》仅是停留在“汇报提纲”这个形式和层面，没有形成正式文本，并没有经过全国人大批准通过。

第二节 “三五”计划时期的财政支出

毛泽东同志在“文化大革命”期间重视兼顾“文化大革命”运动和抓生产，提出了“抓革命，促生产”的指示。1966 年 10 月，党中央召开工作会议，会议由毛泽东同志主持，陈伯达作《无产阶级文化大革命中的两条路线斗争》报告，毛泽东同志批示“‘抓革命，促生产’这两句话在什么地方加进去，请考虑。”[①] 1966 年 9 月 7 日，《人民日报》发表社论《抓革命，促生产》，提出：“以无产阶级文化大革命为纲，一手抓革命，一手抓生产，保证文化革命和生产两不误。”“文化大革命”开始之后，造反派们开始酝酿夺取财政部的权，财政部的正常运转遭受了极大冲击，接近瘫痪。为了维持财政事业的正常进行，财政部门想了很多办法。王丙乾同志在回忆这一段时，他指出：“会后，先念同志在周总理的支持下，坚决不让造反派夺财政部的权，坚决支持财政部各部门照常工作。1967 年 2 月 25 日，财政部向国务院各部委和各省、直辖市、自治区财政厅局发电指出：根据周总理的指示，国家财政大权属于中央，财政部的革命造反组织只能夺运动的领导权，不能夺财政部的业务领导权，但对业务可以进行监督。现在我部党组已经恢复工作，业务领导权已经收回”，“因为财政部工作的重要性和在财政部出现的这些斗争的复杂性，党中央、国务院为防止各种可能的破坏，确保对中央财政大权的控制及其正常运转，果断地决定对财政部实行军事管制。1967 年 7 月 1 日，中共中央、国务院、中央军委、‘中央文化大革命小组’公布《关于对财政部实行军事管制的决定》”。[②] 正是党中央和国务院的支持下，财政事业在“文化大革命”期间才能够艰难坚持

---

① 巩玉闽:《周恩来在“文化大革命”期间的经济指导思想》，人民网，http://cpc.people.com.cn/GB/69112/75843/75873/5168392.html。

② 王丙乾:《中国财政 60 年回顾与思考》，中国财政经济出版社 2009 年版，第 138—143 页。

下来，为维护财政秩序、全面支持国家经济社会建设、开展对外援助等方面发挥好支撑和基础作用。

一、财政支出的基本原则

“文化大革命”期间，全国各地都兴起了各种夺权、武斗，政府运行秩序和企业、工厂的生产经营制度遭到严重破坏，财政预决算制度受到了严重影响，1967 年和 1968 年国家没有贬值正式的预算和决算报告。但是这个时期党中央和国务院仍然努力维持财政收支平衡，既要抓革命，也要促生产。在财政支出的基本原则方面，主要有：

一方面，竭力维持财政收支平衡。“文化大革命”的全面发动，严重影响财政收入的组织工作，部分企业不交税甚至抗税，还有一些地区将预算内资金转为预算外资金，逃避监督等。1967 年 6 月 22 日，中共中央、国务院、中央军委、中央文化革命小组联合下发《关于进一步“抓革命、促生产”，增加收入，节约支出的通知》，明确提出：“坚决响应毛主席发出的‘抓革命、促生产’的伟大号召”，“一切机关、团体、企业、事业单位都要遵守国家制度的规定，精打细算，认真节约人力、物力、财力”，“一切机关、团体、学校、企业、事业单位，所有不符合规定的支出，特别是挪用流动资金作财政性开支的，要一律拒绝支付”。1967 年 8 月 20 日，党中央又发布《关于进一步实行节约闹革命，控制社会集团购买力和加强资金、物资和物价管理的若干规定》，提出了 8 条意见，部分条款包括：“各单位的行政费、事业费和企业管理费，自 9 月份起，除正常的工资部分以外，其余部分应节减 20%，预算外资金要严格控制使用；各单位一律不准自行招人、晋级加薪、乱发奖金、福利费和附加工资。工资总额不准超出今年 8 月的实际水平。”因此，1967 年 10 月，财政部召开全国财政工作会议，会上，王丙乾同志作《关于 1967 年国家财政收支情况的说明》，提出必须大力紧缩支出，主要措施有：一是财政部门要保证国家计划内工程和购置设备等所需资金的前提下，严格控制基本建设拨款；二是对预算中的一些待分配经费和指定用途的专项开支，应尽量节约或控制不分；三是要求各单位的行政、事业经费，自 9 月份起节约 20% 左右；四是尽量节约其他方面的开支等[1]。1968 年 2 月 18 日，中共中央、国务院、中央军委、中央文化大革命小组联合下发《关于进一步实行节约闹革命，坚决节约开支的紧急通知》，对各机关、团体、学校、企业、事业单位的 1967 年底各项经费和资金的年终结余存款一律冻结，对基本建设、大修和设备更新按计划进行，严格控制用款，等等。1969 年 2 月，中共中央、国务院、中央军委、中央文化大革命联合下发《关于进一步实行节约闹革命，坚决节约开支的紧急通知》。这一系列文件在维持财政收支平衡方面发挥了重要作用。在“文化大革命”10 年之间，仅有 4 年出现了财政赤字，6 年成功维持了财政平衡。另一方面，仍然强调财政支出的制度和纪律。“文化大革命”时期，财政制度和纪律受到了严重冲击。王丙乾同志对此作了回忆：“在支出方面，基本建设投资‘大敞口’，花钱‘大撒手’，施工吃‘大锅饭’的情况相当普遍。有些企业管理混乱，长期亏损，靠国家补贴过日子，却心安理得。有些单位乱建楼堂馆所，大肆请客送礼，挥霍浪费国家资金，却不以为耻，反以为荣。”[2]为了解决这个问题，财政部整理了中华人民共和国成立以来的相关财政制度文件，更好地做好财政支出方面的工作，使得财政支出工作有章可循。

二、财政支出的重点领域

虽然“文化大革命”时期，财政支出受到了严重冲击，但是这个时期财政支出在国民经济经济假设领域仍然发挥了重要作用，对此，1981 年 6 月 27 日中国共产党第十一届六中全会通过《关于建国以来党的若干历史问题的决议》中明确指出：“我国国民经济虽然遭到巨大损失，仍然取得了进展。粮食生产保持了比较稳定的增长。工业交通、基本建设和科学技术方面取得了一批重要成就，其中包括一些新铁路和南京长江大桥的建成，一些技术先进的大型企业的投产，氢弹试验和人造卫星发射回收的成功，籼型杂交水稻的育成和推广，等等。在国家动乱的情况下，人民解放军仍然英勇地保卫着祖国的安

① 王丙乾：《中国财政 60 年回顾与思考》，中国财政经济出版社 2009 年版，第 149 页。
② 王丙乾：《中国财政 60 年回顾与思考》，中国财政经济出版社 2009 年版，第 147 页。

全。对外工作也打开了新的局面。”这也说明，“文化大革命”时期虽然国民经济的各项事业受到影响，但是在财政支出的支持下，我们仍然完成了很多经济社会建设成就。这个时期，财政支出的主要重点领域包括①：

第一，全面支持农业生产和发展。农业是立国之本，是国民经济的基础。这一时期，农业生产和发展也受到了非常大的冲击和影响，但是在财政支出的支持下，特别是在农业生产领域建设了大批水利工程，同时推动了农业的现代化装备水平不断提高，才使得农业生产保持了一定的发展速度。1966—1976 年间，财政支农支出共计 742. 14 亿元，占这个时期财政支出总额的 10. 2% 。其中：基本建设投资支出 313. 11 亿元，占支农资金总额的 42. 2% ，支援农业生产支出和各项农业事业费 285. 25 亿元，占支农资金总额的 38. 4% ；到了“文化大革命”末期的 1976 年，财政支农资金达到 110. 49 亿元，占当年财政支出总额的 13. 7% ，比 1965 年增长 1. 01 倍。其中：基本建设投资支出 39. 91 亿元，占支农资金总额的 36. 1% ，支援农业生产支出和各项农业事业费 46. 01 亿元，占支农资金总额的 41. 6% ②（参见表 4 – 3）。

表 4 – 3　　1966—1976 年财政支援农业资金情况表

年份	规模（亿元）	占全部财政支出的比重（%）	农、林、水等部门事业费和支援农村生产支出（亿元）	基本建设拨款（亿元）	流动资金（亿元）	科技三项费用（亿元）	农村救济费（亿元）	其他（亿元）
1966	54. 14	10. 0	18. 86	23. 70	2. 46	1. 28	5. 20	2. 64
1967	45. 64	10. 3	15. 94	22. 08	2. 42	0. 30	4. 14	0. 76
1968	33. 24	9. 2	12. 66	12. 23	2. 82	—	2. 79	2. 74

① 关于这方面也有一些研究数据，申学锋（2009）研究指出：1966—1976 年，财政支出共计 7234. 74 亿元，其中占比较大的是：基本建设拨款占 39. 3% ，国防支出占 19. 8% ，文教卫生科学事业费占 9. 2% ，《60 年财政支出：从生产建设型到公共服务型》，《中国税务报》2009 年 09 月 27 日。

② 相关财政部农业财务司编：《中华人民共和国财政史料 第七辑 农业财务》，中国财政经济出版社 1988 年版，第 5 页。

续表

年份	规模（亿元）	占全部财政支出的比重（%）	农、林、水等部门事业费和支援农村生产支出（亿元）	基本建设拨款（亿元）	流动资金（亿元）	科技三项费用（亿元）	农村救济费（亿元）	其他（亿元）
1969	48.02	9.1	14.87	17.92	2.46	—	3.58	9.20
1970	49.40	7.6	15.91	22.52	2.79	—	3.14	5.04
1971	60.75	8.3	19.65	33.27	2.14	0.05	3.14	2.50
1972	65.13	8.5	25.10	31.47	2.56	0.07	4.10	1.83
1973	85.17	10.5	35.49	37.48	3.02	0.08	5.08	4.02
1974	91.21	11.5	38.23	36.97	3.07	0.13	4.01	8.80
1975	98.96	12.1	42.53	35.56	3.20	0.10	7.42	10.15
1976	110.49	13.7	46.01	39.91	4.45	0.78	10.48	8.86

资料来源：财政部农业财务司编：《中华人民共和国财政史料 第七辑 农业财务》，中国财政经济出版社 1988 年版，第 8—9 页；

从表 4 - 3 中可以看出，1966—1968 年支农资金支出有一个明显的下降，由 1966 年的 54.14 亿元降至 45.64 亿元，然后降至 1968 年的 33.24 亿元，下降原因是由于“文化大革命”刚刚开始后，由于既定方针、政策受到较大冲击，导致国民经济发展遭受了重创，农业生产显著下降，也影响了支农支出。自 1968 年之后，又慢慢上升，到了 1976 年已经突破了百亿元，达到 110.49 亿元。在各类支农资金中，农、林、水等部门事业费和支援农村生产支出和基本建设拨款的占比占据了第一、二位，而且增长是最为迅速的。

第二，重点支持交通运输建设。2016 年 12 月，国务院新闻办公室发表《中国交通运输发展》白皮书回顾了这个时期的交通运输发展，其中提到：“‘文化大革命’期间，交通运输发展一度受到严重干扰，但设施和装备规模、运输线路仍在增加，特别是针对沿海主要港口压船、压港、压货日趋严重的局面，加快了港口基础设施建设。在此期间，管道运输也得到了发展。”[①] 这说明，“文化大革命”期间，即使再困难，对交通运输领域的支持仍然得到坚持。关于这一点，谷牧同志曾经回忆到“我找到总理叫苦说：‘上海等地都来电话告急，说交通运输情况很紧张，进出北京各 150 万人很难安排。’（周恩来）总理说：‘你可以搞上、中、下三个方案，把每个方案的安排办法和困难都写出来，由我报送常委讨论决定。多拉一些学生是有困难，但我更担心的是铁路停断和阻塞。铁路是国民经济的大动脉，一旦停断，整个国民经济就瘫痪了。’”[②] “文化大革命”时期，财政重点支持交通运输大动脉的建成和开工，特别是财政支持全国交通运输的骨干网络建设，铁路、公路、航空等方面都得了较为丰富的成就。铁路方面，建成了横跨东西南北的一批骨干铁路，比如成昆线、焦枝线等十多条骨干铁路线；公路方面，1965 年全国公路总里程为 51.4 万公里，而到了 1975 年则达到了 78.4 万公里[③]。1968 年建成的南京长江大桥等一些骨干公铁桥梁也是在这个时期建成的；航空方面，也建成一批民航枢纽，并积极开辟国内和国际航线，等等。

第三，全面支持工业生产布局调整和“三线”建设。“文化大革命”时期，三线建设是财政支持工业生产和工业布局的重要内容。1965 年 2 月 26 日，中共中央、国务院发布《关于西南三线建设体制问题的决定》[④]。从 1964—1978 年间，中国中部和西部 13 个省级行政区，开展了大规模的工业、国防、科技和交通等基础设施的建设，经历了三个五

① 《中国交通运输发展》白皮书，新华网，2016 年 12 月 29 日，http：//www. xinhuanet. com//politics/2016 - 12/29/c_ 129425086. htm。

② 谷牧：《回忆敬爱的周总理》，人民网，2019 年 2 月 26 日，http：//zhouenlai. people. cn/n1/2019/0226/c409117 - 30903569. html。

③ 《中国公路建设 60 年：从 8. 07 万公里到 373 万公里》，经济日报—中国经济网，http：//www. ce. cn/cysc/ztpd/09/jtys/glsl/200908/14/t20090814_ 19583982. shtml。

④ 该决定明确提出：“凡是在三线一个地区建设的重大综合项目，如以钢铁为中心的攀枝花工业基地的建设、以重庆为中心的常规兵器工业的配套建设，以及铁路建设工程等，都应采用大庆经验，即集中领导、各方协作的办法，以中央主管部为主，负责统一指挥，统一管理，有关各省、市、区和各部门协助进行”，“西南三线的中央直属建设项目，所有建设的施工力量、技术力量、设备和材料，由各有关部统一安排，负责解决，并由国家经委（在国家建委成立后由国家建委）督促检查执行情况”。

年计划，共计投入财政资金2052.68亿元，安排了1100个建设项目[①]。这些项目的建成对未来中国工业生产布局和生产力分布产生了深远影响。在基础工业领域，通过三线建设，建成了一大批原材料、能源、机械工业重点基地和重点企业。1965—1975年，三线地区建成的机械工业大中项目共124个[②]。

第四，全面支持科学技术，取得了“两弹一星”、杂交水稻等科技各领域的重要成果。这个时期，广大科技工作者仍然在极度艰难的情况下，取得非常显著的科技成就，特别是一些尖端国防科技技术的突破，已经计入了史册。典型的成果包括：1966年10月27日，中国第一枚导弹核武器发射成功，实现了核武器和导弹的两弹结合；1967年6月17日，我国第一颗氢弹爆炸成功，取得了核武器领域的新的突破；1970年4月20日，中国第一颗人造卫星“东方红一号”成功发射，中国成为世界第五个能够制造和发射人造卫生的国家；1970年12月26日我国自主研制的第一艘核潜艇下水，1974年8月1日开始服役；此外，杂交水稻也成功育成和推广，解决众多人口的粮食安全问题。等等。

第五，随着中国成功恢复了在联合国的合法席位，这个时期加强了对外援助方面的支出。在1966—1970年，中国向亚洲、非洲、拉丁美洲等37个第三世界国家提供了对外援助，提供大量生产和生活物资，以支持它们争取民族解放和国家独立。1971年10月25日，联合国第26次大会对2758号决议进行表决，全面恢复中华人民共和国在联合国的合法席位，这代表着中华人民共和国政府作为中国的唯一合法代表的事实已被联合国及各成员国所接受。在此之后，中国与更多的发展中国家建立了经济和技术的对外援助关系。王丙乾同志回忆道：“1971—1975年，即第四个“五年”计划期间，中国先后向60多个国家和地区提供了援助，建立了经济技术合作关系，特别是支持印度支那三国抗美救国战争，使中国对外援助支出急剧增长。在此期间，对外援助总金额

---

① 《中国制造：1965年三线建设》，中国财经报网，http：//www.cfen.com.cn/old_ 7392/qtlm/201007/t20100712_ 2255477.html。

② 韩强：《70年代，三线建设的成就》，中国财经报网，http：//www.cfen.com.cn/old_ 7392/qtlm/201007/t20100712_ 2255489.html。

比上一个“五年”计划期间增长 1 倍以上。”[1] 著名的坦赞铁路便是这一时期对外援助的成果。

第六，救灾和灾后重建支出。“文化大革命”时期，我国也发生了一些重大自然灾害，特别是重大地震灾害。1976 年 7 月 28 日，唐山发生强烈地震。地震发生之后很短时间内，中央政府就拨付接近 4 亿元的救灾款，有力保障了救灾工作的顺利进行。地震后，1976—1980 年，国家财政对唐山拨款 33.6 亿元，其中救灾款 11.6 亿元，基本建设投资支出 22 亿元[2]。

第三节　“四五”计划时期的财政支出

《关于建国以来党的若干历史问题的决议》曾将“文化大革命”过程分为三段：第一段是从“文化大革命”发动到 1969 年 4 月党的第九次全国代表大会；第二段是从党的九大到 1973 年 8 月党的第十次全国代表大会；第三段是从党的十大到 1976 年 10 月“文化大革命”结束。本书将第二段和第三段看成“文化大革命”中后期。这个时期，国家政治经济的主要事件是 1971—1975 年的“四五”计划以及粉碎“林彪反革命集团”。

一、“四五”计划以及财政支出体制调整

1970 年开始编制“四五”计划，“四五”计划最终仍以“草案”形式印发。1970 年 2 月 15 日至 3 月 21 日召开了全国计划会议，会上主要讨论了 1970 年“四五”计划和第四个五年计划纲要（草案）。

该纲要仍然是以“阶级斗争为纲”为总指导思想。纲要提出的主要任务是：狠抓备战，集中力量建设大三线战略后方，建立不同水平、

---

① 王丙乾：《中国财政 60 年回顾与思考》，中国财政经济出版社 2009 年版，第 152 页。

② 王丙乾：《中国财政 60 年回顾与思考》，中国财政经济出版社 2009 年版，第 160 页。

各有特点、各自为战、大力协同的经济协作区，初步建成中国独立的、比较完整的工业体系和国民经济体系。[①] “四五”期间提出的主要经济指标主要包括：工农业总产值每年平均增长速度达到12.5%，五年合计国家预算内基本建设投资1300亿元，1975年粮食产量达到6000亿—6500亿斤，棉花6500万—7000万担，钢3500万—4000万吨，原煤4亿—4.3亿吨，发电量2000亿—2200亿千瓦时，铁路货运量9亿—10亿吨[②]。

该纲要确定的主要任务包括[③]：一是高速度发展钢铁工业。布局、品种和数量同时并举，大办钢铁。二是集中力量建成内地战略后方。到1975年，将内地建成一个部门比较齐全、工农业协调发展的强大战略后方。三是将全国划分成十个经济协作区。在每个协作区内逐步建立不同水平、各有特点、各自为战、大力协同的工业体系和国民经济体系。四是农业要“以粮为纲、全面发展”。五是大力发展地方“五小工业”[④]。六是加速发展石油、天然气和电子工业，积极改变燃料构成；七是大家动手办机械工业，各行各业都要自己武装自己。八是除了少数轻工产品由于受资源条件限制，需要由国家统一调配外，一般轻工业产品都要根据各自的条件，尽可能做到省、自治区自给。

这个时期还制定了“四三方案”，它是“文化大革命”中后期，根据毛泽东同志的批准、指示，利用西方国家在经济危机中急于寻找出口市场、商品与技术价格较低的有利时机，为了解决人民群众的“吃饭穿衣”问题，用3—5年从西方发达国家引进43亿美元的成套设备，这个方案被称为“四三方案”。这个方案成为“文化大革命”时期我国打破经济贸易封锁局面的一个关键方案。在此后，又后续追加了一些项目，计划总金额达到51.4亿美元，通过利用这些项目，实施了设备改

① 《1971年：“四五”计划》，和讯网转引自中国网，http://news.hexun.com/2009-09-15/121099193.html。

② 《中华人民共和国第四个五年计划（1971—1975年）》，中央政府网，http://www.gov.cn/test/2006-03/20/content_231442.htm。

③ 赵月琴、王晓峰、姚甲科、王秀英、周玉文、吴雪生：《第四个五年计划的编制和实施》，《当代中国史研究》1998年第4期。

④ “五小”工业是指小煤矿、小钢铁厂、小化肥厂、小水泥厂和小机械厂。

造，兴建了 26 个大型工业项目，总投资额 200 亿元（王丙乾，2009）。

此后，为了更好地实施“四五”计划，更多地发挥地方的积极性，地方照顾全局，并根据本地区的人力、财力、物力的需要统筹安排，同时也有利于集中财力保证重点需要，经过 1970 年 8 月全国财政银行工作座谈会做了讨论，从 1971 年开始，国家对省级政府实行财政收支包干的办法，1972 年 3 月 31 日财政部出台《关于改进财政收支包干办法的通知》（财预字第 14 号），具体办法是“定收定支，收支包干，保证上缴，结余留用，一年一定”。改革的部分主要内容包括①：一是扩大地方财政收支范围。除了中央部门直接管理的企业收入、关税收入和中央部门直接管理的基本建设、国防战备、对外援助、国家物资储备等支出以外，其余都划归地方财政管理。二是年度国家预算，根据中央的方针、政策和当年的国民经济计划讨论确定。订计划时，要留有充分的余地。地方预算收支，由省级行政区提出建议数字，经中央综合平衡，核定下达。三是预备费的设置，中央按照预算支出总额的 5% 计算，各省、市按照预算支出总额的 3% 计算。除了上述标准，各民族自治区可以另按预算支出总额的 5% 增列机动金。四是地方政府预算收入超收或者结余，应主要用于发展工农业生产，不能搞楼堂馆所建设，不能任意提高工资和福利待遇。五是做好综合平衡工作，对地方合理分配收支指标，各级财政收支的安排和使用，既要考虑生产发展的需要，又要照顾财力的可能，坚持收支平衡，不能搞赤字预算。

财政收支包干改革运行前期中出现了一些问题，比如不同地区的财力状态有着巨大差异，有些地区超收很多，有些地区没有超收甚至短收，等等。因此，到了 1972 年，财政部又对财政收支包干办法作了改进。财政部出台《关于改进财政收支包干办法的通知》（1972 年 3 月 31 日财预字第 14 号），部分主要内容包括②：一是中央对省级行政区仍然实行“定收定支，收支包干，保证上缴（或差额贴补），结余留用，

① 财政部综合计划司编：《中华人民共和国财政史料 第一辑财政管理体制（1950—1980）》，中国财政经济出版社 1982 年版，第 167—169 页。

② 财政部综合计划司编：《中华人民共和国财政史料 第一辑财政管理体制（1950—1980）》，中国财政经济出版社 1982 年版，第 170—172 页。

一年一定”的办法，但省市自治区对地市县不宜层层包干，可以采用收入分成办法或者其他办法。二是省级行政区确定年度财政预算后，年终的支出结余部分，仍然留给地方使用。收入的超收部分，凡超收不满亿元的，仍然拿全部留给地方使用；超收一亿元以上的，其超过一亿元的部分，向中央财政上交50%。三是地方政府收支的安排和执行，坚持收支批平衡原则，注意留有余地，防止“满收满支”，把机动财力全部花完。四是财政资金、信贷资金、基本建设资金和企业流动资金，须分口管理，严格划清界限。等等。

二、对财政事业的两次整顿

国家粉碎“林彪反革命集团”之后，党中央对财政事业做了两次整顿，努力使国家的经济社会建设和各项事业回到正常轨道上来。1972年，周恩来同志主持了第一次整顿，周恩来同志在“文化大革命”时期一直想方设法减少“文化大革命”对经济建设的影响。这次整顿是在粉碎“林彪反革命集团”之后的一次全方位整顿。在周恩来同志的支持推动下，国务院相继出台了国民经济计划方面的多个文件。1973年2月26日，周恩来同志听取国家计划委员会对1973年计划和《关于坚持统一计划，加强经济管理的规定》草稿的汇报，并对“林彪反革命集团”长期以来破坏经济计划的情况做了发言，他指出：“工业生产指标，煤增长最少，电也少啊！这样，生产怎么能上去。国民经济要按比例发展，但现在根本没有比例！经济协作区问题怎么提法？到处搞独立经济体系是不行的。基本建设战线为什么长？一是中央各部的项目多了，一是地方项目也多了，原因就在这里。中央和地方，首先中央收缩一下。中央、地方都不许扩大建设规模，中央先下一些，给地方留点余地”，“基本建设中的问题，还要说一条，有人在基建中顺手牵羊，搞非生产性建设。当然必要的可以建，如宿舍、商店、学校要建。但是有很多建筑不是这方面的，要指出来”，“职工人数、工资总额、粮食销售量三项都突破了计划数字。”①

---

① 《关于经济工作的几则文电（一九六六年——一九七三年）》，《周恩来选集》（下卷），人民出版社1997年版。

为此，国务院在财政支出方面做了调整：一是严格控制基本建设投资支出的不断增长，对中央和各级地方政府的基本建设投资支出进行压缩，特别是对一些非生产性基本建设投资要着重压缩，同时相应压缩基本建设用人人数。二是着重加强支持农业领域和支援农业发展相关的工业投资支出，1973 年这方面的财政支出同比增长 19%①。此外，对地方五小工业作了整顿，基本方针是发展五小工业要对农业发展有利，如果不利，那么无论如何也不能发展。三是加强劳动工资支出的集中统一管理，特别是强调工资管理权要集中在中央②。1972 年 6 月 9 日，国务院出台《关于加强工资基金管理工作的通知》，规定凡未经批准超计划招收职工和违反国家政策和规定增加工资的，银行有权拒绝支付。

第二次整顿是邓小平同志的复出之后所主持的国民经济整顿。周恩来同志因病已经无法全面细致地主持国务院的各项工作，经过毛泽东同志的批示，1973 年 2 月，邓小平同志从江西回到北京，重新恢复在国务院的工作。1975 年 1 月，第四届全国人大任命张劲夫同志任财政部长。之后，财政部恢复到“文化大革命”以前的司、局组织建制，财政工作逐步回到正常轨道。1975 年 1 月 13 日，周恩来同志在第四届全国人民代表大会第一次会议上作政府工作报告，明确提出：“为了使我国社会主义经济有更大的发展，必须坚持鼓足干劲，力争上游，多快好省地建设社会主义的总路线，继续执行以农业为基础、工业为主导的方针和一系列两条腿走路的政策。按照农轻重的次序安排国民经济计划。在国家统一计划下，充分发挥中央和地方两个积极性。”经过了周恩来同志和邓小平同志支持的两次整顿，到了“文化大革命”后期，整个国家基本回到正常的经济建设轨道上了。

---

① 《周恩来传》，人民网，http：//www. people. com. cn/item/zel/newfiles/zzj/16. html。

② 关于这个方面，周恩来同志曾经指出：“全国职工总数突破五千万人，一下子达到五千六百多万人。你们要抓一下。民工好减，五小工业工人、临时工要动员回去，现在就要进行工作。”

第四节　“文化大革命”之后的财政支出的趋势

“文化大革命”之后财政事业全面开启新阶段。1977年8月12日至18日，党的十一大举行，这次大会的意义是：“历时十一年的我国第一次无产阶级‘文化大革命’，就以粉碎‘四人帮’为标志，宣告胜利结束了。”随着“文化大革命”结束，党和国家面临全面拨乱反正的重要任务，财政事业亦是如此，全面开启新阶段。从“文化大革命”结束后到改革开放之前的大约两年，这是一个特殊的过渡阶段。虽然“文化大革命”结束后，我国经济领域面临着比例失调、商品匮乏、人民生活水平较为困难等诸多问题，但是财政在支持国民经济的恢复和发展中发挥了至关重要的功能作用，财政支出的重心又重新回到社会主义现代化建设上来。

1979年6月21日，时任财政部长张劲夫在第五届全国人民代表大会第二次会议上作《关于一九七八年国家决算和一九七九年国家预算草案的报告》，1978年财政总支出达到1110.93亿元，同比增长31.7%。主要支出类型及规模是：基本建设投资支出为395亿元。如果考虑到地方预备费和其他机动财力用于基本建设投资的支出金额，达到451.92亿元，同比增长50.2%；企业挖潜改造资金（用于厂房、机器设备等固定资产的更新和技术改造）、流动资金、地质勘探费和工业、交通、商业事业费等支出为167.78亿元，同比增长22.6%；支援农村人民公社支出和各项农业事业费支出为76.95亿元，同比增长51.8%；文教、卫生、科学事业费支出为112.66亿元，同比增长24.9%；国防战备费支出为167.84亿元，同比增长12.6%；行政管理费支出为49.08亿元，同比增长13.3%。

财政支出发挥了重要财政分配功能，积极推动国家开展经济建设，推动国民经济快速健康发展，这个时期主要重点支持以下方面：一是重点支持基本建设投资。1979 年基本建设决算支出同比增长率之所以如此之大，是与当时经济建设的重要任务是紧密相关的。1977 年 11 月 21 日至 12 月 11 日，全国计划会议召开，国家计委作了《关于经济计划汇报要点》，在这个汇报中，还提出了“五五”计划后半期以及“六五”计划的计划，这两个五年计划期间，国民经济的发展目标是：在 1980 年建成中国独立的比较完整的工业体系和国民经济体系；工业总产值平均每年增长 12%，农业总产值增长 6%，到 1980 年要基本实现农业机械化，国家预算内基建投资“五五”后 3 年拟安排 1200 亿元，5 年合计 1780 亿元①。由于“五五”计划实施时，仍在“文化大革命”期间，因此这个规划没有正式文本，而是包含在《1976—1985 年发展国民经济十年规划纲要》之中，这个纲要在 1978 年召开第五届全国人大第一次会议上通过。该纲要也对工农业发展和基本建设投资作了规划。二是加大农业支持力度。支援农村人民公社支出和各项农业事业费支出也是增加非常快的。三是支持增加就业，提高职工收入水平。自 1978 年开始，全民所有制企业连续 4 年，提高了工资水平。

总之，1978 年十一届三中全会之前，我国仍然在计划经济体制下，这个时期财政支出的功能、职能和范围是与改革开放之后是有着很大差异的。财政在社会产品的国家分配中发挥了重要的功能和作用，更好地满足国家职能的需要。计划经济体制下，在综合平衡理念原则下更好地组织和调控社会产品生产，成为财政支出的重要目标。正如高培勇教授的观点一样，他认为：“全社会宛如一个大工厂，国家财政便是大工厂的财务部。社会再生产过程的各个环节都由统一的综合财政计划加以控制，企业财务部门和家庭财务部门均在一定程度上失去独立性。”② 这个时期，财政在整个计划经济体制运行中更是发挥了基础作用，财政支出必须要从社会产品生产的全局出发，对各个部门、不同部类的生产计划进行综合平衡，整个财政运行和财政支出的安排高度集中于中央政

① 《第五个五年计划（1976—1980 年）简介》，人民网，http：//www.people.com.cn/GB/channel1/10/20000921/244104.html。

② 高培勇：《中国财政困难的由来：从运行机制角度的分析》，《经济科学》1995 年第 5 期。

府，由中央来根据国民经济计划来安排、分配。这个时期，从财政支出结构来看，由于财政的功能和职能是定位于在社会产品发挥综合平衡和直接调节功能，财政支出的范围呈现“大而广、大而宽”的特征，国家用于生产建设领域的支出占据了主要地位和比重。财政支出不仅要承担诸如政权机关运转、军事国防、公共安全、科学文化教育、公共医疗卫生、环境保护等传统的公共服务项目，还要担负起交通运输、农田水利等基本建设领域的支出，还要通过财政支出方式满足全民所有制企业的实施简单生产和扩大再生产经营资金相关的生产经营支出，拨付其基本建设和生产经营所需的流动资金，从本文对计划经济体制各个年份的财政支出规模和结构的演变和趋势均可以看出这个规律。此外，安定团结也是财政事业发展的重要前提和基础。从“文化大革命”期间的财政事业遭受巨大挫折来看，只有创造一个安定团结的政治经济环境，财政事业才能够更好地调动整个社会生产的积极性，为人民群众的生产生活创造好的条件。1978 年党的十一届三中全会之后，我国开启了改革开放的伟大征程，随着社会主义市场经济体制的不断确立，财政支出的功能、职能和定位发生了巨大变化，改革开放后财政支出领域改革总是与社会主义市场经济体制的进程相适应。

第五章　1978—1992 年社会主义市场经济体制探索期的财政支出

从改革开放以来经济社会运行格局来看，我国在实现现代化转型中的经济体制方式在发生了根本变化，从计划经济体制逐渐转到社会主义市场经济体制上来，本质上是社会资源配置方式和手段发生了根本性变化，社会经济发展动力机制彻底发生了变化。如果把经济体制转变视为一个系统演变，把财政支出的阶段性变化视为子系统演变，特别是财政支出在财政政策的地位和作用，就可以清楚地看到，经济体制转变对财政的功能、职能以及财政支出的范围、方式具有全方位、系统性影响。

第一节　改革开放后经济体制改革使财政职能发生巨大变化

从经济经济体制运行来看，市场经济体制提供了一个更加有效调动社会成员活力的方式、方法，从这个意义上说，市场是资源配置优化配置的一种手段，与经济体制无关。整个社会发展目标是更好地调动人民群众创造社会产品的能力和动力。邓小平同志在 1992 年视察南方时曾经明确指出："计划多一点还是市场多一点，不是社会主义与资本主义的本质区别。计划经济不等于社会主义，资本主义也有计划；市场经济不等于资本主义，社会主义也有市场，计划和市场都是经济手段。社会主义的本质，是解放生产力，发展生产力，消灭剥削，消除两极分化，最终达到共同富裕。”这个论述回到了人类社会发展的一般规律，解决了人们长期以来意识形态领域的束缚问题。

一、市场经济体制改革不同阶段，政府和市场关系有巨大差异

改革开放之后，建立并完善社会主义市场经济体制的过程就是不断明晰政府和市场关系，更加发挥市场在资源配置中的作用的过程。从党的十一届三中全会开始，市场经济体制改革的不同阶段，市场在资源配置中发挥的作用是不同的（参见表5－1）。经济体制改革的核心是处理政府和市场的关系，在经济体制转轨进程中市场机制作用增强，不断对政府职能、财政职能和财政支出比边界提出新要求。卫兴华（1998）认为，党的十一届三中全会以来，我国以市场为取向的经济体制改革，就是要逐步弱化指令性计划的功能，强化市场的功能，逐步扩大市场机制作用范围，加重市场调节经济活动的份量。经济体制转轨的根本任务，就是逐步建立由市场机制发挥作用的资源配置体系。

表5－1　不同历史发展阶段下市场和政府的功能分工总结

历史发展阶段	政府和市场的功能分工
党的十一届三中全会	按经济规律办事，重视价值规律的作用；充分发挥中央部门、地方、企业和劳动者个人四个方面的主动性、积极性、创造性。
党的十二大	计划经济为主、市场调节为辅原则；国家通过经济计划的综合平衡和市场调节的辅助作用，保证国民经济按比例地协调发展。
党的十二届三中全会	建立自觉运用价值规律的计划体制，发展社会主义商品经济；对关系国计民生的重要产品中需要由国家调拨分配的部分，对关系全局的重大经济活动，实行指令性计划；对其他大量产品和经济活动，根据不同情况，分别实行指导性计划或完全由市场调节。
党的十三大	必须以公有制为主体，大力发展有计划的商品经济；计划和市场的作用范围都是覆盖全社会的。新的经济运行机制，总体上来说应当是“国家调节市场，市场引导企业”的机制。

续表

历史发展阶段	政府和市场的功能分工
党的十四大	市场在社会主义国家宏观调控下对资源配置起基础性作用；政府的职能，主要是统筹规划，掌握政策，信息引导，组织协调，提供服务和检查监督。
党的十四届三中全会	建立社会主义市场经济体制，就是要使市场在国家宏观调控下对资源配置起基础性作用；政府管理经济的职能，主要是制订和执行宏观调控政策，搞好基础设施建设，创造良好的经济发展环境。
党的十五大	使市场在国家宏观调控下对资源配置起基础性作用；企业依法自主经营，自负盈亏。政府不能直接干预企业经营活动，企业也不能不受所有者约束，损害所有者权益。
党的十六大	使市场在国家宏观调控下对资源配置起基础性作用”；完善政府的经济调节、市场监管、社会管理和公共服务的职能，减少和规范行政审批。
党的十六届三中全会	更大程度地发挥市场在资源配置中的基础性作用，增强企业活力和竞争力，健全国家宏观调控，完善政府社会管理和公共服务职能。
党的十七大	从制度上更好发挥市场在资源配置中的基础性作用，形成有利于科学发展的宏观调控体系。
党的十八大	更大程度更广范围发挥市场在资源配置中的基础性作用；推动政府职能向创造良好发展环境、提供优质公共服务、维护社会公平正义转变。
党的十八届三中全会	使市场在资源配置中起决定性作用和更好发挥政府作用。市场决定资源配置是市场经济的一般规律，健全社会主义市场经济体制必须遵循这条规律，着力解决市场体系不完善、政府干预过多和监管不到位问题；政府的职责和作用主要是保持宏观经济稳定，加强和优化公共服务，保障公平竞争，加强市场监管，维护市场秩序，推动可持续发展，促进共同富裕，弥补市场失灵。
党的十九大	使市场在资源配置中起决定性作用，更好发挥政府作用；转变政府职能，深化简政放权，创新监管方式，增强政府公信力和执行力，建设人民满意的服务型政府；履行好政府再分配调节职能，加快推进基本公共服务均等化，缩小收入分配差距。
党的十九届三中全会	使市场在资源配置中起决定性作用、更好发挥政府作用；加强和完善政府经济调节、市场监管、社会管理、公共服务、生态环境保护职能。

注：作者自行整理。

1978 年 12 月党的十一届三中全会召开，全会公报决定："全党工作的着重点应该从 1979 年转移到社会主义现代化建设上来"，"实现四个现代化，要求大幅度地提高生产力，也就必然要求多方面地改变同生产力发展不适应的生产关系和上层建筑，改变一切不适应的管理方式、活动方式和思想方式，因而是一场广泛、深刻的革命。"因此，这次全会也明确指出："现在我国经济管理体制的一个严重缺点是权力过于集中，应该有领导地大胆下放，让地方和工农业企业在国家统一计划的指导下有更多的经营管理自主权；应该着手大力精简各级经济行政机构，把它们的大部分职权转交给企业性的专业公司或联合公司；应该坚决实行按经济规律办事，重视价值规律的作用，注意把思想政治工作和经济手段结合起来，充分调动干部和劳动者的生产积极性……"虽然，党的十一届三中全会召开之时，资源配置领域很大程度上仍然由计划来调节，但是党中央已经认识到计划经济体制带来的诸多问题，强调以放权来发挥微观主体的活力，对此，公报提出："采取这些措施，才能充分发挥中央部门、地方、企业和劳动者个人四个方面的主动性、积极性、创造性，使社会主义经济的各个部门各个环节普遍地蓬蓬勃勃地发展起来。"这次全会虽然没有直接提到"市场"两字，但是强调发挥微观主体的活力中隐含了对市场机制功能和作用的肯定。

1982 年 9 月，党的十二大召开，胡耀邦同志作《全面开创社会主义现代化建设的新局面》报告，提出"计划经济为主、市场调节为辅原则"，同时报告提出"我们要正确划分指令性计划、指导性计划和市场调节各自的范围和界限"。党的十二大开始直接提出市场调节的功能和作用，它是补充，但是必需的、有益的①。之后，1984 年 10 月，党的十二届三中全会通过《中共中央关于经济体制改革的决定》，提出"建立自觉运用价值规律的计划体制，发展社会主义商品经济"的改革目标，而且明确指出："改革计划体制，首先要突破把计划经济同商品

① 对此，《全面开创社会主义现代化建设的新局面》报告指出："有计划的生产和流通，是我国国民经济的主体。同时，允许对于部分产品的生产和流通不作计划，由市场来调节，也就是说，根据不同时期的具体情况，由国家统一计划划出一定的范围，由价值规律自发地起调节作用。这一部分是有计划生产和流通的补充，是从属的、次要的，但又是必需的、有益的"。

经济对立起来的传统观念，明确认识社会主义计划经济必须自觉依据和运用价值规律，是在公有制基础上的有计划的商品经济。商品经济的充分发展，是社会经济发展的不可逾越的阶段，是实现我国经济现代化的必要条件。”这个阶段，市场在资源配置中的作用不断加强。

1987 年 10 月，党的十三大召开，赵紫阳同志作《沿着有中国特色的社会主义道路前进》报告，明确提出“必须以公有制为主体，大力发展有计划的商品经济”。而且这次大会认为，商品经济是人类社会发展的必然阶段和客观规律，它指出：“必须以公有制为主体，大力发展有计划的商品经济。商品经济的充分发展，是社会经济发展不可逾越的阶段，是实现生产社会化、现代化的必不可少的基本条件。”到了这个历史阶段，市场调节在资源配置中的作用已经是非常重要，它强调商品经济是“以公有制为主体，大力发展有计划的商品经济”。

1992 年 10 月，党的十四大召开，江泽民同志作《加快改革开放和现代化建设步伐，夺取有中国特色社会主义事业的更大胜利》报告，明确提出：“我们要建立的社会主义市场经济体制，就是要使市场在社会主义国家宏观调控下对资源配置起基础性作用，使经济活动遵循价值规律的要求，适应供求关系的变化”。市场在资源配置中起基础性作用，这个理念的提出是第一次。这说明市场的功能和作用大大深化和广化。1993 年 10 月，党的十四届三中全会通过《中共中央关于建立社会主义市场经济体制若干问题的决定》，提出“发挥市场机制在资源配置中的基础性作用，必须培育和发展市场体系。当前要着重发展生产要素市场，规范市场行为，打破地区、部门的分割和封锁，反对不正当竞争，创造平等竞争的环境，形成统一、开放、竞争、有序的大市场”。1997 年 9 月，党的十五大提出：“坚持和完善社会主义市场经济体制，使市场在国家宏观调控下对资源配置起基础性作用。”2002 年 11 月，党的十六大指出：“改革开放取得丰硕成果。社会主义市场经济体制初步建立”，同时也提出：“坚持社会主义市场经济的改革方向，使市场在国家宏观调控下对资源配置起基础性作用。”2003 年 10 月，党的十六届三中全会通过《中共中央关于完善社会主义市场经济体制若干问题的决定》指出：“更大程度地发挥市场在资源配置中的基础性作用，增强企业活力和竞争力，健全国家宏观调控，完善政府社会管理和公共服务职能，为全面建设小康社会提供强有力的体制保障。”2007年10月，党的十七大指出：“要深化对社会主义市场经济规律的认识，从制度上更好发挥市场在资源配置中的基础性作用，形成有利于科学发展的宏观调控体系。”2012年11月，党的十八大指出：“更大程度更广范围发挥市场在资源配置中的基础性作用”，“经济体制改革的核心问题是处理好政府和市场的关系，必须更加尊重市场规律，更好发挥政府作用”。从党的十四大到党的十八大，一直强调市场在资源配置中发挥基础性作用。

到了2013年11月召开的党的十八届三中全会通过了《中共中央关于全面深化改革若干重大问题的决定》提出：“经济体制改革是全面深化改革的重点，核心问题是处理好政府和市场的关系，使市场在资源配置中起决定性作用和更好发挥政府作用。”从市场在资源配置发挥作用从“基础性作用”到“决定性作用”，这是一个根本性改变，这意味着随着社会主义市场经济体制的完善、成熟，市场的功能和作用与之前有所不同。2017年10月，党的十九大召开，习近平总书记作《决胜全面建成小康社会 夺取新时代中国特色社会主义伟大胜利》报告指出：“使市场在资源配置中起决定性作用，更好发挥政府作用”。2018年2月，党的十九届三中全会通过《中共中央关于深化党和国家机构改革的决定》，指出：“使市场在资源配置中起决定性作用、更好发挥政府作用”，“要坚决破除制约使市场在资源配置中起决定性作用、更好发挥政府作用的体制机制弊端，围绕推动高质量发展，建设现代化经济体系，加强和完善政府经济调节、市场监管、社会管理、公共服务、生态环境保护职能，调整优化政府机构职能，全面提高政府效能，建设人民满意的服务型政府。”

二、财政职能从“无所不包”到趋于缩小、优化

市场经济体制改革过程就是建立并完善社会主义市场经济体制的过程，也是从传统计划经济体制不断转向市场经济体制的过程。这个过程中，指令性计划在资源配置中的功能作用趋于弱化，市场在资源配置中

的作用不断增强，如前所述，从“基础性作用”到“决定性作用”，政府职能也随之发生了巨大变化。如果以党的十四大提出“建立社会主义市场经济体制”为分界线，改革开放到这个节点之间的阶段可以称为市场经济体制改革的探索时期，这个时期的财政支出具有过渡特征，政府和市场的关系尚未形成体制机制，相关改革仍然处于“先行先试”的探索阶段。财政职能和财政支出范围随改革进程发生了变化，从“无所不包”到趋于缩小、优化。财政职能从原来作为国家职能的分配手段完全参与到整个社会产品的生产、分配全过程，总体呈现“生产建设财政”特征，到不断发生收缩。关于这个时期的财政职能，部分学者们提出了“三职能论”[①]或者“四职能论”[②]。无论是三职能还是四职能，一个共识是，随着开启探索建立社会主义市场经济体制，最先涉及的改革领域就是政府和企业的关系，企业开始有了自主权，政府不能直接再将财政支出用于企业的生产经营资金干预企业生产活动。政府开始大规模退出直接针对企业的生产建设资金[③]，随着企业自主权的不断提升，传统那种政企不分、财政支出全面包揽的局面被打破，财政支出的范围从统收统支、统管一切，变成“分配、调节和监督”或者“筹集资金、供应资金、调解平衡和反映监督”的重要工具。这是一个根本性变化，这种变化是与探索建立社会主义市场经济体制的过程是相适应的。

---

① 著名财政学家叶振鹏先生在 1980 年发表在《财政研究》第 Z1 期的文章《社会主义财政在社会再生产中的地位和职能作用》中，提出了财政职能的三职能论，他提出财政在社会主义再生产中有着三方面的职能：一是分配的职能。国家通过财政对部分社会产品和国民收入的分配和再分配，将部分国民收入集中起来，有计划分配财政资金，满足国家建设和人民生活需要。在社会总产品的分配中要正确处理简单再生产与扩大再生产的关系，正确处理积累与消费的关系，有计划地组织社会产品和国民收入的分配，实现国民经济的综合平衡；二是调节的职能。通过财政收支改变社会各集团和成员在国民收入中占有的份额，调解社会主义分配关系，更加促进生产关系和分配关系的不断完善；三是监督的职能。国家对社会产品的生产和消费实施全面的计算和监督，包括社会生产、固定资产的再生产、国民经济发展的规模速度和各种比例关系等方面。

② 著名财政学家邓子基先生曾在 1980 年第三次全国财政理论研讨会论文中，提出了财政职能的“四职能论”观点，他认为社会主义财政有着筹集资金、供应资金、调解平衡和反映监督四个方面的职能。引自：张馨、杨志勇、郝联峰、袁东：《当代财政与财政学主流》，东北财经大学出版社 2000 年版，第 349 页。

③ 值得指出的是，财政职能的变化，也引发了一些问题的争论，比如财政职能是否应该具有生产建设职能？事实上，生产建设财政和具有生产建设职能是两个完全不同的概念。财政支出当然要在生产建设领域继续发挥调节功能，但是这种调节功能是建立政企分开的基础上，而不是计划经济体制下，政府和企业不分家，企业只是一种生产部门，而非具有自主性的微观主体。

三、1978—1992 年探索时期，财政支出原则发生巨大变化

与改革开放之前的传统计划经济体制相比，社会主义市场经济体制探索时期的财政支出原则发生了巨大变化。中华人民共和国成立之后，在计划经济体制下，我们建立了以政府全面主导型的增长模式，市场基本上被排除在资源配置领域之外，这对于我国实行赶超战略、集中力量干大事方面有着体制优势，然而，在推动国民经济发展过程中，微观主体难以有充分的自主权，导致经济社会运行效率处于较低水平，这个时期，财政支出主要强调综合平衡，根据财政运行的实际情况，来确定支持哪些领域、支持多少，并确保财政、信贷、物资等各领域的平衡。而改革开放后，以建立市场经济体制为主要取向，不断扩大市场在资源配置中的功能和作用，深刻反映了政府和市场关系的深刻转变。这种情况下，财政支出的基本原则发生了变化，通过渐进式改革逐步走向与一般成熟市场经济国家相类似的基本原则①。具体表现在：

第一，财政支出从直接面向国营企业拨款逐渐改为按照“政企分开”原则对企业实施支持，自此，企业不再成为财政拨款单位，而是逐渐转型成为一个自主经营、自负盈亏的独立主体。这个时期，这方面的改革较多，具有代表性的就是基本建设投资“拨改贷”改革。计划经济体制时期，我国基本建设投资长期采用统收统支、财政拨款的形式，基本建设投资由国家统筹分配，计划由国家统一制定、下达。改革开放之后，基本建设投资由财政拨款改为银行贷款方式，简称“拨改贷”。1979 年 8 月 28 日，国务院批转国家计委、国家建委、财政部发布《关于基本建设投资试行贷款办法报告》，该报告明确指出：“基本

---

① 包括财政支出的财政领域的改革一直成为改革开放经济体制改革的“先行领域”，从这个角度来看，财政改革引领了其他领域的改革。楼继伟同志在《财政研究》2019 年第 2 期发表文章《40 年重大财税改革的回顾》，明确指出：1979 年 4 月，邓小平在听取中共广东省委习仲勋等人关于试办出口加工区的汇报后说：“还是叫特区好，陕甘宁开始就叫特区嘛！中央没有钱，可以给些政策，你们自己去搞。”他指示要“杀出一条血路来”。这里所说的“血路”，就是要打破“统收统支”体制，采取特殊、灵活的政策措施，调动各方积极性。“杀出一条血路”，是指明了一个方向，并没有特指财税改革。当时经济体制改革千头万绪，涉及上层建筑和经济基础许多重大问题，落实起来并不容易，而财政是各种利益的中枢，“牵一发而动全身”，因此中央决定让财政先行一步，从财税入手突破整体改革。

建设投资试行银行贷款的办法，是基本建设管理体制的一项重大改革，符合按照经济规律管理经济工作的要求，对于加强基本建设管理，建立经济责任制，缩短基建战线，提高投资效果，都会起到积极作用”。该报告还规定：“基本建设投资贷款，实行有借有还，谁借谁还的原则。贷款的对象只能是实行独立核算，有还款能力的工业、交通运输、农垦、畜牧、水产、商业、旅游等各类企业。对于行政和无盈利的事业单位，以及国家计划指定的项目，仍实行财政拨款办法。”同时，该报告草拟了《基本建设贷款试行条例》，对基本建设贷款试行的操作程序作了规定。后来，“拨改贷”扩大至全部预算内基本建设投资，1984 年 12 月 14 日，国家计委、财政部、建设银行联合下发《关于国家预算内基本建设投资全部由拨款改为贷款的暂行规定》，决定从 1985 年起，凡是由国家预算安排的基本建设投资全部由财政拨款改为银行贷款。“拨改贷”与其他领域的财税体制改革一样，都成为明晰政府和市场关系的重要措施。

第二，财政支出对象由公有制企业转向多元市场主体。改革开放之后，随着市场经济体制改革的不断深入，除了全民所有制和集体所有制等公有制经济之外，所有制类型更加丰富。除了公有制之外的多种所有制形式发展成为社会主义市场经济体制的重要特征。早在党的十二大就提出“在农村和城市，都要鼓励劳动者个体经济在国家规定的范围内和工商行政管理下适当发展，作为公有制经济的必要的、有益的补充。只有多种经济形式的合理配置和发展，才能繁荣城乡经济，方便人民生活。”党的十二届三中全会《中共中央关于经济体制改革的决定》提出：“在国家政策和计划的指导下，实行国家、集体、个人一起上的方针，坚持发展多种经济形式和多种经营方式”，“我国现在的个体经济是和社会主义公有制相联系的，不同于和资本主义私有制相联系的个体经济，它对于发展社会生产、方便人民生活、扩大劳动就业具有不可代替的作用，是社会主义经济必要的有益的补充，是从属于社会主义经济的。”党的十四大提出：“社会主义市场经济体制是同社会主义基本制度结合在一起的。在所有制结构上，以公有制包括全民所有制和集体所有制经济为主体，个体经济、私营经济、外资经济为补充，多种经济成分长期共同发展”。为了更好地促进各类所有制企业的发展，财政支出的对象从公有制企业转向更加丰富的市场主体，它们都会受财政支出宏观调控的影响。

第三，财政支持全面服务于“一个中心、两个基本点”的党的基本路线，财政支出类型更加多元，注重不同类型支出在服务于国家经济社会发展中的功能配合。党的十三大提出了“一个中心、两个基本点”的党的基本路线，即：“以经济建设为中心，坚持四项基本原则，坚持改革开放”。改革开放后，财政支出科目包含基本建设支出、企业挖潜改造资金、地质勘探费、科技三项费用、流动资金、农林水等事业支出、文教科学卫生事业费、国防费、行政管理费、政策性补贴支出等不同方面，虽然支出项目仍然具有计划经济体制的部分色彩，比如基本建设支出、企业挖潜改造资金、科技三项费用、流动资金等，但是财政支出已经能够基本清晰地区分出生产性支出和非生产性支出的类别和界限，从而让财政支出更好地注重支出结构的功能配合。

第四，财政支出开始从注重综合平衡，转向宏观调控，财政支出越来越作为一种主动性的宏观调控政策，出现在政府政策菜单之中。与传统计划经济体制下财政支出遵循综合平衡原则不同的是，财政支出开始作为一种主动作为的宏观调控政策，越来越在支撑经济社会发展目标实现方面有着更大的功能和作用。而且，这个时期财政支出等政策措施与信贷货币等政策手段的配合渐渐显现出雏形，这也成为经济体制改革不断深化之后的财政政策和货币政策配合的机制。改革开放初期，我国仍然严格坚守财政平衡的基本原则。1979 年 4 月，中共中央召开工作会议，李先念同志作《关于国民经济调整问题》报告，针对国民经济比例严重失调的问题，决定自 1979 年起，用三年时间对国民经济实行“调整、改革、整顿、提高”，要求财政支出更好地促进经济结构的调整和发展，同时确保财政平衡。1980 年 12 月，邓小平同志在中央工作会议上作《贯彻调整方针，保证安定团结》讲话，他指出：“基本建设要退够，一些生产条件不足的企业要关、停、并、转或减少生产，行政费用（包括国防开支和一切企业事业单位的行政管理费用）要紧缩，使财政收支、信贷收支达到平衡。生产建设、行政设施、人民生活的改善，都要量力而行，量入为出。”① 而随着改革的深化，财政支出在宏观调控中的功能愈加突出，比如，为了应对 1981 年经济增速回落的趋势，1982—1984 年连续 3 年实施较为宽松的财政支出政策，主动安排少量赤字；到了 1984 年的经济增长率高达 15.2%，是改革开放以来最高的速度，为了更好地控制经济过热，1985 年和 1986 年，连续两年实施较为紧缩的财政支出政策，财政平衡从略有赤字，转为略有结余；此后，到了 1988—1990 年我国实施了“治理整顿”为主要内容的宏观调控，财政支出亦在其中发挥了重要的功能作用。简言之，虽然这个时期并没有提出经济周期的提法，也没有对财政政策赋予逆周期调节的名义，但实践上，财政已担负了宏观调控的重要功能。

第五，国家对经济领域的调控手段开始从行政、计划手段，转向经济杠杆调节，财政支出逐渐成为经济杠杆的重要组成部分。传统计划经济体制下，经济领域的调控往往采用行政管理和计划手段，而改革开放之后，随着市场经济体制改革，我国更加强调将行政手段和经济杠杆相结合。1981 年 11 月 30 日至 12 月 1 日，时任国务院总理赵紫阳在第五届全国人民代表大会第四次会议上作的《当前的经济形势和今后经济建设的方针》政府工作报告，明确提出：“我国经济体制改革的基本方向应当是：在坚持实行社会主义计划经济的前提下，发挥市场调节的辅助作用，国家在制定计划时也要充分考虑和运用价值规律；对于带全局性的、关系到国计民生的经济活动，要加强国家的集中统一领导，对于不同企业的经济活动，要给以不同程度的决策权，同时扩大职工管理企业的民主权利；改变单纯依靠行政手段管理经济的做法，把经济手段和行政手段结合起来，注意运用经济杠杆、经济法规来管理经济。”② 党的十二届三中全会《中共中央关于经济体制改革的决定》也明确提出：“越是搞活经济，越要重视宏观调节，越要善于在及时掌握经济动态的基础上综合运用价格、税收、信贷等经济杠杆，以利于调节社会供应总量和需求总量、积累和消费等重大比例关系，调节财力、物力和人力的

---

① 邓小平：《贯彻调整方针，保证安定团结》，《邓小平文选》（第 2 卷），人民出版社 1994 年版，第 367—368 页。

② 人民网，http：//www.people.com.cn/zgrdxw/zlk/rd/5jie/newfiles/d1170.html。

流向，调节产业结构和生产力的布局，调节市场供求，调节对外经济往来，等等。我们过去习惯于用行政手段推动经济运行，而长期忽视运用经济杠杆进行调节。”

第六，随着中央开始实行财政包干制的财政体制，财政支出从中央集中统一管理（统收统支）走向分层调节（分灶吃饭）。中央和地方关系始终是中国国家经济社会运行中的重要问题，早在 1956 年毛泽东同志在《论十大关系》就指出了这个问题：“中央和地方的关系也是一个矛盾。解决这个矛盾，目前要注意的是，应当在巩固中央统一领导的前提下，扩大一点地方的权力，给地方更多的独立性，让地方办更多的事情。这对我们建设强大的社会主义国家比较有利。我们的国家这样大，人口这样多，情况这样复杂，有中央和地方两个积极性，比只有一个积极性好得多”，“处理好地方和中央的关系，这对于我们这样的大国大党是一个十分重要的问题”。改革开放之后，为了激发地方政府在推动市场经济体制改革和改革开放的积极性，中央政府开始了“放权让利”，这实质上是一个促进政府分工的过程，分工带来的了效率改进。在财政体制领域，打破“大锅饭”，实施“分灶吃饭”，成为深化改革的重大突破。这项改革明确了中央政府和地方政府的职责、权限，让地方政府成为一个独立主体，有了自己的发展目标和手段，也促进地方政府能够根据因地制宜来发展经济、做大区域总量。

1980 年 2 月 1 日，国务院出台《关于实行“划分收支、分级包干”的财政管理体制的规定》（国发〔1980〕33 号），指出按照经济管理体制规定的隶属关系，明确划分中央和地方财政的收支范围[①]。而且，这

---

① 根据《关于实行“划分收支、分级包干”的财政管理体制的规定》（国发〔1980〕33 号），关于各级政府的支出划分：中央的基本建设投资，中央企业的流动资金、挖潜改造资金和新产品试制费，地质勘探费，国防战备费，对外援助支出，国家物资储备支出，以及中央级的文教卫生科学事业费，农林、水利、气象等事业费，工业、交通、商业部门的事业费和行政管理费等，归中央财政支出；地方的基本建设投资，地方企业的流动资金（包括中央代建项目的流动资金）、挖潜改造资金和新产品试制费，支援农村人民公社支出，农林、水利、气象等事业费，工业、交通、商业部门的事业费，城市维护费，人防经费，城镇人口下乡经费，文教卫生科学事业费，抚恤和社会救济费，行政管理费等，归地方财政支出。少数专项财政支出，如特大自然灾害救济费、特大抗旱防汛补助费、支援经济不发达地区的发展资金等，由中央专案拨款，不列入地方财政包干范围。

项改革打破了以往由中央政府统收统支的局面，王丙乾同志指出："财力的分配，由'条条'为主改为'块块'为主"，"分灶吃饭以后，对于应当由地方安排的支出，中央各部门不再归口安排支出，下达指标，改由地方根据中央的方针政策、国家计划和地方的财力统筹安排"[①]。1980 年 4 月 3 日，财政部又出台《关于实行"划分收支、分级包干"财政管理体制若干问题的补充规定的通知》（国发〔1985〕42 号）。1985 年 3 月，国务院出台《关于实行"划分税种、核定收支、分级包干"财政管理体制的通知》，对"分灶吃饭"的财政体制又做了进一步修改、完善。1988 年，中央政府对包干办法作了修正、补充，对不同省级行政区，分别实行收入递增包干、总额分成、总额分成加增长分成、上解递增包干、定额上解、定额补助等六种类型的包干办法。

这个时期，社会主义市场经济体制刚刚起步，政府职能、财政职能和财政支出的原则和范围，尚未形成规范化、制度化的一套机制，但是我国努力按照社会主义市场经济体制改革的要求相应对财政支出进行不断改革，自此，国家财政逐渐摆脱传统计划经济体制下的"生产建设财政"，财政支出在支持国民经济建设、满足人民群众物质文化需求方面的功能和作用不断强化，也为后续改革提供了基础条件。

四、财政支出科目仍然具有强烈的计划经济色彩

改革开放之后，财政支出分类基本沿用计划经济体制时期的划分标准，财政支出分类方式主要有两个口径：一是按照财政支出项目来分，可以分成基本建设拨款、流动资金、企业挖潜改造资金和新产品试制费、工交商业地质物资等部门事业费、支援农业支出、文教卫生科学事业费、抚恤和社会救济费、国防费、行政管理费、债务支出、其他各项支出等。二是按照财政支出的分费类。可以分成经济建设费、社会文教费、国防战备费、行政管理费、债务支出、其他支出。

从财政支出的分类来看，我国财政仍然具有较强烈的计划经济体制

---

① 王丙乾：《中国财政 60 年：回顾与思考》，中国财政经济出版社 2009 年版，第 244—245 页。

色彩，与社会主义市场经济体制下的政府职能和支出范围不匹配，而且难以清晰反映政府职能的各项活动情况，无法看出用于不同支出领域的费用类型，比如医疗卫生、教育、科技、农业等各个不同领域。到了2006 年政府收支分类改革后，这种问题才得到根本性解决。2006 年 2 月 10 日，财政部出台《关于印发政府收支分类改革方案的通知》（财预〔2006〕13 号），明确指出："适应市场经济条件下转变政府职能、建立健全公共财政体系的总体要求，逐步形成一套既适合我国国情又符合国际通行做法的、较为规范合理的政府收支分类体系"，按照支出功能和支出经济分类体系建立了财政支出分类体系。

第二节　1978—1984 年财政支出的规模与结构

党的十一届三中全会（1978 年）到党的十二届三中全会（1984 年）这个时期的财政收支仍然坚守传统财政平衡的理念，由于市场经济体制改革刚刚开启，财政支出尚未成为有效调控社会经济运行的核心手段，只是在社会经济某些重点领域发挥了支撑保障作用。

一、财政支出总量和结构情况

表 5 - 2 是 1979—1984 年财政支出总规模和当年财政赤字的情况表。从财政支出总额来看，由 1979 年的 1273.9 亿元增长至 1984 年的 1480 亿元，各年决算都超预算计划数。从增长率来看，1980—1982 年 3 年，财政支出总额增长率为负，而 1979 年、1983 年和 1984 年 3 年的财政支出总额增长率都为正，且增长率都较高，接近或超过 15%。1979—1984 年都出现财政赤字，但赤字规模呈现先收窄、后扩大的变化趋势。

表 5-2　　1979—1984 年的财政支出总规模

年份	决算支出总规模（亿元）	与预算数相比的百分数（%）	比上年决算数增长（%）	财政赤字（支出减除收入的差额）（亿元）
1979	1273.9	107.4	14.67	170.6
1980	1212.7	105.5	-4.80	127.5
1981	1115.0	106.7	-8.06	25.51
1982	1113.3	102.7	-0.15	29.34
1983	1292.5	102.4	16.10	43.46
1984	1480.0	112.3	14.51	50.00

资料来源：1979 年数据来源于 1980 年 8 月 30 日第五届全国人民代表大会第三次会议《关于 1979 年国家决算、1980 年国家预算草案和 1981 年国家概算的报告》；1980 年数据来源于 1981 年 12 月 1 日在第五届全国人民代表大会第四次会议《关于 1980 年国家决算和 1981 年国家概算执行情况的报告》；1981 年数据来源于 1982 年 8 月 19 日第五届全国人民代表大会常务委员会第二十四次会议《关于 1981 年国家决算的报告》；1982 年数据来源于 1983 年 6 月 7 日在第六届全国人民代表大会第一次会议上《关于 1982 年国家决算的报告》；1983 年数据来源于 1984 年 5 月 16 日第六届全国人民代表大会第二次会议《关于 1983 年国家决算和 1984 年国家预算草案的报告》。

表 5-3 是 1979—1984 年的主要财政支出类型的规模和比重情况，其中：基本建设拨款的规模总体呈现先下降然后上升的趋势，1981 年基本建设拨款支出的比重为 23.10%，为这个时期的最低点；企业挖潜改造资金和新产品试制费则呈现微升的趋势，从 1979 年 5.65% 微升至 1984 年的 6.64%；增拨企业流动资金的比重呈现大幅下降的趋势，从 1979 年 4.08% 下降至 1983 年的 1.00%；支援农村人民公社支出和各项农业事业费比重有所波动，除了 1983 年之外，各年比重都处于 6.5% 至 7.5% 之间；文教卫生科学事业费比重显著上升，从 1979 年 10.37% 上升至 1984 年的 17.80%；国防战备费比重呈现显著下降趋势，从 1979 年 17.48% 下降至 1984 年的 12.21%；行政管理费比重显著上升，从 1979 年 4.47% 上升至 1984 年的 8.16%。

二、财政支出规模和结构变化趋势及主要原因

党的十一届三中全会召开以来，财政支出在实施“以经济建设为

表 5-3　1979—1984 年主要财政支出项目的规模和比重

年份	基本建设拨款		企业挖潜改造资金和新产品试制费		增拨企业流动资金		支援农村人民公社支出和各项农业事业费		文教卫生科学事业费		国防战备费		行政管理费	
	规模（亿元）	比重（%）	规模（亿元）	比重（%）	规模（亿元）	比重（%）	规模（亿元）	比重（%）	规模（亿元）	比重（%）	规模（亿元）	比重（%）	规模（亿元）	比重（%）
1979	443.8	34.84	72	5.65	52	4.08	90.1	7.07	132.1	10.37	222.7	17.48	56.9	4.47
1980	346.4	28.56	80.5	6.64	36.7	3.03	82.1	6.77	156.3	12.89	193.8	15.98	66.8	5.51
1981	257.6	23.10	65.3	5.86	22.8	2.04	73.7	6.61	171.4	15.37	168.0	15.07	70.9	6.36
1982	309.2	27.77	69.0	6.20	23.6	2.12	79.9	7.18	197.0	17.70	176.4	15.84	81.6	7.33
1983	382.8	29.62	78.7	6.09	12.9	1.00	16.7	1.29	223.5	17.29	177.1	13.70	102.2	7.91
1984	478.6	32.34	98.3	6.64	—	—	94.4	6.38	263.4	17.80	180.7	12.21	120.8	8.16

注：比重的是指各类财政支出占全部财政支出总规模的比重；1983 年支农支出的口径是“支援农村社队支出和各项农业事业费”；1984 年支农支出的口径是“支援农村生产支出和各项农业事业费”；“—”代表本年决算报告没有披露此口径；1982 年决算报告中，除了表中的支出类型，还披露了有地质勘探费支出 23.05 亿元以及国外借款还本付息支出 49.62 亿元；与 1982 年一样，1983 年决算支出也有地质勘探费支出 23.6 亿元以及国外借款还本付息支出 36.56 亿元。

中心”的基本路线，不断解放和发展社会生产力方面发挥了重要的基础和支撑作用。主要有以下内容：

第一，基本建设投资规模占比仍然是首位的，这个时期主要是围绕调整基本建设投资的比例，“有保有压”，促进结构优化。党中央领导同志在多个时期多个会议都探讨基本建设投资对于国民经济的重要性以及综合平衡、结构优化的问题。邓小平同志曾经指出：“要使大家懂得，我们的资金来之不易，我们生产出来的东西来之不易，任何浪费都是犯罪。生产有了发展，还要照顾到以后的发展，要搞基本建设，要实现国民经济的综合平衡，补偿多年来的欠账”，“我们过去长期搞计划，有一个很大的缺点，就是没有安排好各种比例关系。农业和工业比例失调，农林牧副渔之间和轻重工业之间比例失调，煤电油运和其他工业比例失调，‘骨头’和‘肉’（就是工业和住宅建设、交通市政建设、商业服务业建设等）比例失调，积累和消费比例失调。”[①] 但是，整个基本建设投资的比例失衡问题较为突出，特别是基本建设投资战线过长，工农业比例失衡、原料工业与加工工业比例失调，能源、交通运输等领域反而落后，等等。对此，陈云同志曾经指出：“现在比例失调的情况相当严重。基本建设项目大的一千七百多个，小的几万个。赶快下决心，搞不了的，丢掉一批就是了。搞起来，没有燃料、动力，没有原料、材料，还不是白搞”[②]。因此，对基本建设投资的规模和结构又要进行调整、优化。对于规模，这个时期的年度决算报告都有明确的控制基本建设投资的方向[③]；对于结构，这个时期主要是工农业结构、积累和消费结构、重工业和轻工业等结构进行优化、调整。集中财力建设一

① 邓小平：《目前的形势和任务》，收录于《邓小平文选》第二卷，人民出版社 1994 年版，第 266 页。

② 1979 年 3 月，陈云同志在中共中央政治局会议上的讲话《坚持按比例原则调整国民经济》，收录于《陈云文选》第三卷。

③ 《关于 1980 年国家决算和 1981 年国家概算执行情况的报告》提出“紧缩基本建设投资，使建设规模同国家当前的财力与物力相适应”。《关于 1981 年国家决算的报告》提出“在压缩基本建设规模的过程中，国家把某些不具备建设条件和建成后不具备生产条件的建设项目停了下来；同时，对那些同现有企业争原料、燃料、动力的重复建设的项目，实行停建或者缓建”。《关于 1983 年国家决算和 1984 年国家预算草案的报告》提出“继续控制基本建设规模和压缩不必要的开支，提高资金的使用效果”；《关于 1984 年国家预算执行情况和 1985 年国家预算草案的报告》提出“要严格控制基本建设投资和消费基金”。

批事关国民经济和人民群众生活的重点工程和大型企业项目。

第二，探索时期农业领域推广联产承包责任制，对支农领域的财政支出成为助推农业改革的重要动力。改革开放之后，农业领域以“家庭联产承包责任制”的推广作为改革的突破点，迅速向全国推广，取得了农业生产率的极大改善。1984 年，中国农业取得了创纪录的大丰收，与农村联产承包责任制的改革有着非常密切的关系。1982 年 1 月，中共中央批转《全国农村工作会议纪要》，明确指出：“生产责任制的建立，不但克服了集体经济中长期存在的‘吃大锅饭’的弊病，而且通过劳动组织、计酬方法等环节的改进，带动了生产关系的部分调整，纠正了长期存在的管理过分集中、经营方式过于单一的缺点，使之更加适合于我国农村的经济状况。”[①] 1982 年 12 月 31 日，中央政治局讨论通过《当前农村经济政策的若干问题》明确提出农业发展方向[②]：一是根据本地区的资源条件和经济技术条件，拟定自己的农业发展规划，并采取有力措施，保证实现；二是农村要走农林牧副渔全面发展、农工商综合经营的道路；三是稳定和完善农业生产责任制；四是适应商品生产的需要，发展多种多样的合作经济；五是改革人民公社的体制，实行生产责任制，实行政社分设；六是允许资金、技术、劳力一定程度的流动和多种方式的结合；七是调整购销政策，改革国营商业体制，放手发展合作商业，适当发展个体商业；八是农业技术改造，建立与健全农业科学技术研究推广体系和培养农村建设人才的教育体系；等等。

从探索时期的支农支出来看，重点支持领域包括：一是财政支出支持提高农副产品收购价格，增加农民收入，着力解决长期存在的工农剪刀差问题。从 1979 年夏收开始，国家对粮、棉、油等 18 种主要农副产品收购价格做了提高，并对粮、棉、油实行超购加价，1979 年国家财政用于这方面的补贴支出，达到 78 亿元[③]。到了 1980 年，这项支出增

---

① 《坚持改革、开放、搞活——十一届三中全会以来有关重要文献摘编》，人民网，http：//cpc. people. com. cn/GB/64184/64186/66694/。

② 根据中央文件《当前农村经济政策的若干问题》的有关资料整理而得，收录于中共中央文献研究室编辑：《十二大以来重要文献选编》（上），人民出版社 1986 年版、1988 年版。

③ 1980 年 8 月 30 日，时任财政部部长王丙乾在第五届全国人民代表大会第三次会议上作《关于 1979 年国家决算、1980 年国家预算草案和 1981 年国家概算的报告》。

加至 168 亿元。这些政策发挥了重要效果，1979 年农民从集体分得的收入，每人平均达到 83.4 元，比 1978 年增加 9.4 元。二是大力支持农业基础设施建设。在农田水利设施建设、水土保持、农村能源基础设施建设，农业机械化方面都加大了财政支出的支持。三是支持农业生产结构调整，积极发展农村多种经营。探索时期财政支出主要支持农林牧副渔等农业生产结构的优化、调整，同时，支持建立农副产品的流通体系和生产服务体系，包括技术、供销、储藏、加工、运输、信息等方面。此外，还支持农村多种经营，支持乡镇企业发展。1981 年 3 月，中共中央、国务院转发国家农委《关于积极发展农村多种经营的报告》提出“决不放松粮食生产，积极开展多种经营，这就是我们的方针。”四是支持优化工农业比例结构。财政支出重点支持进一步调整农业、工业内部的产业结构和产品结构，让国民经济在稳定发展中大大提高经济效益。五是对一些农业重大专项作重点支持。为了更好地保护生态环境，我国在三北地区（西北、华北和东北）建设大型人工林业生态工程，决定把这项工程列为国家经济建设重要项目。此外，探索时期还建立“三西”农业建设专项补助资金，1983 年，对甘肃河西地区、以定西为代表的中部干旱地区和宁夏西海固地区，实施大规模的扶贫开发①。

第三，重点支持科学技术和教育领域的改革。“四个现代化”的战略实施，与科学技术和教育领域的改革紧密相关，这个时期，党中央推动相关领域改革并给予了财政支出的“倾斜”。1978 年 3 月 18 日，党中央召开全国科学大会，邓小平同志在出席开幕式时发表讲话，他指出：“四个现代化，关键是科学技术的现代化。没有现代科学技术，就不可能建设现代农业、现代工业、现代国防。没有科学技术的高速度发展，也就不可能有国民经济的高速度发展”，“科学技术人才的培养，基础在教育。我们要全面地正确地执行党的教育方针，端正方向，真正搞好教育改革，使教育事业有一个大的发展，大的提高”。全国科学大会之后，我国掀起了新一轮支持科技技术、教育的热潮。1980 年 8 月 30 日，时任国务院副总理兼国家计划委员会主任姚依林在第五届全国

① 王丙乾：《中国财政 60 年回顾与思考》，中国财政经济出版社 2009 年版，第 355—357 页。

人民代表大会第三次会议上作《1980 年政府工作报告，关于 1980、1981 年国民经济计划安排的报告》，明确提出："各方面对基本建设投资的要求很多，国家财力、物力不足，必须量力而行，并对各种渠道的建设资金，加强计划指导，保证重点，合理使用。工农业生产中都要重视推广科研成果，积极采用新技术，要对经济建设中急需的关键技术和长远发展需要的科研任务，作出统筹安排。教育方面，要广开学路，加强高等教育，改革中等教育制度，发展职业、技术教育，继续普及小学教育，加强幼儿教育和托儿工作。"此外，1982 年 11 月 30 日，赵紫阳同志第五届全国人民代表大会第五次会议上作《1982 年国务院政府工作报告——关于第六个五年计划的报告》，也提出："用于发展教育、科学、文化、卫生事业的经费计划为九百六十七亿元，比第五个五年计划期间的五百七十七亿元增加百分之六十八。"1983 年 4 月 28 日，国务院批转教育部、国家计委《关于加速发展高等教育的报告》，明确提出了高等教育的扩招："今后五年，计划将普通高等学校招生人数由一九八二年的三十一万五千人，增加到一九八七年的五十五万人，增长百分之七十五。与此同时，采取广播电视大学、函授大学、夜大学、管理干部学院、教师进修学院等多种形式发展高等教育，使这方面的招生人数由一九八二年的二十九万人增加到一九八七年的一百一十万人，即增长二点八倍。"相应的，财政用于支持科技和教育事业的支出也呈现不断增长的趋势。

第四，由于受到"文化大革命"的影响，经济社会各项事业发展较为缓慢，改革开放之初，劳动就业问题成为一个很重要的社会经济难题，支持解决就业问题成为又一个财政支出的重点领域。1981 年，中共中央、国务院出台《关于广开门路，搞活经济，解决城镇就业问题的若干决定》明确提出："城镇青年就业是国民经济中的一个重大问题。它关系到人民群众的切身利益，关系到国家的安定团结和四化前途，应当根据国民经济调整和发展的需要，有计划有步骤地加以解决。要不断地调查研究，总结经验，在一段时间内，逐步形成一套有利于发展国民经济和改善人民生活的劳动就业制度。"从 1979—1981 年，用于安排城镇 2600 万人就业的支出 105 亿元，此外，据 1979—1984 年的决算报告：1979 年，共安排了城镇待业人员和其他人员以及国家统一分配的大中专应届毕业生共 903 万人，提高了 40% 职工的工资级别。这一年，国家财政用于“积极安排劳动就业，增加部分职工的工资和实行奖励制度”的资金，达到 75 亿元；1980 年，用于增加职工工资、安排劳动就业、实行奖励制度的财政支出达 140 亿元；1982 年，国家继续安排了大批城镇待业人员就业，从第四季度起，增加行政机关和事业单位部分职工的工资，全国职工工资总额因此同比上年增加 50 亿元。

第五，行政管理费支出增长较快，根本原因在于，改革开放之后，由于更加健全法制体系、加强市场管理，机构和人员增长都较多。市场经济体制改革要求建立一套适合于市场经济体制改革的行政管理体系，改革开放后，我国在建立机构和增加行政人员时，规模扩大较快，而且，随着党中央对“文化大革命”期间拨乱反正政策的落实，大批干部重新恢复职务，相应的行政管理支出增长较快。为了解决这个问题，1982 年 1 月 10 日，邓小平同志在中央政治局讨论中央机构精简问题会议上作了《精简机构是一场革命》讲话，他指出：“按中央这一级来说，要精简三分之一。就下面来说，我看不止三分之一。就是四分之一，也有五百万人。当然，不完全是干部，还有一般服务人员、工作人员，也可以减少。所谓精简，是说各部门各单位都要确定编制，一部分人在岗位上工作，其他的人抽出来轮训，学习考试合格以后，到岗位上工作，再让现在岗位上的人去接受轮训。”因此，1982 年开始了机构改革，精简人员。此外，财政也在极力压缩社会集团购买力和消费性支出，1985 年，国务院先后下发，《关于严格控制社会集团购买力的通知》和《关于节减行政经费的通知》，要求 1985 年各机关、团体、企业、事业单位的集团购买力，一律在上年实际数的基础上，核减 20%；中央和地方的行政经费预算要削减 10%；企业的管理费和事业单位的行政开支，比照这个要求进行压缩。

第六，重点支持区域开放和发展。邓小平同志曾经指出：“一部分地区、一部分人可以先富起来，带动和帮助其他地区、其他的人，逐步达到共同富裕。”这个思路指导了中国区域经济战略的总体格局。改革开放以来，中国在区域经济发展方面主要采取了自东南沿海地区向中西内陆地区逐渐递进的“梯度开发战略”。改革开放之初，在实行对外开放政策时，国家在部分地区实施了“先行先试”的政策，先后设立了 5 个经济特区和 14 个沿海港口城市，在财政支出方面，主要是支持这些区域加快基础设施的建设，更好地创造良好的投资环境。此外，为了更好地推动一些欠发达地区的发展，特别是老少边穷地区（革命老根据地、少数民族地区、边远山区、经济基础较差地区），1980 年财政设立支援经济不发达地区发展资金，每年拿出 5 亿元，4 年共拿出 20 亿元，支持这些区域发展①。

第七，1978—1984 年探索时期，适应于市场经济体制改革的进程，财政大力支持国有企业改革。这个时期，国有企业改革的过程就是扩大企业自主权过程，实质上就通过“放权让利”让国有企业逐渐拥有自己的财产权利，最终成为一个“自主经营、自负盈亏”的独立主体。先后经历了试行和推广企业基金制、利润留成制、利改税等改革措施，通过这一系列改革，有效扩大了国有企业的财权，调动各方面的积极性。1978 年 11 月 25 日，国务院批转《关于国营企业试行企业基金的规定》决定；1979 年 7 月 13 日，国务院出台《关于国营企业实行利润留成的规定》，同年 8 月 17 日，财政部、国家经委和人民银行联合出台《关于贯彻国务院改革企业管理体制文件试点中九个具体问题的意见》，决定自 1979 年起扩大利润留成制实施的范围。在实施利润留成制之后，为了更好地探索国家和企业的分配机制，推动两步利改税，即以上缴税款代替原来的上缴利润办法。1983 年 4 月国务院批转财政部下发《关于国营企业利改税试行办法》和《关于国有企业利改税试行办法》，决定从 1983 年 6 月 1 日起，在全国推行第一部利改税。1984 年 9 月国务院批转了财政部《关于在国营企业推行利改税第二步改革的报告》和《国营企业第二步利改税试行办法》等文件，决定从 1984 年 10 月 1 日开始，在全国推行第二步利改税。根据 1979—1984 年各年决算报告，1979 年，全国 49 个大中城市可以从工商利润中提取 5% 的城市建设资

---

① 《支援经济不发达地区发展资金座谈会在北京召开》，《中国财政》1983 年第 11 期。

金，地方可以从县办工业企业中提取一定比例的收入分成等，增加地方机动财力共 20 亿元。同时，全国国营企业中普遍实行企业基金制，并在四千多户工业企业和商业系统中试行了利润留成的办法，企业得到机动财力 40 亿元。以上两项，国家财政合计支出 60 多亿元；1984 年国营企业经过利改税之后，留归自己支配的利润已达到 313 亿元，等等。除了支持国有企业自身改革之外，还在加大针对国有企业的亏损补贴、改革固定资产折旧制度、加大对国有企业挖潜改造支持方面都有着一些支出安排，在支持市场经济体制深化价格改革，发挥国有企业活力，支持国有企业的技术能力提升方面都发挥了重要功能和作用。

第八，关于财政赤字的问题。改革开放以来，我国财政收支领域，一直坚持“收支平衡、略有结余，不打赤字预算”的原则，1979 年和 1980 年财政赤字之所以这么庞大，究其原因，是经历了“文化大革命”10 年社会经济失衡之后，特别是“林彪反革命集团”和“四人帮”对国民经济造成的严重破坏，其中积累了一些社会经济深层次的问题需要解决，因此，这两年，财政支出集中力量解决遗留的一些问题，导致财政赤字的规模比原来预计的严重，当然这也是社会经济回归到正常轨道所必然经历的。

三、“五五”计划和“六五”计划时期的财政支出

第五个五年计划是“文化大革命”之后的第一个五年计划，时间为 1976—1980 年。1975 年，党中央制定了《1976—1985 年发展国民经济十年规划纲要（草案）》，这是作为“五五”计划和“六五”计划实施的主要内容。目标是“在 1980 年，建成我国独立的比较完整的工业体系和国民经济体系；到 1985 年，进一步完善全国的经济体系，各个部门的主要生产环节基本掌握现代先进技术，基本建成西南、西北、中南、华东、华北、东北六个大区不同水平，各有特点，各自为战，大力协同，农、轻、重比较协调发展的经济体系。”这个计划纲要提出的关于基本建设的投资规模是：“国家预算内直接安排的基本建设投资，‘五五’为 1780 亿元，‘六五’为 2800 亿元，十年共 4850 亿元，超过

过去二十六年的投资总额。"①

1979年4月5日至28日，党中央召开工作会议，决定实施新的"调整、改革、整顿、提高"的方针政策。1979年9月18日，陈云同志在财经委员会召开的汇报会上的做了发言，他指出："经济的调整（即调整、改革、整顿、提高）是必要的，并不是多此一举。计委这次提出明年的基建投资是二百五十亿元，财政部提出的是一百七十亿元。不管哪个数字，都比一九七八年的四百五十一亿元和一九七九年的三百六十亿元减少了。这就是实际上证实了一九七八年和一九七九年的投资超过了国家财力物力的可能。而这种超过国家财力物力可能的基建投资，自一九七〇年以来或多或少就存在了。这就是基本建设战线太长的一个基本原因。"他还指出："我们的基建投资，必须是没有赤字的。必须是在财政平衡的基础上能够拨出多少钱用于基本建投资，以这个数字来制定基本建设计划。所以，根据三十年来的经验，找出基本建设投资在财政支出中所占比重的一条杠杠，是必要的，这样才是实事求是。"② 然后，1980年12月15日，邓小平同志在中央工作会议上发表《贯彻调整方针，保证安定团结》讲话③，他提出："所谓某些方面要退够，主要是说，基本建设要退够，一些生产条件不足的企业要关、停、并、转或减少生产，行政费用（包括国防开支和一切企业事业单位的行政管理费用）要紧缩，使财政收支、信贷收支达到平衡。生产建设、行政设施、人民生活的改善，都要量力而行，量入为出。这就是实事求是。下决心这样做，表明我们真正解放了思想，摆脱了多年来'左'的错误指导方针的束缚。"在党中央关于"调整、改革、整顿、提高"方针政策指导下，国务院迅速采取了一系列财政支出措施，主要有压缩基本建设投资支出；提高职工工资水平，扩大就业，解决待业问题；对一些产品不对路、消耗高、浪费大、长期亏损的企业进行关停并转，

---

① 全国人大财政经济委员会办公室，国家发展和改革委员会发展规划司：《建国以来国民经济和社会发展五年计划重要文件汇编》，中国民主法制出版社2008年出版。

② 中共中央文献研究室编：《在财经委员会召开的汇报会上的发言》，收录于《三中全会以来重要文献选编》（上），人民出版社，1982年8月出版。

③ 中共中央文献编辑委员会编：《邓小平文选》（第二卷），人民出版社1994年版，第354—374页。

等等。

虽然这次调整与 20 世纪 60 年代那次调整，有着相同的目标，都是要全面解决工农业、重工业和轻工业、消费和积累之间的比例关系，促进结构优化。但是，不同的是，60 年代那次调整是“先退够，再前进”，整个工农业生产、基本建设投资全面压缩。而此次调整，坚持要求要继续保持一定的增长速度（王丙乾，2009）。

“六五”计划的起始和终止时间是 1981—1985 年，这五年计划期间，仍然继续贯彻执行“调整、改革、整顿、提高”八字方针①。

最早“六五”计划是在《1976—1985 年发展国民经济十年规划纲要（草案）》之中，改革开放之后，国务院又对“六五”计划作了调整，1980 年 2 月 13 日，国务院出台《关于拟定长期计划的通知》，决定着手制订 1980—1990 年十年发展计划。1982 年 11 月 30 日，赵紫阳同志在第五届全国人民代表大会第五次会议上作 1982 年国务院政府工作报告《关于第六个五年计划的报告》，12 月 10 日，这次会议批准《中华人民共和国国民经济和社会发展第六个五年计划（1981—1985）》。“六五”计划中提出的基本任务，包括对工农业产品产值年均增幅、重工业及产品结构、企业技术改造、教科文事业发展、国防建设和国防工业建设、财政收支平衡、对外贸易、人口增长和就业、环境保护均有着细致的计划。经过“六五”计划之后，1985 年社会总产值达到 10300 亿元，国民收入达到 4450 亿元，五年内年均增长均为 4%；消费和积累基金占国民收入使用额的比重分别为 71% 和 29%。“六五”计划也提出了关于财政支出的安排（参见表 5 - 4），首要确保重点建设，然后增加教科文卫体领域的支出，同时确保国防军事的必要支出，并按期偿还国外借款还本付息，并支持少数民族地区和经济不发达地区的经济文化事业发展。“六五”计划期间，我国文教科卫事业费共拨款 1172 亿元，平均年均递增 15.2%，超过了同期国内财政收入和支出分别递

① 对此，《中华人民共和国国民经济和社会发展第六个五年计划（1981—1985）》明确提出：“第六个五年计划的基本任务，是继续贯彻执行调整、改革、整顿、提高的方针，进一步解决过去遗留下来的阻碍经济发展的各种问题，取得实现财政经济状况根本好转的决定性胜利，并且为第七个五年计划期间的国民经济和社会发展奠定更好的基础，创造更好的条件。”

增11.9%和9.6%的幅度。

表5-4　　“六五”计划对五年财政支出的安排

支出类型	规模（亿元）	占全部财政支出的比重（%）	与“五五”计划时期相比，支出占比的变化
基本建设拨款	1700	27.9	下降10.2个百分点
教育、科学、文化、卫生事业费	967	15.9	提高4.9个百分点
支援农业支出	387	6.3	大体不变
国防战备费	883	14.5	下降2个百分点
行政管理费	408	6.7	提高1.8个百分点
支援少数民族地区和经济不发达地区资金支出	25	—	比五五计划时期增加22亿元
国外借款还本付息支出	43	—	—
中央预备费	40	—	—
五年财政支出总额	6098	100	—

注：“—”表示没有披露此数据。

资料来源：《中华人民共和国国民经济和社会发展第六个五年计划（1981—1985）》。

从“六五”计划实施的效果来看，当初计划设定的工农业生产、基本建设投资、人民生活等诸多领域的指标，绝大部分都已提前完成或超额完成，成功解决了历史遗留下的经济社会发展问题，财政经济状况得到了根本性好转。整个“六五”期间，工农业总产值年均增长11%，国民生产总值年均增长10%。其中：工业总产值年均增长12%、农业总产值年均增长8.1%。

第三节　1985—1992年财政支出的规模与结构

党的十二届三中全会（1985年）到党的十四大（1992年）这个时期，随着市场经济体制改革的不断深入，财政支出在整个社会经济运行中的功能和作用得以强化，虽然尚没有形成系统的财政政策体系，但这个时期财政支出已经作为实质上的工具来调控社会经济运行。同时，财政支持一些重点领域，在促进经济社会稳定发展、保障市场经济体制改革方面发挥了很重要的作用。

一、财政支出总量和结构情况

表 5－5 是 1985—1992 年财政支出总规模和当年财政赤字的情况表，从财政支出总额来看，由 1985 年的 1844.79 亿元增长至 1992 年的 4389.68 亿元，各年决算都超预算计划数。从增长率来看，1985—1992 年，财政支出总额增长率为正，只有 1987 年的增长率低于 10%，其他年份都高于 10%，1985 年和 1986 年更是高于 20%。除了 1985 年有财政结余 21.62 亿元之外，其他年份都出现财政赤字，而且赤字规模总体呈现不断扩大的变化趋势。1988 年的财政赤字更是达到 249.33 亿元，是这一时期的峰值。

表 5－6 是 1985—1991 年的主要财政支出类型的规模和比重情况，其中：基本建设拨款总额保持增长趋势，但占财政支出比重呈现下降趋势，1985 年该类型支出的比重为 31.65%，到了 1991 年下降至 19.40%；挖潜改造资金和新产品试制费占比则呈现微降的趋势，从 1985 年 5.61% 微降至 1991 年的 4.74%；支援农村生产支出和各项农业事业费比重不断上升，从 1985 年的 5.48%，不断上升至 1991 年的 6.39%；文教卫生科学事业费比重呈现微升趋势，从 1985 年 17.17% 上升至 1991 年的 18.57%；国防战备费比重呈现下降趋势，从 1985 年 10.38% 下降至 1991 年的 8.66%；行政管理费比重显著上升，从 1985 年 7.08% 上升至 1991 年的 9.01%。

表 5－5　　1985—1992 年的财政支出总规模

年份	决算支出总规模（亿元）	与预算数相比的百分数（%）	比上年决算数增长（%）	财政赤字（支出减除收入的差额）（亿元）
1985	1844.79	117.9	24.65	－21.62（即：财政结余）
1986	2330.81	108.8	26.35	70.55
1987	2448.49	101.2	5.05	79.59

续表

年份	决算支出总规模（亿元）	与预算数相比的百分数（%）	比上年决算数增长（%）	财政赤字（支出减除收入的差额）（亿元）
1988	2706.57	102.8	10.54	349.33
1989	3040.20	103.7	12.33	92.33
1990	3452.20	103.8	13.55	139.65
1991	3813.55	106.9	10.47	202.67
1992	4389.68	106.5	15.11	236.63

资料来源：1985 年数据来源于 1986 年 6 月 20 日在第六届全国人民代表大会常务委员会第十六次会议《关于 1985 年国家决算的报告》；1986 年数据来源于 1987 年 6 月 16 日第六届全国人民代表大会常务委员会第二十一次会议《关于 1986 年国家决算的报告》；1987 年数据来源于 1988 年 6 月 25 日第七届全国人民代表大会常务委员会第二次会议《关于 1987 年国家决算的报告》；1988 年数据来源于 1989 年 7 月 3 日第七届全国人民代表大会常务委员会第八次会议《关于 1988 年国家决算的报告》；1989 年数据来源于 1990 年 6 月 25 日在第七届全国人民代表大会常务委员会第十四次会议《关于 1989 年国家决算的报告》；1990 年数据来源于 1991 年 6 月 26 日第七届全国人民代表大会常务委员会第二十次会议《关于 1990 年国家决算的报告》；1991 年数据来源于 1992 年 6 月 27 日第七届全国人民代表大会常务委员会第二十六次会议《关于 1991 年国家决算的报告》；1992 年数据来源于 1993 年 6 月 28 日第八届全国人民代表大会常务委员会第二次会议《关于 1992 年国家决算的报告》。

二、财政支出开始作为宏观调控手段出现在财政政策“菜单”上

1985—1992 年，随着市场经济体制改革的不断深化，整个社会经济的资源配置从指令性计划向指导性计划和市场转变，财政支出在宏观调控中发挥越来越重要的作用，开始形成与市场经济体制相适应的财政支出宏观调控政策体系。当经济增速较快的时候，财政支出要及时“踩刹车”；当经济增速不足时，财政支出要适当“加油门”，财政支出开始发挥逆周期调控的作用。这个时期，财政支出在宏观调控中积累的丰富经验，到了后来应对 1997 年亚洲金融危机时，这种经验为建立制度化、规范化的财政政策体系，奠定了基础。

在这个时期中央对财政（支出）在宏观调控的功能和作用作了重点阐述。《中共中央关于制定国民经济和社会发展第七个五年计划的

表 5-6　　1985—1991 年主要财政支出项目的规模和比重

年份	基本建设拨款		挖潜改造资金和新产品试制费		支援农村生产支出和各项农业事业费		文教卫生科学事业费		国防战备费		价格补贴		行政管理费	
	规模（亿元）	比重（%）	规模（亿元）	比重（%）	规模（亿元）	比重（%）	规模（亿元）	比重（%）	规模（亿元）	比重（%）	规模（亿元）	比重（%）	规模（亿元）	比重（%）
1985	583.80	31.65	103.42	5.61	101.04	5.48	316.70	17.17	191.53	10.38	—	—	130.58	7.08
1986	596.08	25.57	129.85	5.57	124.3	5.33	379.93	16.30	200.75	8.61	257.48	11.05	168.03	7.21
1987	628.12	25.65	124.93	5.10	134.16	5.48	402.75	16.45	209.62	8.56	294.60	12.03	179.33	7.32
1988	633.37	23.40	151.01	5.58	158.74	5.86	486.10	17.96	218.00	8.05	316.82	11.71	220.89	8.16
1989	625.76	20.58	146.30	4.81	197.12	6.48	553.33	18.20	251.47	8.27	373.55	12.29	261.86	8.61
1990	725.60	21.02	153.91	4.46	221.76	6.42	617.29	17.88	290.31	8.41	380.80	11.03	303.10	8.78
1991	739.75	19.40	180.81	4.74	243.55	6.39	708.00	18.57	330.31	8.66	373.77	9.80	343.60	9.01

注：比重的是指各类财政支出占全部财政支出总规模的比重；与 1979—1984 年相比，这些年份没有披露增拨企业流动资金的口径；1990 年决算报告中，除了表中的支出类型，还披露了国内外债务还本付息支出 190.4 亿元；1991 年决算报告中，除了表中的支出类型，还披露了国内外债务还本付息支出 246.8 亿元；由于 1992 年决算报告没有披露各项支出的规模，本表没有将 1992 年数据一同归纳进来。

建议》提出："必须改革和完善财政税收体制，正确发挥财政政策的作用，保证国家有稳定而充足的财政收入，同时做到公平税负和鼓励竞争，以促进效益的提高和经济的稳定发展。要通过调整财政收支总规模和收支结构，正确调节和控制社会需求的总量和结构，实现财政收支平衡。""七五"计划明确提出："同时要明确划分中央、地方的财政支出范围，做好财政分级管理。"1988 年 3 月 25 日，李鹏同志在第七届全国人民代表大会第一次会议作《1988 年政府工作报告》，总结了过去五年国内工作的主要成绩，其中明确提到："积极推行宏观经济管理的改革。在计划、投资、物资、财政、税收、金融、外贸等体制方面都进行了不同程度的改革，开始从直接调控为主向间接调控为主过渡。"

财政支出在宏观调控中功能和作用的转变，与这个时期不断推进"放权让利"的市场经济体制改革有密切关系。第一，从国家与企业的关系来看，两步利改税改革事实上更加赋予企业独立的财产权利（扩大企业经营自主权），国家和企业的分配关系进一步变成税收关系（也包括部分国有资产所有权关系）；第二，从中央和地方之间的关系来看，财政包干制的改革，让地方政府的自主权限大大提高，中央政府实施的调控也要充分考虑地方政府行为；第三，从传统财政、信贷、计划等关系来看，计划的管理重点开始向产业政策转型，财政和信贷在国民经济调控中的功能进一步加强。

从现实财政调控实践来看，自 1985 年以来，中国国民经济运行中出现了经济周期的现象，在周期的不同节点，财政支出发挥了不同的调控功能。

1985 年，实施财政和货币信贷"双紧缩"的政策，由此财政支出趋于紧缩。随着经济体制改革成效不断显现，1984 年国民经济的发展速度非常快，根据《1984 年国民经济和社会发展统计公报》，1984 年全年社会总产值同比上年增长 13%。其中：工农业总产值同比上年增长 14.2%。国民收入同比上年增长 12%。因此，1985 年 3 月 27 日，赵紫阳同志在六届全国人民代表大会第三次会议上作《当前的经济形势和经济体制改革》政府工作报告，提出了一系列支出控制政策，1985 年财政总支出的增长率为 20.1%，体现了紧缩的政策趋势。具体支出政策包括："严格控制消费基金的盲目增长，严禁任何单位和个人在财务上乱开口子，乱提工资，乱发奖金、津贴和实物"，"从严控制固定资产投资特别是预算外投资的规模。对超过限度的投资，要征重税"，"坚决压缩行政费开支，压缩社会集团购买力。今年的行政经费预算，从中央到地方，一律削减 10%，集团购买力要按上年实际数额核减 20%。严格执行机关团体购买高档耐用消费品的审批制度"。

到了 1988 年，整个社会总需求非常旺盛，总供给相对较为"短缺"，物价上涨的趋势非常明显。1989 年 3 月 20 日，李鹏同志在第七届全国人民代表大会第二次会议上作《坚决贯彻治理整顿和深化改革的方针》政府工作报告指出："最突出的是出现了明显的通货膨胀，物价上涨幅度过大，全国零售物价总指数比 1987 年上升 18.5%，物价上涨幅度这么大，超越了群众、企业和国家的承受能力，相当一部分城市居民的实际生活水平有所下降。"这种情况下，中央提出了"治理整顿和深化改革"的要求，从紧缩社会总需求、扩大社会总供给两个方面来分别调控，实施财政、信贷的双紧政策①。1989 年，全社会固定资产投资同比上年减少 21%，压缩 920 亿元；压缩和控制社会集团消费，同比上年压缩 20%；严格控制工资总额增长；提倡和鼓励人民储蓄。同时，扩大社会总供给，对农林水利的支出有所增加，支持能源、交通、通信和重要原材料产业建设，增加教育支出，政府教育经费将达到同比上年增长 15.4%，增加 50 亿元②。治理整顿政策持续了两年多，到了 1990 年，双紧政策执行达到最为严厉，这些政策的控制下，1991

① 1989 年 11 月 9 日，党的十三届五中全会通过《中共中央关于进一步治理整顿和深化改革的决定》，提出治理整顿的主要目标之一是：努力实现财政收支平衡，逐步消灭财政赤字。进一步提出："在努力增加财政收入的同时，大力压缩财政支出。切实加强税收征管，特别是加强对集体、个体经营者和私营企业的依法征税工作。严格清理各种税收减免优惠政策，凡不符合国家产业政策的要停止执行。采取适当政策和过渡步骤，逐步把部分预算外资金转入预算内，逐步提高国家财政收入占国民收入的比重和中央财政收入占整个财政收入的比重。除了国防费用、重点建设基金、必要的价格补贴等项开支之外，明后两年其他各项财政支出都大体维持今年的水平，有些支出特别是事业费和行政管理经费还要在今年的基础上作不同程度的压缩。坚决撤掉一些过多的重叠的行政事业摊子和可有可无的学会、协会、中心，精简机构，裁减冗员"。

② 对此，1990 年 6 月 25 日，王丙乾同志在第七届全国人民代表大会常务委员会第十四次会议上《关于 1989 年国家决算的报告》中提出："贯彻紧缩财政的方针，调整支出结构，保证了重点投入。"在这一部分中，明确阐述了紧缩财政和调整支出结构的具体政策做法。

年 3 月 26 日，邹家华同志第七届全国人民代表大会第四次会议上作了《1991 年政府工作报告——关于 1990 年国民经济和社会发展计划执行情况与 1991 年计划草案的报告》，1991 年国民生产总值同比上年增长 5%，国民收入同比上年增长 4.8%。应该说 1991 年是改革开放以来，经济增长较低的年份，这与当时双紧政策的实施有着密切关系。

总之，1985—1992 年探索时期，财政支出已经作为宏观调控的重要手段进入了政策操作的视野，国家开始运用财政支出调控来实施宏观调控，但是由于改革开放以来，我国缺乏针对宏观调控的经验，导致这个时期，运用财政支出实施宏观调控的力度和方式没有精准把握，影响了整个国民经济的波动。随着宏观调控方式的进一步成熟，这个问题在后来得到了解决。

然而，这个时期，财政支出领域，出现了中央政府宏观调控弱化的问题，根源在于财政体制变化导致的地方政府行为，严重影响了中央政府宏观调控的实施。改革开放之后，我国实施了财政包干制的财政体制调整，地方政府发展经济的积极性被空前激发，在支持国民经济发展方面发挥了重要积极作用。然而，由于地方政府从本区域发展出发考虑财政收支关系，导致出现了各种不规范的行为。比如，地方政府隐藏税基、侵蚀中央财政收入的问题；由于财政包干制，按照行政隶属关系来划分企业所得税，按照属地原则来征收流转税，地方政府为了更好地从中获取财政收入，往往采取“地方保护主义”行为，来干预市场运行①。对此，王丙乾同志回忆道：“地方政府为了增加自身财政收入，势必来个两手抓：一手抓税高利大的地方企业，一手抓市场封锁。大家‘心有灵犀’，彼此心照不宣，纷纷出此绝招，比拼的结果，自然是地区分割，重复建设，至于资源的有效配置早已抛到九霄云外。”②

① 20 世纪 80 年代中后期，各地方为了更好地“发展经济”“培植税源”，兴建了一批小烟厂、小酒厂、小化肥厂、小棉纺厂、小纺织厂等。1990 年 11 月，《国务院关于打破地区间市场封锁进一步搞活商品流通的通知》（国发〔1990〕61 号）指出：“最近一个时期，地区之间市场封锁的现象有所发展，引起商品流通不畅，加剧了当前的市场疲软，对贯彻治理整顿、深化改革和保持国民经济持续、稳定、协调发展的方针带来了严重影响。”为了解决地方保护主义问题，这个文件明确指出了“破地区间的市场封锁，进一步搞活商品流通”的六项措施。

② 王丙乾：《中国财政 60 年回顾与思考》，中国财政经济出版社 2009 年版，第 246 页。

此外，地方政府的预算外资金扩张较快，财政包干制的实施，让地方政府有了较大的自主性，地方政府通过各种方式来支配预算外资金①。这些行为的出现，严重影响了中央政府宏观调控的大局，特别是，财政收入领域出现了“两个比重”（即财政收入占国民生产总值的比重、中央收入占财政总收入的比重）下降的趋势，严重弱化了中央政府的宏观调控能力。图 5 - 1 是 1978—2017 年间财政收入占 GDP 的比重，从中清晰地看到，自 1978 年改革开放之后到 1995 年之前，财政收入占 GDP 的比重呈下降的趋势，最低点出现在 1995 年，财政收入占 GDP 的比重为 10. 27%；1994 年，财政收入占 GDP 的比重为 10. 83%，到了 1996 年，财政收入占 GDP 的比重回升到 10. 41%；图 5 - 2 是 1978—2017 年中央财政收入占财政总收入的比重，从中可以看出，改革开放之后，随着市场经济体制的不断深化，中央财政收入占财政总收入比重呈现不断上升的趋势，到了 1984 年到达了一个波峰，比重为 40. 51%；而 1984 年之后，一直到了 1993 年，中央财政收入占财政总收入比重不断下降，1993 年到达波谷，比重为 22. 02%。

在 1993—1994 年分税制改革时间节点，整个中央财政形势十分严峻，严重影响到了宏观经济调控，甚至影响到中央预算执行，有时中央政府甚至不得不向地方政府借款。这也成为 1993 年和 1994 年分税制改革的重要动力之一。某种意义上说，财政困难往往是催生财税体制改革启动的一条重要线索。

---

① 对于这个问题，1986 年 4 月，国务院出台《关于加强预算外资金管理的通知》（国发〔1986〕44 号），提出了预算外资金管理的十一条措施。此外，1990 年 9 月，中共中央、国务院出台《关于坚决制止乱收费、乱罚款和各种摊派的决定》，非常尖锐地指出：“近几年来，党中央、国务院针对一些地区和部门出现的乱收费、乱罚款和各种摊派（以下简称‘三乱’）的情况，曾多次发布文件严加制止。各地区、各部门虽进行了一些清理整顿，但总的来说，效果不明显，问题仍相当严重。不少地区和单位继续违反国家规定，任意增加收费项目，提高收费标准，名目繁多，标准过高；有的随意对企事业单位和群众罚款，甚至乱设关卡，敲诈勒索；有的搞建设、办事业不量力而行，强制集资摊派；有的财务管理混乱，监督检查不严，违法违纪现象经常发生。‘三乱’屡禁不止，日趋严重，已成为一个尖锐的社会问题，群众对此反映十分强烈。在当前纠正行业不正之风的同时，必须下大决心对‘三乱’进行综合治理，坚决加以制止。”对此，这个文件制定了治理“三乱”的多方面措施。

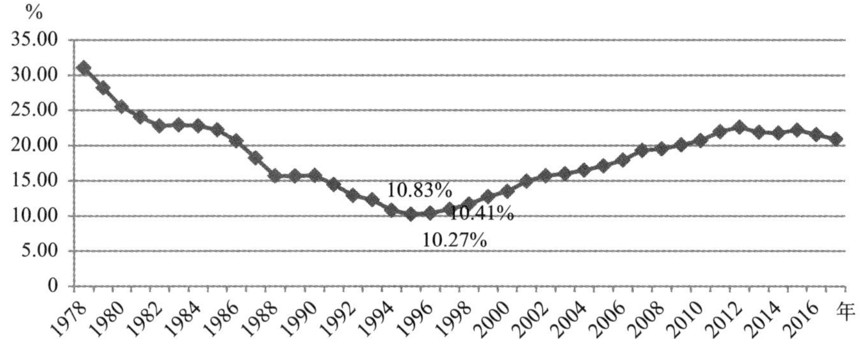

图 5－1　1978—2017 年财政收入占 GDP 比重的变化趋势

注：财政收入的口径是指一般公共预算收入。

资料来源：国家统计局编：《中国统计年鉴 2017》，中国统计出版社。

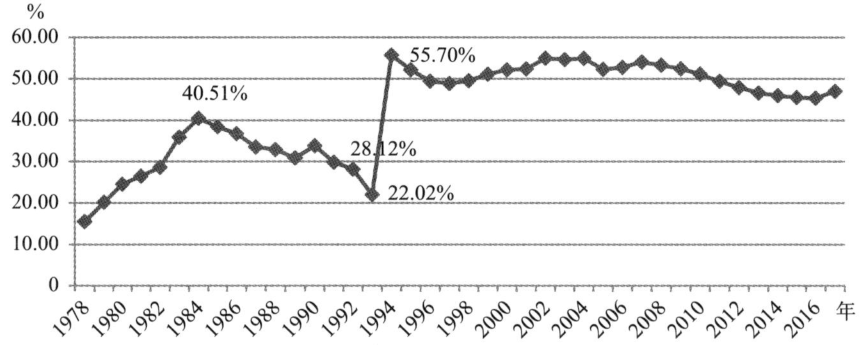

图 5－2　1978—2017 年中央财政收入占财政总收入比重的变化趋势

注：财政收入的口径是指一般公共预算收入。

资料来源：国家统计局编：《中国统计年鉴 2017》，中国统计出版社。

三、财政支出规模和结构变化趋势及主要原因

这个时期，财政支出规模和结构的变化趋势取决于财政支出的重点领域（参见表 5－6），主要有以下方面：

第一，财政支出仍然在支持农业发展方面发力。财政支出大力发展农业生产和加强相关基础设施的建设。1985 年 1 月 1 日，中共中央、国务院发布《关于进一步活跃农村经济的十项政策》（简称 1985 年中央 1 号文件），提出了改革农产品统派购制度，大力帮助农村调整产业结构

等十项发展农村经济的政策措施。此外，除了增加对农业生产领域的投入，也在创新支农投入方式方面进行探索。在“七五”计划期间，为了确保重点农业领域发展，我国财政建立了农业发展专项基金，比如发展粮食生产专项资金、农业发展基金等等，这些资金专项专门用于支持某项重点农业发展项目；还建立了财政支农周转金制度，建立农业综合开发机制，主要是用于农业综合开发。1989—1992 年支援农村生产支出和各项农业事业费分别增长 24.2%、12.5%、9.8%、10.5%。

第二，财政支出支持优化基本建设投资结构。基本建设仍然是一个重要的领域，这个时期主要是对基本建设投资结构进行着力优化，而且，将基本建设投资支出作为宏观调控的重要工具。一是不断增加能源、交通、通信和原材料等基础设施和基础工业的投资，压缩一般加工工业的投资；二是对非生产性建设投资增长进行适度控制，特别是严格控制楼堂馆所建设；三是增加对企业技术改造和改建扩建的支持；四是优化基本建设投资的区域分布，确定东、中、西部的投资重点和恰当的投资比例。在经济过热的时候，通过压缩基本建设支出作为调控的有效手段。

第三，财政支出全面加强支持科学技术领域。这个时期，虽然党中央和国务院对国民经济实施“治理整顿和深化改革”，对某些领域（特别是基本建设领域）进行压缩、优化结构，但是对于科技领域的支出始终是不断加强的，而且对于科技领域的支持，更加强调体制改革和财政支出相结合。1985 年 3 月 7 日，邓小平同志出席全国科技工作会议，作了《改革科技体制是为了解放生产力》报告，提出：“经济体制，科技体制，这两方面的改革都是为了解放生产力。新的经济体制，应该是有利于技术进步的体制。”然后，1985 年 3 月 13 日，《中共中央关于科学技术体制改革的决定》出台，这是中国科学技术发展史上一次里程碑的文件，它对财政支出作了规划，明确提出：“中央和地方财政的科学技术拨款，在今后一定时期内，应以高于财政经常性收入增长的速度逐步增加”，“对列入中央和地方计划的重大科学技术研究、开发项目和重点实验室、试验基地的建设项目，分别由中央财政和地方财政拨款”。面对全球高技术发展的竞争挑战，在邓小平同志支持、推动下，

1986 年 3 月，党中央、国务院启动实施“高技术研究发展计划（863 计划）”，成为影响中国科技领域的重大项目计划。1986 年，科学事业费同比增长分别为 25.8%；1992 年科学事业费同比增长 15.1%。

第四，优先保证教育等各项重点支出的适度增长。1985 年 5 月 19 日，邓小平同志在全国教育工作会议上发表《各级党委和政府要把教育工作认真抓起来》讲话，明确指出：“我们国家，国力的强弱，经济发展后劲的大小，越来越取决于劳动者的素质，取决于知识分子的数量和质量。一个十亿人口的大国，教育搞上去了，人才资源的巨大优势是任何国家比不了的。”1985 年 5 月 27 日，《中共中央关于教育体制改革的决定》，提出：“教育体制改革的根本目的是提高民族素质，多出人才、出好人才”，“发展教育事业不增加投资是不行的。在今后一定时期内，中央和地方政府的教育拨款的增长要高于财政经常性收入的增长，并使按在校学生人数平均的教育费用逐步增长”，“为了保证地方发展教育事业，除了国家拨款以外，地方机动财力中应有适当比例用于教育，乡财政收入应主要用于教育”。1986—1992 年之间，教育事业费同比增长分别为 16.4%、5.8%、23%、13.4%、11.5%、16.4%、18.3%。

第五，“百万裁军”降低了国防军事支出比重。1985 年 7 月 11 日，中共中央、中央军委批准了《军队体制改革、精简整编方案》，决定裁军 100 万，1985 年国防战备费占全部财政支出的比重为 10.38%，到了 1986 年这一比重快速下降至 8.61%，到了 1989 年，这一比重才慢慢回升。当然，部分军队转业干部到行政单位工作，也相应增加了行政管理费支出。

第六，支持工资改革和价格改革。1985 年，为了更好地深化改革，充分调动广大干部职工积极性，更好地调节收入分配，我国开启了劳动、人事和工资制度“三大改革”，通过这次改革，干部职工的工资水平进一步提高。同时对价格体系作了改革，对农村粮食购销价格和棉花收购价格、铁路运价、原材料燃料等重要生产资料价格均作了改革。财政支出重点保证了这些领域的改革，1985 年，仅用于行政事业单位工资制度改革以及因调整肉价而支付给城镇居民的价格补贴就高达 70 多亿元。

第七，开始有计划、有组织、系统全面的扶贫计划，财政不断加强对于扶贫支出的支出。这个时期，扶贫从以往依赖于社会救济转向贫困地区和贫困人口提升自我发展能力。1986 年，国务院成立了扶贫开发领导小组，并确立了开发式扶贫的方针。1991 年 3 月 20 日，国务院贫困地区经济开发领导小组公布《关于"八五"期间扶贫开发工作部署的报告》[①]，明确提出："'八五'期间，国家对'七五'期间确定的重点贫困县继续扶持，原有扶贫资金投入规模不减，'三西'农业建设专项资金，在规定期限内保持不变"，"'八五'期间，国家每年增加五亿元专项扶贫贴息贷款"，"'八五'期间，国家每年拿出一百万吨粮食或给一部分等值的工业品，实行以工代赈"。

除此之外，财政支出在支持国有企业改革、社会保障事业发展、理顺国家和企业关系的相关改革等方面都发挥了非常重要的作用，取得了非常明显的效果。特别是在区域开发开放方面，除了深圳、珠海、汕头、厦门四个经济特区和大连、天津、上海、广州等十四个沿海城市之外，国家又设立了海南作为第五个经济特区，并先后开辟了 13 个经济技术开发区和长江三角洲、珠江三角洲、闽南三角地区，以及山东半岛、辽东半岛经济开放区。到了 1990 年，党中央又决定开发、开放上海浦东新区，全方位的开发开放格局的形成是与财政支出的全面支持密不可分的。

四、"七五"计划时期的财政支出

"七五"计划是 1986—1990 年国民经济和社会发展计划，早在 1983 年，国务院及相关部门开始着手起草"七五"计划的工作。1985 年 9 月，党的十二届四中全会上，赵紫阳同志作了《关于制定"七五"计划建议的说明》，指出："我国国民经济已经开始出现持续、稳定、协调发展的新局面"，"我国财政经济状况根本好转的任务已基本实现"。因此，他提出："'七五'期间的任务主要有三条：一、为经济体

① 《历次五年规划（计划）》，人民网，http：//dangshi. people. com. cn/GB/151935/204121/。

制的改革创造良好的经济环境和社会环境，使改革顺利展开，基本上奠定新的经济体制的基础；二、加强重点建设、技术改造和智力开发，在物质技术条件方面为九十年代经济和社会的继续发展准备必要的后续能力；三、使人民生活继续有所改善”。[①] 根据国民经济建设的结构特征，整个“七五”计划期间，可分成两个阶段：第一阶段是 1986—1987 年，主要目标是“控制社会总需求，解决增长速度过快、固定资产投资规模过大和消费基金增长过猛的问题”；第二阶段是 1988—1990 年，根据情况，适当增加建设投资。十二届四中全会通过了《中共中央关于制定国民经济和社会发展第七个五年计划的建议》，提出了六条经济建设的战略布局和主要方针：“第一条方针是：坚持依靠政策和科学，进一步改善生产条件，继续促进农业的全面稳定发展；第二条方针是：努力扩大消费品工业的生产领域，积极发展民用建筑业；第三条方针是：集中必要的财力物力和技术力量，高质量、高效率地建设一批能源、交通、通信和原材料工业的重点工程；第四条方针是：加快发展为生产和生活服务的第三产业，逐步改变第三产业同第一、第二产业比例不相协调的状况；第五条方针是：加强现有企业的技术改造和改建扩建，运用先进技术武装国民经济各部门；第六条方针是：正确处理我国东部、中部、西部三个经济地带的关系，充分发挥它们各自的优势和发展它们相互间的横向经济联系，逐步建立以大城市为中心的、不同层次、规模不等、各有特色的经济区网络。”[②] 这“六条方针”，也成为“七五”计划时期财政支出的重要原则。

1986 年 4 月，六届全国人大四次会议通过《中华人民共和国国民经济和社会发展第七个五年计划（1986—1990）》。明确提出了财政支出的目标控制和支出结构安排：“1990 年国家财政支出为 2567 亿元，五年合计为 11194 亿元。支出与收入平衡。财政支出安排的重点是：①继续保证重点建设的需要。五年内，基本建设拨款（包括国外借款）

① 《关于制定“七五”计划建议的说明》，收录于中共中央文献研究室编辑：《十二大以来重要文献选编》（中），人民出版社 1986 年版、1988 年版。

② 《中共中央关于制定国民经济和社会发展第七个五年计划的建议》，收录于中共中央文献研究室编辑：《十二大以来重要文献选编》（中），人民出版社 1986 年版、1988 年版。

3499 亿元，占财政总支出的 31.3%；②进一步增加智力开发的支出。五年内，教育、科学、文化、卫生、体育事业费 2016 亿元，平均每年增长 8%，高于经常性财政收入的增长速度；③支持价格体系改革和工资制度改革。对于国防费和行政管理费的增长要适当加以控制。"①

第四节　1978—1992 年社会主义市场经济体制探索期财政支出的特征和趋势

社会主义市场经济体制探索期在整个建立、完善社会主义市场经济体制过程中是一个关键时期，它脱胎于传统计划经济体制，同时又具有向社会主义市场经济体制转轨的过渡性特征。与这种过渡性特征相适应的是，财政支出原则发生了根本性改变，财政不再是直接参与社会产品分配的手段，而是转变为实施资源配置、发挥调节功能的重要工具。随着市场主体自身财产权利逐步明晰化，市场在资源配置中的功能和作用逐步增强，并发挥了基础性作用，直接行政管制手段慢慢淡出，财政支出更多地担当财政政策调控的重要手段。同时，随着放权让利改革的不断深入，调控对象也呈现多元化的特征。财政包干制后，地方政府也成为一个重要的主体，其行为也须纳入调控考虑的范围。从财政支出的结构来看，生产建设财政逐步退出，基本建设投资支出的比重在逐渐下降，教育、科学、文化、医疗卫生等公共服务支出占比在逐渐上升。这个时期财政支出和财政职能开始向理想市场经济体制下的功能定位转型，但是由于市场经济体改革所处的阶段所限，不可能"一蹴而就"，财政支出仍然具有强烈的传统计划经济体制特征，而且财政支出宏观调控机制还未进入规范化、制度化的轨道，但是毕竟是迈出了一大步。

---

① 《中华人民共和国国民经济和社会发展第七个五年计划（摘要）》，收录于中共中央文献研究室编辑：《十二大以来重要文献选编》（中），人民出版社 1986 年版、1988 年版。

第六章 1993—2002 年建立社会主义市场经济体制时期的财政支出

1992 年 10 月，党的十四大胜利召开，江泽民同志在会上作《加快改革开放和现代化建设步伐，夺取有中国特色社会主义事业的更大胜利》报告，提出："经济体制改革的目标，是在坚持公有制和按劳分配为主体、其他经济成分和分配方式为补充的基础上，建立和完善社会主义市场经济体制。"直到 2002 年 11 月，党的十六大报告指出："改革开放取得丰硕成果。社会主义市场经济体制初步建立"，"邓小平同志南方谈话以后，十四大确立社会主义市场经济体制的改革目标，改革开放和现代化建设进入新的阶段。在社会主义条件下发展市场经济，是前无古人的伟大创举，是中国共产党人对马克思主义发展作出的历史性贡献，体现了我们党坚持理论创新、与时俱进的巨大勇气。由计划经济体制向社会主义市场经济体制的转变，实现了改革开放新的历史性突破，打开了我国经济、政治和文化发展的崭新局面。"这段时期标志着经济体制改革进入了一个新阶段，初步建立了社会主义市场经济体制的整体框架。与之相适应的是，这个时期提出了建立公共财政体系，政府职能、财政职能和财政支出发生了根本性变化。

第一节 公共财政体系确立与财政职能和财政支出范围变化

1993—1994 年，国家实施了分税制改革，建立起与社会主义市场经济体制相适应的财税体制框架，具有划时代意义，全面规范了中央政府和地方政府之间的收支分配关系。直到 1998 年，全国财政工作会议提出要“转变财政职能，优化支出结构，初步建立公共财政的基本框架”，至此，财政职能和财政支出范围都按照公共财政框架的主线来统筹布局，政府和市场关系发生了巨大变化。

一、分税制改革与建立公共财政体系之间的内在逻辑关系

1993—1994 年，我国实施了自新中国成立以来规模最大、范围最广、内容最深刻的一次财税改革，它以统一财务会计制度起步，以实施税利分流制度开路，以统一税制为主线索，特别是分税制改革的实施，初步理顺国家与企业、中央政府和地方政府的收支分配关系，建立了规范的转移支付制度，形成了稳定的财政收入增长机制和支出均衡机制，建立了制度化、规范化的政府间财政运行制度体系，促进了政府职能转变和企业公平竞争市场体系的形成，市场配置资源的基础性作用显著增强，建立健全了包括财政支出等调控工具在内的全面、系统的财政宏观调控体系，有效地发挥了财政在国民收入分配、经济发展和社会稳定中的调节作用，使我国初步建立了适应社会主义市场经济的财税体制基本框架，奠定了国家长治久安的财政基础。1993 年 12 月 15 日，国务院发布《关于实行分税制财政管理体制的决定》，自 1994 年 1 月 1 日起施行。它明确提出：“分税制改革是发展社会主义市场经济的客观要求”。该文件对中央与地方政府的事权和支出、收入以及税收返还等事项作了初

步划分[①]。其实质上是对中央和地方政府的职能、职责、财权作了划分，即：各级政府应该干什么事、相应配置一定财权或财力，更好地履行职能、职责。

但从理论逻辑关系来看，分税制改革的前提应该是明晰政府和市场的关系，对于这个问题的处理决定了某种经济发展阶段下，政府职能的范围，从而决定财政支出的范围。1998 年提出建立公共财政体系框架，其核心就是正确处理政府和市场的关系，明晰政府和市场的职能边界。正如党的十四大提出“市场在社会主义国家宏观调控下对资源配置起基础性作用”，已经对此做了明确，必须尊重市场规律，让市场充分发挥作用，以公众利益最大化和维护社会正义为基点，恰当、适度地发挥政府作用。从这个意义上来说，公共财政体系和分税制改革之间有着内在一致的逻辑关系，那就是从从传统计划经济体制走向社会主义市场经济体制过程中，财政制度在不断转型，建立与社会主义市场经济体制相适应的财政制度。如果说计划经济体制下，“生产建设财政”是与社会主义市场经济体制相适应的财政制度类型；到了社会主义市场经济体制下，公共财政是与社会主义市场经济体制相适应的财政制度类型。

公共财政既具有市场经济体制下财政职能和财政支出的共性，又具有社会主义市场经济体制下的个性。公共财政的理论基础是政府职能理论。从西方工业革命以来，对于政府职能的认识便有着不同的观点。早在 18 世纪亚当·斯密时期工业文明席卷西方世界，重商主义理念盛行，其本质上就是对市场权利、市场分工、交换体系的深入认识，他强调要充分发挥市场的作用，但是政府也要进行干预，否则市场权利保护、自由流通市场体系的建立将遥遥无期。政府的功能和作用就是“守夜人”，政府职能的范围局限在所谓弥补市场失灵的领域，特别是提供公

① 关于各级政府的事权和支出方面，文件作了规定：中央财政主要承担国家安全、外交和中央国家机关运转所需经费，调整国家经济结构、协调地区发展、实施宏观调控所必需的支出以及由中央直接管理的事业发展支出。具体包括：国防费，武警经费，外交和援外支出，中央级行政管理费，中央统管的基本建设投资，中央直属企业的技术改造和新产品试制费，地质勘探费，由中央财政安排的支农支出，由中央负担的国内外债务的还本付息支出，以及中央本级负担的公检法支出和文化、教育、卫生、科学等各项事业费支出。地方财政主要承担本地区政权机关运转所需支出以及本地区经济、事业发展所需支出。具体包括：地方行政管理费，公检法支出，部分武警经费，民兵事业费，地方统筹的基本建设投资，地方企业的技术改造和新产品试制经费，支农支出，城市维护和建设经费，地方文化、教育、卫生等各项事业费，价格补贴支出以及其他支出。

共产品等方面，要有效发挥作用。直到 20 世纪早期，古典经济学家们仍然坚持市场在社会经济运行中的主导地位，政府对市场运行尽可能限于一个最小范围内，应着力创造一个公平的市场环境，而不是运用行政手段直接干预市场运行。这在工业文明早期是可能实现的。然而，随着工业文明的发展不断深化，市场体系变得更加复杂，社会总供给和总需求已经难以实现市场体系的统一、稳定运行，自由放任的政策导向被敲响警钟，而且也让西方资本主义世界付出了巨大代价。尤其是 1929 年爆发的经济“大危机”，罗斯福政府运用凯恩斯主义的有效需求理论，实施大规模的政府干预，拯救了整个西方世界，这次危机让理论界和政策制定者重新审视政府和市场的关系。财政学家马斯格雷夫是主张政府干预的学者之一，他认为，政府必须要制定有效调控社会经济运行的政策来实施适度干预。因此，他认为，政府职能应该包含三个方面：资源配置、调节收入分配和宏观经济稳定；同时，公共财政又具有与西方财政职能有所不同的个性，这根源于社会主义市场经济体制的个性。社会主义市场经济体制的根基是，公有制为主体、多种所有制经济共同发展的基本经济制度。坚持公有制主体地位，发挥国有经济主导作用，这是社会主义市场经济体制的特色和个性。

建立并完善社会主义市场经济体制必须要求政府职能有着重要转变，这也决定了财政职能和财政支出的范围。政府职能从直接参与社会产品的生产、分配，转向提供公共产品和公共服务，弥补社会主义市场经济体制的“失灵”，这种模式被称为公共财政①。按照市场在资源配

① 关于公共财政，很多学者提出了自己的看法，部分比较有代表性的观点包括：张馨教授（1997）指出，“公共财政是为市场提供‘公共’服务并弥补市场失效的国家财政，它受‘公共’的规范、决定和制约。市场经济要求和呼唤着公共财政，只有公共财政才能适应于、服务于并有利于市场经济的存在和发展”。他还指出“只有将这两种不同性质的财政区分开来，形成双元财政即公共财政和国有资产财政并存的格局，然后才谈得上正确处理我国的公共财政问题。”《论公共财政》，《经济科学》1997 年第 1 期；高培勇教授（2000）认为，高培勇教授（2000）认为，公共财政是指为满足社会公共需要而进行的政府财政收支活动模式。与计划经济体制下的“生产建设财政”模式相比，公共财政具有以下特征：第一，着眼于满足社会公共需要。公共财政的职能范围是以满足社会公共需要为口径界定的。据此界定的具有代表性的财政职能事项包括：提供公共物品和服务。调节收入分配。促进经济稳定增长。第二，立足于非营利性。财政支出的安排要始终以满足社会公共需要为宗旨。第三，收支行为规范化。社会成员对于公共财政的运用有着强烈的监督意识，从而要求和决定着政府财政收支行为必须规范化。具体表现为：以法制为基础，全部政府收支进预算，财政税务部门总揽政府收支。

置中发挥基础性作用的要求，应遵循“市场优先”的原则，凡市场能配置好的资源领域就交由市场去做；凡市场能做但做不到位的，由政府发挥辅助作用；凡市场做不到的，由政府牵头承担或组织相关资源配置。在政府职能和财政职能履行过程中，应创新相关机制，充分提高运行效率。

二、财政职能和财政支出原则与领域发生根本性变化

公共财政体系下，财政职能和财政支出要回到社会公共需要领域，不能“越位”（超越市场资源配置领域来过度干预），也不能“缺位”（市场不能或无法完全有效发挥作用的领域），财政支出要逐渐退出市场完全竞争性领域，降低对市场主体的直接支持补贴，制定和保护市场规则体系，有效维护市场秩序和市场公平竞争，向人民群众提供民生性公共产品和公共服务。

第一，公共财政体系下的财政支出不要直接干预微观市场主体的生产经营活动，随着现代国有企业制度的不断确立，国有企业已经成为社会主义市场经济体制的重要市场主体，彻底理顺了国家和国有企业之间的分配关系，从根本上推动财政支出回到社会公共需要领域。在中国向社会主义市场经济体制转型过程中，党的十四届三中全会提出：“进一步转换国有企业经营机制，建立适应市场经济要求，产权清晰、权责明确、政企分开、管理科学的现代企业制度”，而且伴随着多种所有制经济的快速发展，财政支出领域发生了根本性变化。财政支出的重点从国营企业生产经营资金转向了基础设施、教育、医疗卫生、社会保障等社会公共需要领域。从“国营企业”到“国有企业”，仅凭名称的转变就说明，从国营企业作为国家和政府实施社会产品生产和分配的重要附属主体，向独立市场主体的国有企业转变。这里值得指出的是，从生产建设财政向公共财政的巨大转变，并不是意味着财政不具有生产建设功能。在经济社会发展初期，基础设施的建设仍然是一个重要的领域，它对于经济发展发挥了基础支撑作用。工业社会下，市场经济体制要将完善的基础设施体系作为一个硬件基础。但是在基础设施支出方面，严格按照市场体制原则来组织资源配置。

第二，“民生财政”。关于民生财政，并没有一个公认的概念，通常的认识是，公共财政体系下，为了更好地维护广大人民群众的基本生存发展权利，有效维护社会公平正义，财政支出更多用于与广大人民群众生存发展相关的教育、医疗卫生、社会保障、公共安全、环境保护等领域，理论界通常将之称为“民生财政”。

第三，公共服务均等化理念的提出。2005 年 10 月。党的十六届五中全会通过《中共中央关于制定国民经济和社会发展第十一个五年规划的建议》，首次提出了“公共服务均等化”理念。提出：“健全扶持机制，按照公共服务均等化原则，加大国家对欠发达地区的支持力度，加快革命老区、民族地区、边疆地区和贫困地区经济社会发展。”2006 年 10 月，《中共中央关于构建社会主义和谐社会若干重大问题的决定》提出，“完善公共财政制度，逐步实现基本公共服务均等化。健全公共财政体制，调整财政收支结构，把更多财政资金投向公共服务领域，加大财政在教育、卫生、文化、就业再就业服务、社会保障、生态环境、公共基础设施、社会治安等方面的投入。”公共服务均等化不是追求区域公共服务平均化，而是蕴含了建立全国统一市场体系的理念，将维护社会公平正义和资源配置效率有机结合。

第四，公共财政内在要求按照政府职能和职责来确定财政收入规模，坚持“以支定收”原则。传统计划经济体制下，财政支出主要强调国民经济综合平衡。而公共财政体系下，财政支出作为重要的宏观经济调控手段，按照市场经济体制运行的规律来积极参与到经济增长、宏观调控之中，因此，政府职能和职责成为决定组织财政收入的本源，需要转变传统“以收定支”的基本原则，用“以支定收”取而代之①。

第五，按照公共财政体系的要求，财政支出将作为一个重要的宏观调控手段。政府在社会经济发展中的功能发生改变，要求建立一套以经济杠杆的间接手段作为主要内容的宏观调控体系。从现实结果来看，财

① 对此，高培勇（2001）明确指出，“在市场经济体制的环境中，应当首先按照社会公共需要把政府的职能界定好。政府的职能界定清楚了，作为政府活动成本的财政支出规模也就相应界定下来。以此为基础，便可随之界定弥补财政支出之需的财政收入规模。这一处理财政收支关系的基本思路，可以简单地概括为‘以支定收’”，资料来源于：《“量入为出”与“以支定收”——结合当前财政收入增长态势的讨论》，《财贸经济》2001 年第 3 期。

政支出在应对宏观经济下行时发挥了重要的内容，比如在应对 1997 年亚洲金融危机和 2008 年全球金融危机时，财政政策调控中，财政支出是其中的核心手段，特别是基础设施投资支出发挥了重要作用。

三、财政支出预算管理领域实施了多项重大改革

财政支出包含支出要素和支出程序两个方面，按照公共财政体系框架要求，我国在财政支出预算管理领域实施了多方面的重大改革，严格按照依法治国的要求，提升预算管理的法治化、规范化，从历史角度来看，这个时期是关键时期，也是取得预算管理丰富改革成果的时期，让财政支出的预算管理程序更加规范、科学，从制度上确保了财政政策调控的有效性。

这个时期最值得书写的就是 1994 年 3 月 22 日，第八届全国人民代表大会第二次会议通过《中华人民共和国预算法》（以下简称《预算法》），从严格意义上来说，这个法是程序法，分成十一章，即：总则、预算管理权限、预算收支范围、预算编制、预算审查和批准、预算执行、预算调整、决算、监督、法律责任、附则。其中第三条明确提出："各级预算应当做到收支平衡。"后来，《预算法》做了两次修正，分别是：根据 2014 年 8 月 31 日第十二届全国人民代表大会常务委员会第十次会议《关于修改〈中华人民共和国预算法〉的决定》第一次修正；根据 2018 年 12 月 29 日第十三届全国人民代表大会常务委员会第七次会议《关于修改〈中华人民共和国产品质量法〉等五部法律的决定》第二次修正。《预算法》通常被誉为"经济宪法"，它全部反映全部预算收支的情况，按照预算公开原则来强调预算公开，接受社会各界监督，通过对《预算法》的执行，整个财政收支运行纳入了全面预算管理。

此外，这个时期陆续实施了在财政支出预算管理方面的改革。一是实施部门预算改革。分税制改革后，财政支出管理改革的诸多问题亟待解决，比如，预算编制范围不宽、内容不完整，预算编制不细化，预算编制时间较短、程序不科学，预算执行具有一定随意性等。为了更好地提升预算管理的科学化、规范化水平，1999 年 7 月 24 日，财政部向国

务院报送《关于落实全国人大常委会意见改进和规范预算管理工作的请示》，经国务院批准，财政部在广泛征求部门意见的基础上，提出了《关于改进 2000 年中央预算编制的意见》，开始着手实施部门预算改革。自 2000 年起开始试编中央部门预算，实施以部门预算核心的预算管理制度改革，不断扩大上报和试编部门预算的范围，并不断细化。部门预算改革后，预算主体以部门为主体，各个部门所属二级单位的预算全部归口至部门预算，逐级审核、汇总、核准、审批，更好、更全面反映出各个部门预算收支计划的基本情况。二是逐步建立国库集中收付制度。国库集中收付制度也称国库单一账户制度，包括国库集中支付和国库集中收缴两个方面。在管理程序中，财政部门代表政府设置国库单一账户体系，财政性资金均纳入国库单一账户体系收缴、支付、管理，有效提升了预算管理的准确性和效率水平。2001 年 3 月 16 日，财政部、中国人民银行印发《财政国库管理制度改革试点方案》，根据方案计划安排，2001 年选择几个有代表性的部门进行试点，在总结经验、优化和完善方案的基础上，2002 年进一步扩大改革试点范围。各地可根据改革试点方案，自行确定改革的时间和步骤。争取在“十五”期间全面推行财政国库管理制度改革。三是推行政府采购制度。1996 年，开始在上海和深圳试行政府采购制度，随后 1998 年在各省（区市）普遍开展政府采购制度试点工作。在试点的基础上，总结经验，2002 年 6 月 29 日，第九届全国人民代表大会常务委员会第二十八次会议通过《中华人民共和国政府采购法》。2014 年 8 月 31 日第十二届全国人民代表大会常务委员会第十次会议对《中华人民共和国政府采购法》作了修正。

第二节　1993—2002 年财政支出的规模与结构

一、财政支出的规模

表 6 - 1 是 1993—2002 年财政支出总规模和当年财政赤字的情况，

从支出总额来看，由 1992 年的 4426.46 亿元增长至 2002 年的 22012 亿元，各年财政实际支出执行书都超预算计划数。从增长率来看，1993—2002 年财政支出总额增长率均超过 15%，1994 年为峰值，达到 25.4%。1993 年、1994 年、1999 年和 2000 年四个年度，财政支出增长率更是超过 20%。关于财政赤字，1993—2002 年赤字规模增长非常快，1993 年财政赤字规模为 205 亿元，而到了 2002 年财政赤字规模增长至 3098 亿元；就各年财政赤字增长率来看，大多数年份财政赤字增长率为正值，而且这些年份财政赤字增长率处于较高的水平。

表 6 - 1　1993—2002 年财政支出（一般公共预算）总规模

年份	财政支出总规模（亿元）	与预算数相比的百分数（%）	比上年增长（%）	财政赤字（支出减除收入的差额）（亿元）	财政赤字增长率（%）
1993	5319.82	112.5	21.2	205	-13.68
1994	5819.76	107.2	25.4	638.01	211.22
1995	6809.17	107.1	17.6	621.44	-2.60
1996	7914.38	105.7	16	547.77	-11.85
1997	9197.06	102.6	15.9	555.06	1.33
1998	10771	106.2	16.7	918	65.39
1999	13136	104.2	21.7	1759	91.61
2000	15879.44	104.9	20.4	2499.3	42.09
2001	18844	108.6	18.6	2473	-1.05
2002	22012	104.3	16.4	3098	25.27

注：1994 年的财政赤字中，中央财政赤字 668.14 亿元，没有突破预算确定的数额，地方财政结余 30.13 亿元。

资料来源：各年度财政部长向全国人大会议报告的国家预算执行情况和下一年国家预算草案的报告。

这个时期，随着经济社会发展的快速发展，预算外资金也快速增长，部分地方政府违反《预算法》，擅自设立基金或者收费项目，甚至将预算资金转为预算外资金，导致出现国家财政收入大量流失问题。预算外资金的使用脱离了规范的预算管理，也引发了很多资金使用方面的问题。为此，1996 年，国务院出台《关于加强预算外资金管理的决定》

(国发〔1996〕29 号)[①]，明确规定：“从 1996 年起将养路费、车辆购置附加费、铁路建设基金、电力建设基金、三峡工程建设基金、新菜地开发基金、公路建设基金、民航基础设施建设基金、农村教育事业附加费、邮电附加、港口建设费、市话初装基金、民航机场管理建设费等 13 项数额较大的政府性基金（收费）纳入财政预算管理。”这也成为政府性基金预算的雏形。1997 年 3 月 2 日，时任财政部部长刘仲藜在第八届全国人民代表大会第五次会议上作《关于 1996 年中央和地方预算执行情况及 1997 年中央和地方预算草案的报告》开始披露 1997 年中央政府性基金收支预算草案的安排。表 6－2 是 1996—2002 年中央政府性基金支出的情况。大部分年份中央政府性基金预算收支结余为 0，唯有 1997 年有 19.35 亿元的结余。《关于 1997 年中央和地方预算执行情况及 1998 年中央和地方预算草案的报告》还披露了中央各项政府性基金安排支出的情况：“电力建设基金收入 48.48 亿元，支出 445.98 亿元；车辆购置附加费收入 178.3 亿元，支出 178.3 亿元；铁路建设基金收入 318.56 亿元，支出 318.56 亿元；邮电附加费收入 131.95 亿元，支出 132.05 亿元；市话初装费基金收入 211.36 亿元，支出 211.41 亿元；水利建设基金收入 26.99 亿元，支 22.21 亿元。中央政府性基金预算执行收支相抵，结余 19.35 亿元，结转下年使用。”

表 6－2　　1996—2002 年政府性基金支出规模

年份	中央政府性基金支出（亿元）	中央政府性基金预算收支结余（亿元）
1997	1046.74	19.35
1998	1204	0
1999	1349	0
2000	1365.18	0

① 这个文件对预算外资金做了定义：“预算外资金，是指国家机关、事业单位和社会团体为履行或代行政府职能，依据国家法律、法规和具有法律效力的规章而收取、提取和安排使用的未纳入国家预算管理的各种财政性资金。其范围主要包括：法律、法规规定的行政事业性收费、基金和附加收入等；国务院或省级人民政府及其财政、计划（物价）部门审批的行政事业性收费；国务院以及财政部审批建立的基金、附加收入等；主管部门从所属单位集中的上缴资金；用于乡镇政府开支的乡自筹和乡统筹资金；其他未纳入预算管理的财政性资金”。

续表

年份	中央政府性基金支出（亿元）	中央政府性基金预算收支结余（亿元）
2001	1053	0
2002	999	0

资料来源：各年年初，财政部长向全国人大会议报告的国家预算执行情况和下一年国家预算草案的报告。

二、财政支出结构的变化趋势及主要原因

1993—1995 年财政部部长在全国人大会议作的各年国家预算执行情况和下一年中央及地方预算草案的报告中，按照复式预算汇总各年财政支出情况，即分为经常性预算支出和建设性预算支出两个口径分别反映各类财政支出的规模。表 6－3 是 1993—1995 年按照复式预算口径的各类财政支出结构，从中可以看出，1993—1995 年非生产性基本建设支出、价格补贴支出、生产性基本建设支出、企业挖潜改造资金和新产品试制费等类型支出的比重呈现下降趋势；事业发展和社会保障支出、国家政权建设支出、支援农业支出、城市维护建设支出等类型支出的比重呈现上升趋势。

表 6－4 是 1993—2002 年部分主要类型财政支出的规模及比重。从中可以看出以下趋势：基本建设支出比重呈现先下降后上升的趋势，但是到了 2002 年也没有回到 1992 年之前的水平；一些直接针对微观主体、具有计划经济色彩的支出类型，比如增拨企业流动资金、挖潜改造资金和科技三项费用、地质勘探费、政策性补贴支出等都呈现不断下降的趋势；支农支出、国防支出总体呈现微降趋势；文教、科学、卫生支出总体呈现不断上升的趋势；抚恤和社会福利救济费呈现不断上升的趋势；行政管理费呈现显著上升趋势。

表 6－5 是 1993—2002 年按照功能分类的各类财政支出规模及比重。从中也可以看出，经济建设费、国防费比重呈现下降的趋势，社会文教费、行政管理费、其他支出比重呈现不断上升的趋势。

从这个时期的财政支出结构来看，财政支出继续从传统的偏重于生产建设的支出结构向满足社会公共需要为核心目标的公共财政转型。在

表 6－3　　1993—1995 年按照复式预算口径的各类财政支出结构

类型 / 年份	经常性预算支出规模（亿元）					建设性预算支出规模（亿元）							
	非生产性基本建设支出	事业发展和社会保障支出	国家政权建设支出	价格补贴支出	其他支出	生产性基本建设支出	企业挖潜改造资金和新产品试制费	增拨企业流动资金	地质勘探费	支援农业生产支出	城市维护建设支出	支援经济不发达地区发展资金	国内外债务还本付息支出
1993	195.19	1297.18	1024.06	296.22	517.19	731.87	423.62	18.82	51.62	179.77	194.7	22.26	337.35
1994	214.48	1705.1	1337.81	312.77	623.45	485.58	467.61	—	61.76	211.49	232.79	26.56	—
1995	235.76	1966.88	1580.47	364.32	—	558.01	483.95	—	—	238.59	284.33	—	—
类型 / 年份	**经常性预算支出比重（%）**					**建设性预算支出比重（%）**							
	非生产性基本建设支出	事业发展和社会保障支出	国家政权建设支出	价格补贴支出	其他支出	生产性基本建设支出	企业挖潜改造资金和新产品试制费	增拨企业流动资金	地质勘探费	支援农业生产支出	城市维护建设支出	支援经济不发达地区发展资金	国内外债务还本付息支出
1993	3.67	24.38	19.25	5.57	9.72	13.76	7.96	0.35	0.97	3.38	3.66	0.42	6.34
1994	3.69	29.30	22.99	5.37	10.71	8.34	8.03	—	1.06	3.63	4.00	0.46	—
1995	3.46	28.89	23.21	5.35	—	8.19	7.11	—	—	3.50	4.18	—	—

注：资料来源于各年年初，财政部长向全国人大会议报告的国家预算执行情况和下一年国家预算草案的报告；事业发展和社会保障支出主要包括农林水事业费、文教科学卫生事业费、抚恤和社会救济支出；国家政权建设支出包括行政管理费、国防费；“—”表示没有披露数据。

表 6－4　　1993—2002 年各类主要财政支出规模及比重

支出类型＼年份		1993	1994	1995	1996	1997	1998	1999	2000	2001	2002
基本建设支出	规模（亿元）	591.93	639.72	789.22	907.44	1019.5	1387.74	2116.57	2094.89	2510.64	3142.98
	比重（%）	11.13	10.99	11.59	11.47	11.09	12.88	16.11	13.19	13.32	14.28
增拨企业流动资金	规模（亿元）	18.48	17.33	34.8	42.93	52.2	42.36	56.41	71.06	22.71	18.97
	比重（%）	0.35	0.30	0.51	0.54	0.57	0.39	0.43	0.45	0.12	0.09
挖潜改造资金和科技三项费用	规模（亿元）	421.38	415.13	494.45	523.02	643.2	641.18	766.05	865.24	991.56	968.38
	比重（%）	7.92	7.13	7.26	6.61	6.99	5.95	5.83	5.45	5.26	4.40
地质勘探费	规模（亿元）	49.06	64.13	66.32	68.56	73.37	83.13	83.69	88.12	99.01	102.89
	比重（%）	0.92	1.10	0.97	0.87	0.80	0.77	0.64	0.55	0.53	0.47
工、交、流通部门事业费	规模（亿元）	76.22	100.77	102.76	120.41	136.41	121.56	128.07	150.07	200.12	232.38
	比重（%）	1.43	1.73	1.51	1.52	1.48	1.13	0.97	0.95	1.06	1.06
支农支出	规模（亿元）	323.42	399.7	430.22	510.07	560.77	626.02	677.46	766.89	917.96	1102.7
	比重（%）	6.08	6.87	6.32	6.44	6.10	5.81	5.16	4.83	4.87	5.01
文教、科学、卫生支出	规模（亿元）	957.77	1278.18	1467.06	1704.25	1903.59	2154.38	2408.06	2736.88	3361.02	3979.08
	比重（%）	18.00	21.96	21.55	21.53	20.70	20.00	18.33	17.24	17.84	18.08

续表

支出类型 \ 年份		1993	1994	1995	1996	1997	1998	1999	2000	2001	2002
抚恤和社会福利救济费	规模（亿元）	75.27	95.14	115.46	128.03	142.14	171.26	179.88	213.03	266.68	372.97
	比重（%）	1.41	1.63	1.70	1.62	1.55	1.59	1.37	1.34	1.42	1.69
国防支出	规模（亿元）	425.8	550.71	636.72	720.06	812.57	934.7	1076.4	1207.54	1442.04	1707.78
	比重（%）	8.00	9.46	9.35	9.10	8.84	8.68	8.19	7.60	7.65	7.76
行政管理费	规模（亿元）	535.77	729.43	872.68	1040.8	1137.16	1326.77	1525.68	1787.58	2197.52	2979.42
	比重（%）	10.07	12.53	12.82	13.15	12.36	12.32	11.61	11.26	11.66	13.54
政策性补贴支出	规模（亿元）	299.3	314.47	364.89	453.91	551.96	712.12	697.64	1042.28	741.51	645.07
	比重（%）	5.63	5.40	5.36	5.74	6.00	6.61	5.31	6.56	3.93	2.93

注：表中的比重是各类主要财政支出规模与表 6-1 中财政支出总规模的比值；以上只是主要支出类型，并没有将所有支出类型全部列示出来。

资料来源：《中国统计年鉴 2004》，国家统计局，中国统计出版社。

表 6－5　　1993—2002 年按照功能分类的各类财政支出规模及比重

年份	支出合计（亿元）	经济建设费		社会文教费		国防费		行政管理费		其他支出	
		规模（亿元）	比重（%）	规模（亿元）	比重（%）	规模（亿元）	比重（%）	规模（亿元）	比重（%）	规模（亿元）	比重（%）
1993	4642.30	1834.79	39.52	1178.27	25.38	425.80	9.17	634.26	13.66	569.18	12.26
1994	5792.62	2393.69	41.32	1501.53	25.92	550.71	9.51	847.68	14.63	499.01	8.61
1995	6823.72	2855.78	41.85	1756.72	25.74	636.72	9.33	996.54	14.60	577.96	8.47
1996	7937.55	3233.78	40.74	2080.56	26.21	720.06	9.07	1185.28	14.93	717.87	9.04
1997	9233.56	3647.33	39.50	2469.38	26.74	812.57	8.80	1358.85	14.72	945.43	10.24
1998	10798.18	4179.51	38.71	2930.78	27.14	934.70	8.66	1600.27	14.82	1152.92	10.68
1999	13187.67	5061.46	38.38	3638.74	27.59	1076.40	8.16	2020.60	15.32	1390.47	10.54
2000	15886.50	5748.36	36.18	4384.51	27.60	1207.54	7.60	2768.22	17.42	1777.87	11.19
2001	18902.58	6472.56	34.24	5213.23	27.58	1442.04	7.63	3512.49	18.58	2262.26	11.97
2002	22053.15	6673.70	30.26	5924.58	26.87	1707.78	7.74	4101.32	18.60	3645.77	16.53

资料来源：《中国统计年鉴 2004》，国家统计局，中国统计出版社。

支持做大经济总量、维持一定水平的基础设施投资能力的同时，强化教育、医疗卫生、社会保障以及就业、科学技术等公共服务领域的投入力度，以社会公共需要作为衡量财政支出边界的重要尺度，逐步退出应由市场发挥配置资源基础性作用的一般生产性和完全竞争性领域。但是由于经济社会和制度转型的渐进性，这个时期，在财政支出格局中，在某些领域仍然有“越位”与“缺位”并存的问题，一些应由市场提供的商品仍由财政支出承担，而对于教育、医疗卫生、社会保障等应由政府承担的基本公共服务仍然需要加强，这些问题在后来不断深化改革中逐步加以解决。正如李岚清（2002）指出：“公共财政体制下的财政支出范围主要是：国防、外交、公安、司法、行政管理、监察等国家安全和政权建设支出；科技、教育、农业、文化、公共卫生、社会保障、扶贫等公共事业发展支出；水利、交通、环保、生态等公益性基础设施建设支出；对经济进行宏观调控等所必需的支出，等等。财政支出结构调整的目的，就是要将财力主要用于满足社会公共需要和社会保障事业。”①

第三节　中央政府和地方政府间财政支出关系的基本特征及原因

随着经济体制转型，地方政府逐渐拥有了自己的目标和权限手段，地方政府支出成为推动经济建设的重要支撑作用。中央和地方之间的财政支出分工及内在关系成为必然，需要发掘总结。分税制改革后，“两个比重”迅速提高，这种提高迅速提升了中央政府全面统筹配置资源和实施区域资源分配的能力。

其一，这个时期是中国工业化的重要关键阶段，而推动工业化强调要深化市场分工，分税制改革提升了中央政府统筹兼顾、从全局系统角

① 李岚清：《新形势下的积极财政政策和公共财政改革》，《经济日报》2002 年 4 月 1 日。

度促进区域分工的能力和水平。市场分工内在要求从全局系统的角度来深入考虑各个地区的资源禀赋资源和区位优势，让各个地区能够根据自身的条件来制定最优的发展策略，走分工化、差异化的路线。而中央政府必须要在财力统筹方面适度集中资源，然后根据各地区的功能分工定位，来进行差别化的财力支持。比如，主体功能区战略的实施，就是一个典型的国土空间开发的分工战略①。而且随着工业化的推进，人口等生产要素必然走向集聚，从分散的自然村走向城市化，事实上，我国实施从东南沿海向中西部地区逐步梯次开发的区域发展战略，正是适应了我国的工业化和城镇化演变的基本规律。分税制构建了重要的集聚财力资源的机制，让中央政府能够全面统筹区域发展格局。

其二，分税制改革后，中央集中财力有利于全国统一市场体系的建立，更好地保障社会主义市场经济体制改革的不断深化。如果说市场经济规则和制度是“软件”条件，那么全国性骨干基础设施是市场体系的“硬件”条件。在建立社会主义市场经济体制目标后，我国在全国性骨干基础设施建设方面做出了突出成绩，无论是贯穿全国各地的高速公路网络，还是后来快速建设的高速铁路网络、航空、港口、电信等，无一例外地证明了，如果没有分税制集聚财力的体制机制，这些骨干基础设施网络是无法在这么短时间内建成、完善。

其三，分税制改革之后，国家在平衡各个区域财政能力方面的功能和作用不断强化，特别是转移支付制度的建立、完善，使得中央政府全面推进区域协调发展的能力大大提升。表 6 – 6 是中央政府收入占全国财政收入的比重，中央政府本级支出占全国财政支出的比重。中央财政收入比重与中央本级财政支出比重之间的差异主要是中央对地方转移支付所造成的。从表 6 – 6 可以发现，在分税制改革之前的 1993 年，这个差额为负值（ – 6.3%），这表示中央本级财政支出占比要小于中央财政收入占比，中央财政收入都难以承担中央本级的财政支出，这种情

① 2007 年 7 月，国务院印发《关于编制全国主体功能区规划的意见》（国发〔2007〕21 号）明确指出，编制全国主体功能区规划，就是要根据不同区域的资源环境承载能力、现有开发密度和发展潜力，统筹谋划，将国土空间划分为优化开发、重点开发、限制开发和禁止开发四类，确定主体功能定位，明确开发方向，控制开发强度，规范开发秩序，完善开发政策，逐步形成人口、经济、资源环境相协调的空间开发格局。

况，中央政府难以有调控各地区财力的能力；分税制改革之后就完全不同了，这个指标不仅由负转正，且呈现不断提升的趋势。事实上，这个差额正是体现了中央政府在调控各地区财力均等化方面的制度改革，特别是转移支付制度的建立、完善①，有效缩小了区域间的发展差距，中西部地区的快速发展也为东部地区的先行发展提供了非常丰富的生产要素②。

表6-6 中央政府和地方政府财政收支比重的对比

年份	财政支出比重（%）		财政收入比重（%）		中央财政收入比重—中央（本级）财政支出比重
	中央本级	地方本级	中央	地方	
1993	28.3	71.7	22.0	78.0	-6.3
1994	30.3	69.7	55.7	44.3	25.4
1995	29.2	70.8	52.2	47.8	23
1996	27.1	72.9	49.4	50.6	22.3
1997	27.4	72.6	48.9	51.1	21.5
1998	28.9	71.1	49.5	50.5	20.6
1999	31.5	68.5	51.1	48.9	19.6
2000	34.7	65.3	52.2	47.8	17.5
2001	30.5	69.5	52.4	47.6	21.9
2002	30.7	69.3	55.0	45.0	24.3

注：中央、地方财政支出比重均指的是本级支出占全部财政支出的比重。

资料来源：国家统计局：《中国统计年鉴2004》，中国统计出版社。

① 事实上，规范的转移支付制度也是在这个时期建立起来，1995年开始实施“过渡期转移支付办法”。然后，国务院决定从2002年1月1日起实施所得税收入分享改革，中央因改革所得税收入分享办法增加的收入全部用于对地方主要是中西部地区的一般性转移支付。同时过渡期转移支付概念不再使用，改为“一般性转移支付”。

② 关于中央对地方转移支付在财力均等化方面的作用，财政部原部长项怀诚同志曾经在“财政支出改革是对财政部门本身的削权”一文中指出：“转移支付制度的引进，在公共财政均等化方面贡献非常大，1993年的时候转移支付资金是450亿（元），1994年是550亿（元），现在转移支付是1.4万亿（元）—1.5万亿（元）。这些在财政支出方面的制度改革，实际上目的就是一个，要在中国逐步建立起公共财政框架。1998年以后，财政支出的改革成为重点的同时，财政收入改革也在继续深化，有一些非常重要的改革，比如2002年将两税（企业所得税、个人所得税）变成共享税。两税变成共享税之后，中央增加的部分，中央财政一分钱不花，全部转移给中西部地区，我估计这部分转移支付一年接近2000亿（元），这是西部大开发和发展中部的很重要的财政来源。这个改革是直接对中西部地区的一种支持，是落实西部大开发和中部地区发展的政策。”高培勇、孙国府、张迪恳：《中国财税改革30年：回顾与展望》，中国财政经济出版社2009年版。

简言之，分税制改革后，中央政府和地方政府财政支出结构的关系格局，显著提升了中央政府统筹配置资源的能力，正是这种能力极大地推动了中国工业化和城镇化的进程，这也是中国改革的重要经验之一。在推动工业化和城镇化过程中，“统筹”和“分工”都很重要。中央政府集中财力发挥了统筹作用，地方政府在中央的指挥棒下深化分工，分工效率显著改善，可以说我国通过运用财政支出恰当地推动建立了“分工与交换的市场机制”，有效激发了国有企业和多种所有制等市场主体的活力并有效减少了市场运行的自发性、盲目性，实现乡土社会快速向城市社会的城市化转型，计划经济体制向市场经济体制的转变，封闭内卷社会向开放外拓社会的全球化转变。

然而，在处理各级政府事权和支出责任方面，却出现了一些问题。由于《关于实行分税制财政管理体制的决定》对政府间事权和支出责任划分仅是提出了一个原则性意见，较为笼统，后续并没有细化到项、目层面，导致在具体执行过程中落实不到位，从而出现中央政府和各级地方政府之间相互转移事权和支出责任的状况，这种状况导致中央政府与地方政府之间事权和支出责任不够清晰，既不利于政府统筹履行职能，也难以考核政府责任的落实情况。而且，由于上级政府在考核下级政府时所具备的绝对支配地位，导致地方政府有时不得不服从事权和支出责任方面的事项安排，大量的事权主要下沉到基层地方政府来承担，出现了所谓“上面千条线，下面一根针”的事权和支出责任格局，大量的事权和支出责任，例如基础教育、医疗公共卫生、社会救助、市场公用设施建设、农村交通基础设施建设、公共安全等，其支柱责任主要由市、县（区）级政府承担。比如，根据湖北省审计厅网站资料显示，2013 年末，湖北省某县义务兵 665 人，每年优待金支出达 500 余万元。地方政府为国家贡献了兵源，同时又要承担义务兵优待金支出，加大了地方政府财政负担，显然这是不合理的[①]。甚至一些中央直属垂直管理机构的支出责任也由地方政府承担，笔者在部分地区调研时发现，海关虽然是中央垂直管理部门，其相关支出责任应由中央统一承担，但在实

① 《现行财政体制下省以下政府间事权划分的思考》，湖北省审计厅网站，http：//www.hbaudit. gov. cn/html/2014/1121/35678. shtml。

际执行中，有些地方却承担了海关基础设施建设的支出责任。此外，一些领域的事权和支出责任不匹配、不适应，比如浙江省财政厅课题组（2016）指出："省里提出要实施'四边三化'工程、国务院提出实施公路生命防护工程等公路建设事项，这些公路事权主要由上级政府提出，但其并未安排相关的专项资金，支出责任主要由县级政府承担，给县级财政尤其是经济困难地区的财政带来较大的压力。又如国家提出要实现教育现代化，公办学校要实行小班化教学，但推进小班化教学要增加师资、基建等投入，国家出台政策却没有落实支出责任，也加大了地方支出压力。"①

第四节 财政支出全面支持"八五"计划和"九五"计划的实施

"八五"计划的起止日期是 1991—1995 年，期间召开了党的十四大，1993 年 3 月 7 日，中共中央出台《关于调整"八五"计划若干指标的建议》，对"八五"计划的实施作了调整。"九五"计划起止日期是 1996—2000 年。1995 年 9 月 28 日，党的十四届五中全会通过《中共中央关于制定国民经济和社会发展第九个五年计划和二〇一〇年远景目标的建议》。从这两个五年计划实施中，财政支出全面确保的重点主要有：

一是重点保证基础工业和基础设施建设。产业结构的调整须更好地发展基础工业和基础设施建设。经过了这两个五年计划，基础设施建设成绩显著，能源、交通、通信和原材料的"瓶颈"制约得到缓解。仅"八五"期间，全面加强交通、通信和能源建设，建成投产大中型基建

① 浙江省财政厅课题组：《省以下政府事权与支出责任划分现状与问题——浙江省案例分析》，中国财经报网 2016 年 6 月 30 日，http：//www. cfen. com. cn/rwcj/sxh/201606/t20160630_2343586. html。

项 840 多个。铁路正线铺轨总里程 11000 多公里，贯穿南北的京九铁路提前两年全线铺通。等等。

二是加强支持农业发展。1993 年 11 月，国务院出台《九十年代中国农业发展纲要》提出了 90 年代农业发展的目标：全面发展农村经济，主要农产品稳定增产，在数量、品种和质量上，适应全国人民小康生活和国民经济加快发展的需要。1993 年 11 月 5 日，中共中央、国务院印发《关于当前农业和农村经济发展的若干政策措施》明确提出了“稳定、完善以家庭联产承包为主的责任制和统分结合的双层经营体制”等十二条政策措施。从财政支出安排来看，这个时期把支持农业放在财政工作的重要位置，按照《关于 1993 年国家预算执行情况和 1994 年国家预算草案的报告》中指出的农业确保预算内支农支出的合理增长，保证资金及时足额到位，1993 年当年支援农业支出比预算超过 30.04 亿元，在后面几年的预算安排上也是足额及时保障。此外，1994 年 4 月 15 日，国务院印发《国家八七扶贫攻坚计划（1994—2000 年）》，财政支出在扶贫领域全面加大支持力度。

三是促进区域经济合理分工和协调发展。这个时期的区域协调发展主要体现在西部大开发展的全面启动。1999 年 9 月 22 日，党的十五届四中全会通过《中共中央关于国有企业改革和发展若干重大问题的决定》提出：“国家要实施西部大开发战略。”① 时任国务院总理朱镕基 2001 年 3 月 5 日在第九届全国人民代表大会第四次会议上作《政府工作报告》提出“要集中力量建设西气东输、西电东送、青藏铁路等一批具有战略意义的重大项目”，“国家将增加对西部地区的投入和财政转移支付”。

四是大力支持科技教育事业发展。科学教育事业领域始终是这个时期财政重点支持的领域，1995 年 5 月 6 日，中共中央、国务院作出《关于加速科学技术进步的决定》，提出“科教兴国”战略，提出“实

---

① 据《国务院关于深入实施西部大开发战略情况的报告》：2000—2012 年，中央财政对西部地区财政转移支付累计达 8.5 万亿元，中央预算内投资安排西部地区累计超过 1 万亿元，分别占全国总量的 40% 左右。先后开工建设了青藏铁路、西气东输、西电东送等 187 项西部大开发重点工程，投资总规模约 3.7 万亿元。中国人大网，http://www.npc.gov.cn/npc/zxbg/gwygyssxbdkf-zlqkdbg/2013-10/22/content_1811909.htm。

施科教兴国战略，是全面落实科学技术是第一生产力思想的战略决策，是保证国民经济持续、快速、健康发展的根本措施，是实现社会主义现代化宏伟目标的必然抉择，也是中华民族振兴的必由之路”，而且提出到 2000 年全社会研究开发经费占国内生产总值的比例达到 1.5%。1993 年 2 月，中共中央、国务院印发《中国教育改革和发展纲要》，规定了“筹措教育经费的主要措施”，其中首次明确提出：“逐步提高国家财政性教育经费支出（包括：各级财政对教育的拨款，城乡教育费附加，企业用于举办中小学的经费，校办产业减免税部分）占国民生产总值的比例，21 世纪末达到百分之四，达到发展中国家八十年代的平均水平。”这一规定成为确保以后多年中国教育投入的标志性比例。在财政重点支持下，这个时期，科学教育领域实施了一系列大工程，比如“863”计划后续时实施，启动国家重点基础研究发展计划（“973”计划），基本普及九年义务教育和基本扫除青壮年文盲，1998 年起扩大高校招生，等等。

五是支持改善人民生活和健全社会保障。这个时期，财政支出也重要支持了改善人民生活和社会保障体系建设。特别是这个时期我国实施国有企业改革，进行产业结构和企业组织结构调整，企业下岗人员不断增加，党中央、国务院实施再就业工程，扩大再就业，降低改革对人民群众生活的影响。此外，还配合宏观调控的要求，在建立最低生活保障制度、社会保险制度改革、应对特大洪水、提高公务员工资水平等方面都有所支持，效果非常明显，扩大了有效需求，发挥了非常好的作用。

第五节　预算外收支出现不断扩张的趋势

由于这个时期仍然处于建立社会主义市场经济体制和公共财政体系的时期，预算管理制度的完善仍处于起步阶段，财政支出领域还有一个特征，就是部分预算外支出游离于预算管理体系之外。

对此，时任财政部长刘仲藜同志连续两年在向全国人大提出的预算审查报告时都对预算外收支的问题作了详细描述。在《关于 1995 年中央和地方预算执行情况及 1996 年中央和地方预算草案的报告》中指出“一些单位搞‘两本账’，账外有账，编造假账；少数地方政府擅自将预算内资金转为预算外资金，逃避预算管理和监督；‘小金库’的普遍存在，成了滥发奖金、挥霍浪费的资金来源。”《关于 1996 年中央和地方预算执行情况及 1997 年中央和地方预算草案的报告》指出“财经秩序混乱的状况还没有根本改观；越权设立基金、乱收费的现象还很普遍，预算外收费侵蚀税基也比较严重，国家财力分散的势头还未得到扭转，收入分配关系还没有理顺。”这说明，当时部分预算外收支游离于预算管理体系之外的问题还是相当严重的。

表 6 - 7 是 1993—2002 年预算外收入的总量和结构情况，行政事业性收费在预算外收入总量中占据了绝对地位，1993 年该比重高达 92%，即使到了 2002 年，这一比重仍然高达 72.3%。表 6 - 8 是 1996—2002 年预算外支出的总量和结构情况，其中一个非常明显的特征就是预算外支出中用于基本建设支出和行政事业费支出的此消彼长。基本建设支出总量呈现大幅下降的趋势，而行政事业费支出却出现快速上升的势头。

表 6 - 7　　1993—2002 年预算外收入的总量与结构　　单元：亿元

年份	合计	行政事业性收费	政府性基金收入	乡镇自筹、统筹资金	地方财政收入	国有企业和主管部门收入	其他收入
1993	1432.54	1317.83	—	—	114.71	—	—
1994	1862.53	1722.50	—	—	140.03	—	—
1995	2406.50	2234.85	—	—	171.65	—	—
1996	3893.34	3395.75	—	272.90	224.69	—	—
1997	2826.00	2414.32	—	295.78	115.90	—	—
1998	3082.29	1981.92	478.41	337.31	—	54.67	229.98
1999	3385.17	2354.28	396.51	358.86	—	50.11	225.41
2000	3826.43	2654.54	383.51	403.34	—	59.22	325.81
2001	4300.00	3090.00	380.00	410.00	—	60.00	360.00
2002	4479.00	3238.00	376.00	272.00	—	72.00	521.00

资料来源：《中国统计年鉴 2004》。

表 6－8　　1996—2002 年预算外支出的总量与结构　　单元：亿元

年份	合计	基本建设支出	专项支出	行政事业费支出	城市维护费支出	乡镇自筹、统筹支出	其他支出
1996	3838.32	1490.23	307.27	1254.36	—	136.39	650.07
1997	2685.54	502.03	311.59	1280.19	—	288.69	303.04
1998	2918.31	393.98	423.60	1588.28	—	335.26	177.19
1999	3139.14	539.82	—	1816.13	127.45	350.34	305.40
2000	3529.01	426.20	—	2225.09	146.38	387.39	343.96
2001	3850.00	350.00	—	2500.00	150.00	400.00	450.00
2002	3831.00	260.00	—	2655.00	160.00	268.00	488.00

为了解决预算外资金游离于预算管理体系的问题，这个时期开始在公共财政体系下实施税费改革（“费改税”）。对此，高培勇（2018）指出，“现存的、被称为政府收费的大量项目，既未经过人民代表大会的审议，又基本不纳入预算，而是由各部门、各地区自立规章，作为自收自支的财源，或归入预算外收入，或进入制度外收入，直接装入各部门、各地区的‘小金库’。因而，它实质是一种非规范性的政府收入来源。‘费改税’的目的显然不是要将本来意义的政府收费统统改为征税，而是以此为途径，将非规范性的政府收入纳入规范化轨道。”①

为了更好地对预算外收支实施有效管理，我国开始实施“收支两条线”改革。1999 年 6 月 14 日，财政部、监察部、国家计委、审计署、中国人民银行联合印发《行政事业性收费和罚没收入实行“收支两条线”管理的若干规定》的通知，明确规定：“具有执收执罚职能的单位根据国家法律、法规和规章收取的行政事业性收费和罚没收入，属于财政性资金，均应实行财政‘收支两条线’管理”。此后，这项改革后续不断完善。

① 高培勇：《中国财税改革 40 年：基本轨迹、基本经验和基本规律》，《经济研究》2018 年第 3 期。

第六节 财政支出首次作为财政政策的核心手段用于宏观调控

经济体制转变要求再造政府宏观调控体系，要求建立与之相适应的财政政策调控体系，对财政政策调控的功能定位具有深刻影响，从这个角度来看财政支出的调控功能和作用，更加清晰、明确。在前期财政支出宏观调控的基础上，这个时期财政支出真正成为财政政策的核心手段，建立了制度化、规范化的财政支出调控机制，成为政府实施逆周期调节、烫平经济波动的核心工具。特别是，在应对 1997 年亚洲金融危机之时，财政支出政策在其中发挥了非常关键的调控作用，取得了非常理想的调控效果。同时，经济体制转轨进程中，一个重要任务是按照市场经济的要求改革金融体系，建立与市场经济体制相适应的银行信贷体系，不断增强货币政策的独立性和地位等等，这就提出了财政政策和货币政策相互协调配合的问题。

1997 年下半年，金融危机先在泰国爆发，随后波及马来西亚、新加坡、印度尼西亚、中国香港等国家和地区，受此危机影响，通货紧缩势头非常明显，国内需求不断放缓，外贸出口增幅显著下降。我国受到自改革开放以来最为严峻的宏观经济形势。

这种环境下，1998 年党中央、国务院果断实行积极财政政策，由此拉开了长达 6 年的积极财政政策序幕，不断拉动内需，圆满地解决了有效需求不足的问题。1998 年 8 月 29 日第九届全国人民代表大会常务委员会第四次会议听取了项怀诚受国务院委托对《国务院关于提请审议财政部增发国债用于加快基础设施建设和今年中央财政预算调整方案（草案）的议案》所作的说明，审议了国务院提请审议的增发国债、调整预算的方案。根据该方案，财政部增发 1000 亿元的长期国债，主要用于国民经济和社会发展急需的基础设施建设。在财政支出扩张的支持下，1998 年下半年国有单位固定资产投资增长显著加快，全年增长率达到 19.5%，全社会固定资产投资增长率达到 14.1%。这些资金主要是用于农田水利和生态环境建设投资，铁路、公路、电信和一些重点机场建设，城市环保和城市基础设施建设，国家储备粮库建设，农村电网改造和建设工程，城市电网改造，扩大经济适用住宅建设规模，公检法及司法设施建设投资等领域。

到了 1999 年，我国政府向国有商业银行发行 700 亿元的长期特别国债，以有效解决其资本金问题。这一轮财政政策促成了一系列大型基础设施工程的建设，比如全面支持西部大开发，主要用于青藏铁路、西电东送、西电东输、南水北调、生态建设等一些重大基础设施建设。此外，还全面加强对再就业、社会保障、科学技术、教育、医疗卫生等社会事业的投入。比如实施国有企业下岗职工基本生活保障和再就业工程，这个时期还支持了高校筒子楼改造、新一轮高校扩招、高等学校 211 工程、中国科学院创新工程等各个领域的试点，再比如还增加对基本养老保险的投入，扩大覆盖面和提高统筹层次，加大抗洪救灾和灾后恢复重建的投入，1998 年，中央财政拨付的救灾和救济经费总额高达 84 亿元；实施机构改革，国务院组成部门从 40 个减少到 29 个，部门内设机构精简 1/4，移交给企业、社会中介机构和地方的职能 200 多项，人员编制总数减少一半；此外，这一轮积极财政政策实施，还强化收入分配的调节力度，从 1999 年 7 月 1 日起，国家较大幅度增加了城镇中低收入者的收入，将国有企业下岗职工基本生活费水平、失业保险金水平、城镇居民最低生活保障金水平提高 30%；增加机关事业单位在职职工工资和离退休人员的离退休费；提高国有企业离退休人员养老金标准；补发拖欠的国有企业离退休人员统筹项目内的养老金；提高部分优抚对象抚恤标准等。落实这些措施，国家财政共增加支出 540 多亿元①。

简言之，这一轮长达 6 年的积极财政政策实施，在扩大内需、拉动经济增长、有效应对亚洲金融危机方面发挥非常重要的作用，缓解了有效需求不足的经济形势，同时也支持产业结构优化，提高国民经济的整

---

① 时任国务院总理朱镕基在 2000 年 3 月 5 日在第九届全国人民代表大会第三次会议上作《2000 年政府工作报告》。

体供给效率，更重要的经验是，这是首次制度化、大规模使用财政支出实施宏观调控经济的方式，标志着我国财政政策手段走向成熟。

由于这次调控主要是扩大财政赤字的方式，因此，2003—2004 年积极财政政策退出之时，国家积累了大量的财政赤字规模。中央财政赤字占 GDP 的比重从 1998 年 1.2% 不断上升至 2002 年的 3.0%，到了 2003 年和 2004 年，这一比重才不断下降，2004 年降至 2.3%，到了 2005 年显著回落至 1.7%。

第七章 2003—2013年完善社会主义市场经济体制时期的财政支出

自2003年10月召开党的十六届三中全会以来，我国围绕着完善社会主义市场经济体制的目标和任务，在发挥市场在资源配置中的基础性作用，统筹国内发展和对外开放，不断增强微观主体活力，不断完善宏观调控体系，更好发挥政府的社会管理和公共服务职能方面都做出了非常显著的成绩。2012年11月，党的十八大召开，胡锦涛同志作了报告，提出了“全面建成小康社会和全面深化改革开放的目标”，并明确提出：“要加快完善社会主义市场经济体制，完善公有制为主体、多种所有制经济共同发展的基本经济制度，完善按劳分配为主体、多种分配方式并存的分配制度，更大程度更广范围发挥市场在资源配置中的基础性作用，完善宏观调控体系，完善开放型经济体系，推动经济更有效率、更加公平、更可持续发展。”从党的十六届三中全会到党的十八大，是完善社会主义市场经济体制时期。这个时期，公共财政体系继续完善，按照公共财政框架要求不断推出财税领域的改革，财政支出在全面支持社会经济发展和完善社会主义市场经济体制方面发挥了重要基础作用。

第一节　社会主义市场经济体制改革和经济发展阶段的变化

《中共中央关于完善社会主义市场经济体制若干问题的决定》提出“继续改善宏观调控，加快转变政府职能”的要求，即：“进一步健全国家计划和财政政策、货币政策等相互配合的宏观调控体系。国家计划明确的宏观调控目标和总体要求，是制定财政政策和货币政策的主要依据。财政政策要在促进经济增长、优化结构和调节收入方面发挥重要功能，完善财政政策的有效实施方式”，“深化行政审批制度改革，切实把政府经济管理职能转到主要为市场主体服务和创造良好发展环境上来。加强国民经济和社会发展中长期规划的研究和制定，提出发展的重大战略、基本任务和产业政策，促进国民经济和社会全面发展，实现经济增长与人口资源环境相协调。”这个阶段围绕着加快完善社会主义市场经济体制和转变政府职能，财政职能和财政支出功能加快向公共财政转型，公共财政体系框架建设成绩突出。

一、财政支出功能和范围继续按照公共财政体系框架要求优化

公共财政体系框架的建立、完善，本质上更好地正确处理政府和市场关系。在完善社会主义市场经济体制条件下，政府功能和职能主要是以下方面：

一是维护国家独立、主权和领土完整，维护政治和社会秩序，正确处理国际合作、国际组织、国际事务和国际关系等全球事务，建立和有效维护国家立法、司法、行政体系的运转。二是有效市场监管，维护市场秩序，辅助市场实施资源配置，制定市场规则体系，规范微观主体行为，确保微观主体运行处于一个公平、公正、公开的市场环境。三是实施宏观调控，调节经济周期波动、产业结构、充分就业、稳定物价、国

际收支平衡、促进经济增长，有效调节国民收入分配格局中的国家、企业、个人分配占比结构及三部门内部的分配关系；四是提供民生保障和公共事业类公共服务，更加注重履行社会管理和公共服务职能。确保人民群众基本生存条件以及基本公共服务，比如，基础教育（小学初中）、基本医疗、基本养老、基本住房、基本公共卫生、基本就业、城乡居民最低生活保障等。此外，还需要提供必要公共基础设施和市政公用设施。比如，提供电力、油气等基础产业，以及铁路、公路、航空、水运、通讯、邮电、水利等基础设施，提供城镇给水、排水、供气、供热、城市道路、公共交通、供电、环境卫生、垃圾处理、园林绿化等市政公用设施。此外，我国还有一些特殊的自身情况，比如管理国有资产和公共资源类，包括国有金融和非金融企业等经营性国有资产；行政事业单位国有资产；国有土地、矿产、水源、森林、草原、滩涂、大气、空域等各类自然资源。

所以说，这个时期，与完善社会主义市场经济体制相适应，随着公共财政体制不断完善，各级财政支出范围和结构都发生了深刻变化，政府职能继续深化转型，中央政府和各级地方政府要正确履行职能，在正确履行维持政权运转、宏观经济调控、强化市场监管的同时，把财政支出更多地向民生和基本公共服务倾斜，坚决把不该由政府管理的事交给市场、企业、社会。维护社会公正和社会秩序，促进本公共服务均等化，创造良好市场发展环境和社会环境，大力推进服务型政府建设，努力为各类市场主体创造公平的发展环境，为人民群众提供良好的公共服务，维护社会公平正义，同时完善宏观调控体系，理顺政府与市场的关系，转变优化政府职能，更好地推进政企分开、政资分开、政事分开、政社分开，更好地发挥市场配置资源的基础性作用。

二、按照公共财政体系要求实施了财政收支分类改革

建立公共财政体系之后，必须要按照公共财政要求重新建立一套财政支出体系，按照全球通用口径，并结合国情来制订一套体系，以便更好地衡量不同类型财政支出在公共财政体系中发挥的功能和作用。2006 年 2 月，财政部出台《关于印发政府收支分类改革方案的通知》（财预

〔2006〕13号)，对财政支出按照功能和经济进行分类：一是按支出功能分类主要反映政府活动的不同功能和政策目标，将政府支出分为类、款、项三级。类包括一般公共服务、外交、国防、公共安全、教育、科学技术、文化体育与传媒、社会保障和就业、社会保险基金支出、医疗卫生、环境保护、城乡社区事务、农林水事务、交通运输、工业商业金融等事务、其他支出、转移性支出。二是按支出经济功能分类主要反映政府支出的经济性质和具体用途。包括工资福利支出、商品和服务支出、对个人和家庭的补助、对企事业单位的补贴、转移性支出、赠与、债务利息支出、债务还本支出、基本建设支出、其他资本性支出、贷款转贷及产权参股、其他支出。支出经济分类能够反映财政支出在宏观调控中的功能作用，特别是购买性支出和转移性支出都作为财政政策的重要手段。此后，还在不断完善财政支出分类改革，2017年8月，财政部下发《关于印发〈支出经济分类科目改革方案〉的通知》，要求完善支出经济分类科目，使财政支出更加清晰、完整。

社会主义市场经济体制下，在我国形成了四本预算体系，现行《中华人民共和国预算法》（以下简称《预算法》）第5条，明确规定："预算包括一般公共预算、政府性基金预算、国有资本经营预算、社会保险基金预算。一般公共预算、政府性基金预算、国有资本经营预算、社会保险基金预算应当保持完整、独立。政府性基金预算、国有资本经营预算、社会保险基金预算应当与一般公共预算相衔接。"不同类型预算反映出国家和微观主体的分配关系，这也是社会主义市场经济体制的特殊性。按照《预算法》第二十七条的规定，"一般公共预算支出按照其经济性质分类，包括工资福利支出、商品和服务支出、资本性支出和其他支出"。因此也可将财政支出分为经常性支出和资本性支出的分类。

三、所有政府支出全面纳入预算管理，"预算外"成为历史

在建立公共财政体系框架时，财政一直在完善预算外资金收支管理，这个过程就是预算管理体制机制不断完善的过程，一直到了2010年6月1日，财政部出台《财政部关于将按预算外资金管理的收入纳入

预算管理的通知》，决定从 2011 年 1 月 1 日起，将预算外资金管理的收入（不含教育收费）全部纳入预算管理。这标志，中国财政史上，预算外资金这个概念永久成为了历史，中国预算管理进入了全口径管理的新阶段。

第二节　2003—2013 年财政支出的规模与结构

一、财政支出的规模

表 7 - 1 是 2003—2013 年（一般公共预算）财政支出总规模及增长情况，从财政支出总额来看，由 2003 年的 27868. 78 亿元增长至 2013 年的 140212. 10 亿元，2003—2007 年各年财政支出决算数与预算计划一致，2008—2013 年财政支出决算数都超预算计划数。从增长率来看，2003—2007 年各年财政支出决算数同比增长率在 10% 以下，而 2008—2013 年财政支出决算数增长率都超过 10%，而 2008 年同比增长达到峰值 25. 7%。

表 7 - 1　　2003—2013 年财政支出（一般公共预算）总规模

年份	财政支出总规模（亿元）	与预算数相比的百分数（%）	比上年增长（决算数）（%）
2003	27868. 78	100. 0	4. 9
2004	33267. 82	100. 0	9. 3
2005	37853. 65	100. 0	5. 2
2006	40422. 73	100. 0	5. 3
2007	49781. 35	100. 0	7. 0
2008	62592. 66	102. 0	25. 7
2009	76299. 93	100. 1	21. 9
2010	89874. 16	106. 3	17. 8
2011	109247. 79	109. 0	21. 6
2012	125952. 97	101. 3	15. 3
2013	140212. 10	101. 4	11. 3

资料来源：财政部预算司 2003—2013 各年度全国财政决算数据，http：//yss. mof. gov. cn/zhengwuxinxi/caizhengshuju/index_ 1. html；财政支出总规模是决算数，包括国内外债务还本支出。

在中国现行预算体系中，政府性基金预算是一个重要内容，也是具有中国特色的财政收入和支出形式。它是国家按照法定程序向社会征收以及通过土地出让、发行彩票等方式取得的财政收入，功能主要是用于支持特定社会事业发展和基础设施建设。《预算法》第九条规定："政府性基金预算是对依照法律、行政法规的规定在一定期限内向特定对象征收、收取或者以其他方式筹集的资金，专项用于特定公共事业发展的收支预算。"它在全口径预算中占据一个重要的地位和作用。政府性基金预算编制，对于提升政府预算的统一性有着非常重要的作用，对于增强预算体系的全面性、透明性，具有非常重要的意义。政府性基金的建立、完善也是一个重要过程。自 2009 年起，按照全国人大和国务院的要求，财政部制定印发了《关于进一步完善政府性基金预算编制的工作方案》。2009 年 10 月，财政部下发《关于进一步加强地方政府性基金预算管理的意见》，推动地方政府的政府性基金预算编制工作。政府性基金预算在使用、管理中的基本原则是："以收定支、专款专用、结余结转使用。"从 2009 年开始，财政部就开始公布政府性基金预算的收支情况。表 7－2 是 2009—2013 年政府性基金支出的规模及增长率，从中可以看出 2010—2013 年，全国政府性基金支出规模增长了 48.7%，这四年这个指标决算数大多数年份超出预算计划数较多。

表 7－2　　2009—2013 年财政支出（政府性基金）总规模

年份	政府性基金支出总规模（亿元）	与预算数相比的百分数（%）	比上年增长（决算数）（%）
2009	2425.22（中央政府支出数）	84.2	—
2010	33951.16	175.4	—
2011	39946.61	150.1	17.7
2012	36330.87	102.0	-9.1
2013	50500.86	134.5	39

资料来源：财政部预算司 2003—2013 各年度全国财政决算数据，http：//yss.mof.gov.cn/zhengwuxinxi/caizhengshuju/index_ 1.html；2009 年政府性基金支出总规模是中央政府性基金支出数；"—"代表无法计算相关数据。

这个时期，还有一个特殊的“支出”事项，就是预算稳定调节基金的设立。由于社会主义市场经济体制改革不断深化，经济快速发展，实际经济增长往往高于预期目标，外加一些政策性因素，导致中央财政超收较多。2007 年 3 月 5 日，时任国务院总理温家宝在第十届全国人民代表大会第五次会议上作《政府工作报告》指出：“从 2003 年到 2006 年年均超收 2040 亿元，其中去年超收 2573 亿元”。因此，他提出：“今年拟从去年超收收入中安排 500 亿元设立中央预算稳定调节基金。这样做，有利于更加科学合理地编制预算，有利于保持中央预算的稳定性和财政政策的连续性。”表 7－3 是 2006—2013 年中央预算稳定调节基金的决算数，各年的数据大小不一。到了后来，2018 年 3 月 20 日，财政部印发《预算稳定调节基金管理暂行办法》，明确提出：“为建立全面规范透明、标准科学、约束有力的预算制度，建立健全跨年度预算平衡机制，规范预算稳定调节基金的设置、补充和动用”。

表 7－3　　2006—2013 年中央预算稳定调节基金的决算数

年份	中央预算稳定调节基金规模（亿元）
2006	500
2007	1032
2008	192
2009	101.13
2010	2257.65
2011	2892
2012	248.92
2013	1206.8

资料来源：财政部预算司 2006—2013 各年度全国财政决算数据，http：//yss.mof.gov.cn/zhengwuxinxi/caizhengshuju/index_ 1.html。

这个时期，随着预算管理体制的不断完善，国有资本经营预算建立并不断完善、成熟，国有资本经营预算，是国家以所有者身份依法取得国有资本收益，并对所得收益进行分配而发生的各项收支预算，是政府预算的重要组成部分。这项预算对国有资本获取的收益实施分配，并以此预算为基础对国有资本实施结构优化调整的一项预算制度。这个制度的建立有利于建立国家和国有企业之间的资产权益关系，有效推动国有经济布局和结构的战略性调整，这也是社会主义市场经济体制的一个特色制度。自此，中国的预算制度呈现了更加多元的特点，政府作为经济社会管理者和国有资产所有者的身份，分别行使担当相应的职能，处理与各自职能相关的财政收支活动。

2006 年全国财政工作会议期间，时任财政部长金人庆指出，自 2007 年开始，中央财政将选择部分中央企业，实施编制国有资本经营预算试点。2007 年 9 月 8 日，国务院出台《关于试行国有资本经营预算的意见》，这个文件对国有资本经营预算的收入和支出作了界定，其中国有资本经营预算的支出主要包括：一是资本性支出。根据产业发展规划、国有经济布局和结构调整、国有企业发展要求，以及国家战略、安全等需要，安排的资本性支出。二是费用性支出。用于弥补国有企业改革成本等方面的费用性支出。三是其他支出。具体支出范围依据国家宏观经济政策以及不同时期国有企业改革和发展的任务，统筹安排确定。必要时，可部分用于社会保障等项支出。这个文件还决定："中央本级国有资本经营预算从 2008 年开始实施，2008 年收取实施范围内企业 2007 年实现的国有资本收益。2007 年进行国有资本经营预算试点，收取部分企业 2006 年实现的国有资本收益。"表 7－4 是 2010—2013 年国有资本经营支出的规模，从中可以看出，支出规模增长较快，特别是 2011 年，国有资本经营支出同比增长高达 42%。

表 7－4　　2010—2013 年国有资本经营支出总规模

年份	国有资本经营支出总规模（亿元）	与预算数相比的百分数（%）	比上年增长（决算数）
2010	541.99	123.2	—
2011	769.53	86.9	42
2012	1402.80	109.8	—
2013	1561.52	95.1	11.3

注：2010 年和 2011 年的国有资本经营支出总规模数为中央国有资本经营支出；"—"代表没有查到数据。

二、财政支出结构的变化趋势及原因

表 7 – 5 是 2003—2006 年财政支出结构情况，表 7 – 6 是 2007—2013 年财政支出（一般公共预算）的支出结构情况。由于 2006 年实行了政府收支分类改革，因此，2007 年之前和之后的财政支出口径是不同的。从 2003—2006 年的支出类型来看，占比呈现显著上升趋势的支出类型有：支农支出，文教、科学、卫生支出，城市维护建设支出，政策性补贴支出；占比呈现微升的支出类型有：工业、交通、流通部门事业费，抚恤和社会福利救济费，社会保障补助支出，公检法司支出；占比显著下降趋势的支出类型有：基本建设支出，国防支出；占比呈现微降的支出类型有：挖潜改造和科技三项费用，行政管理费，武装警察部队支出，支援不发达地区支出。从 2007—2013 年的支出类型来看，占比呈现显著上升趋势的支出类型有：教育，医疗卫生，环境保护，城乡社区事务，农林水事务，交通运输；占比显著下降趋势的支出类型有：一般公共服务，国防，公共安全；占比呈现微降的支出类型有：外交，社会保障和就业，工业商业金融等事务。

2009 年之后，全国财政决算也披露了政府性基金预算安排支出的基本情况，见表 7 – 7，从中可以看出，国有土地使用权出让金收入安排的支出（国有土地使用权出让金支出）在各年都是占比绝对首位的政府性基金支出类型，四年内的占比分别为 78.41%、77.73%、73.39%、75.77%；车辆通行费安排的支出，除了在 2010 年占比为第三位之外，其他三年均占据第二位；此外，新增建设用地土地有偿使用费安排的支出，国有土地收益基金支出，城市基础设施配套费支出，中央特别国债经营基金财务支出都是占比较大的类型；表 7 – 8 是 2010—2013 年国有资本经营支出结构情况，在各类支出中，资源勘探电力信息等事务支出的占比是最高的，其他较高的支出类型包括交通运输支出、商业服务业等事务。

表 7 - 5　　2003—2006 年财政支出（一般公共预算）支出结构　　单位：%

年份	基本建设支出	挖潜改造和科技三项费用	流动资金	地质勘探费	工业、交通、流通部门事业费	支农支出	城市维护建设支出	文教、科学、卫生支出	抚恤和社会福利救济费	社会保障补助支出	国防支出	行政管理费	公检法司支出	武装警察部队支出	外交外事支出	对外援助指出	支援不发达地区支出	政策性补贴支出	其他支出
2003	13.9	4.4	0.0	0.4	1.2	4.6	3.5	18.3	2.0	5.1	7.7	8.4	5.3	1.1	0.3	0.2	0.7	2.5	20.4
2004	12.1	4.4	0.0	0.4	1.3	5.9	3.7	18.1	2.0	5.4	7.7	8.5	5.4	1.0	0.3	0.2	0.6	2.8	20.2
2005	10.3	4.5	0.0	0.4	1.4	6.4	5.4	21.3	2.7	6.1	0.1	9.4	6.8	0.2	0.0	–	0.7	1.6	22.7
2006	10.9	4.3	0.0	0.4	1.4	5.3	4.2	18.4	2.2	5.3	7.4	8.3	5.4	1.0	0.3	0.2	0.5	3.4	21.1

注：“—”代表当年没有披露此口径。

资料来源：财政部预算司2003—2006年各年度全国财政决算数据，http://yss.mof.gov.cn/zhengwuxinxi/caizhengshuju/index_1.html；其他支出包括其他部门的事业费、地方预备费、教育费附加支出、行政事业单位离退休经费、用车购税收入安排的支出、国内外债务付息支出、预算外管理改革支出。

表 7-6　　2007—2013 年财政支出（一般公共预算）支出结构　　单位：%

年份	一般公共服务	外交	国防	公共安全	教育	科学技术	文化体育与传媒	社会保障和就业	医疗卫生	环境保护	城乡社区事务	农林水事务	交通运输	工业商业金融等事务	其他支出
2007	17.1	0.4	7.1	7.0	14.3	3.6	1.8	10.9	4.0	2.0	6.5	6.8	3.8	8.6	6.0
2008	15.7	0.4	6.7	6.5	14.4	3.4	1.8	10.9	4.4	2.3	6.7	7.3	3.8	9.9	1.3
2009	12.0	0.3	6.5	6.2	13.7%	3.6	1.8	10.0	5.2	2.5	6.7	8.8	6.1	7.9	8.6
2010	10.4	0.3	5.9	6.1	14.0	3.6	1.7	10.2	5.3	2.7	6.7	9.0	6.1	6.2	11.7
2011	10.1	0.3	5.5	5.8	15.1	3.5	1.7	10.2	5.9	2.4	7.0	9.1	6.9	5.6	11.1
2012	10.1	0.3	5.3	5.6	16.9	3.5	1.8	10.0	5.8	2.4	7.2	9.5	6.5	5.0	10.2
2013	9.8	0.3	5.3	5.6	15.7	3.6	1.8	10.3	5.9	2.4	8.0	9.5	6.7	4.8	10.4

注：这一年还单独列示了保障房支出、地震灾后恢复重建支出、国债付息支出等，这些均归入其他支出；2011 年之后环境保护支出变成“节能环保支出”。

资料来源：财政部预算司 2007—2013 各年度全国财政决算数据，http：//yss. mof. gov. cn/zhengwuxinxi/caizhengshuju/index_ 1. html；2009 年级之后财政支出中，工业商业金融等事务细化为采掘电力信息等事务、粮油物资储备等事务、金融事务。

表 7－7　2010—2013 年全国政府性基金支出规模前五位的政府性基金类型

2010 年	第一位：国有土地使用权出让金支出		第二位：国有土地收益基金支出		第三位：车辆通行费支出		第四位：中央特别国债经营基金财务支出		第五位：新增建设土地有偿使用费支出	
	规模（亿元）	占比（%）	规模（亿元）	占比（%）	规模（亿元）	占比（%）	规模（亿元）	占比（%）	规模（亿元）	占比（%）
	26622.12	78.41	877.92	2.59	818.63	2.41	682.87	2.01	657.25	1.94
2011 年	第一位：国有土地使用权出让金收入安排的支出		第二位：车辆通行费安排的支出		第三位：国有土地收益基金支出		第四位：新增建设用地土地有偿使用费安排的支出		第五位：城市基础设施配套费支出	
	规模（亿元）	占比（%）	规模（亿元）	占比（%）	规模（亿元）	占比（%）	规模（亿元）	占比（%）	规模（亿元）	占比（%）
	31052.26	77.73	1191.47	2.98	1052.31	2.63	881.17	2.21	757.65	1.90
2012 年	第一位：国有土地使用权出让收入安排的支出		第二位：车辆通行费安排的支出		第三位：新增建设用地土地有偿使用费安排的支出		第四位：国有土地收益基金支出		第五位：城市基础设施配套费安排的支出	
	规模（亿元）	占比（%）	规模（亿元）	占比（%）	规模（亿元）	占比（%）	规模（亿元）	占比（%）	规模（亿元）	占比（%）
	26663.87	73.39	1205.29	3.32	905.08	2.49	870.01	2.39	813.86	2.24
2013 年	第一位：国有土地使用权出让收入安排的支出		第二位：车辆通行费安排的支出		第三位：新增建设用地土地有偿使用费安排的支出		第四位：国有土地收益基金支出		第五位：城市基础设施配套费安排的支出	
	规模（亿元）	占比（%）	规模（亿元）	占比（%）	规模（亿元）	占比（%）	规模（亿元）	占比（%）	规模（亿元）	占比（%）
	38265.6	75.77	1374.2	2.72	1219.9	2.42	1194.44	2.37	1122.55	2.22

资料来源：财政部预算司 2007—2013 各年度全国财政决算数据；由于 2009 年全国财政决算只披露了中央政府性基金支出的情况，为了保持数据口径的可比性，本文仅归纳、比较了 2010—2013 年的相关数据；其中，占比是指各类政府性基金支出占全国政府性基金支出的比重。

表 7－8　　2010—2013 年国有资本经营支出结构情况　　单位：%

年份	2010	2011	2012	2013
教育	—	0.03	0.36	0.55
科学技术	—	—	0.83	1.72
文化体育与传媒	—	0.78	0.86	0.99
社会保障和就业	23.45	0.07	1.23	1.24
节能环保	—	—	0.24	1.10
城乡社区事务	—	—	1.50	2.44
农林水事务	1.02	2.51	3.00	1.92
交通运输	8.33	3.01	5.68	8.76
资源勘探电力信息等事务	50.66	76.84	64.37	56.80
商业服务业等事务	12.98	11.34	13.19	12.62
地震灾后恢复重建支出	1.72	0.23	0.71	—
其他支出	—	—	4.03	6.90
转移性支出	1.85	5.20	4.01	4.97

注："—"代表本年无此口径。

资料来源：财政部预算司 2010—2013 各年度全国财政决算数据；2010 和 2011 年的口径是中央国有资本经营支出口径。

第三节　中央政府和地方政府间财政支出关系的基本特征及原因

一、中央和地方政府财政支出规模和结构

本书仍然从中央政府收入比重、中央政府支出比重、中央政府本级支出比重、地方政府收入比重、地方政府本级支出比重、地方政府支出比重等六个口径来认识中央政府和地方政府财政支出的规模和结构变化趋势（见图 7－1）。

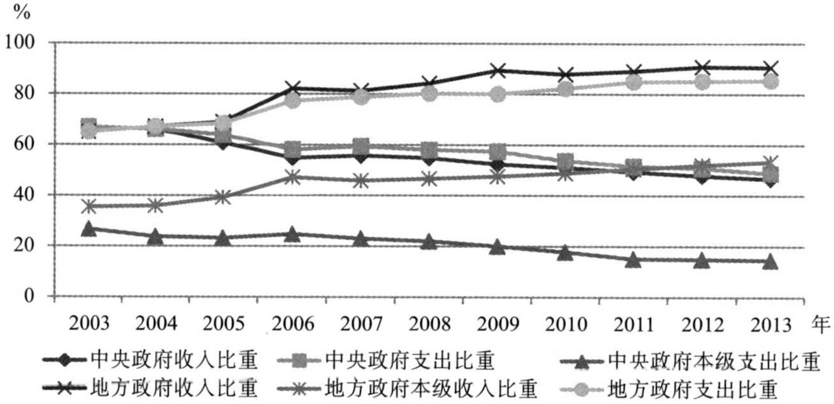

图 7－1　2003—2013 年中央和地方政府财政支出结构的变化趋势

一是中央政府收入比重，即中央政府本级组织的财政收入占全国公共财政收入的比重，这个指标呈现不断下降的趋势，从 2003 年的 68.88% 降至 2013 年 46.59%。二是地方政府本级收入比重，即地方政府本级组织的财政收入占全国公共财政收入的比重，这个指标呈现不断上升的趋势，2011 年该指标已经超过一半。三是地方政府收入比重，与地方政府本级收入比重有所不同，区别在于地方政府收入比重包括中央政府给予地方政府大量的税收返还和转移支付。如果考虑了税收返还和转移支付之后，地方政府收入比重会大大提高，从 2003 年 64.90% 提高至 2013 年的 90.57%。四是中央政府本级支出比重，是直接用于中央政府履行本级职能和职责的相关支出。这个指标呈现不断下降的趋势，从 2003 年的 24.63% 降至 2013 年 14.60%。五是中央政府支出比重，与中央政府本级支出比重有所不同，区别在于中央政府支出包括中央政府给予地方政府大量的税收返还和转移支付。这个指标呈现不断下降的趋势，从 2003 年的 66.88% 降至 2013 年 48.85%。六是地方政府支出比重。是用于地方政府履行本级职能和职责的相关支出。这个指标呈现不断上升的趋势，从 2003 年的 64.99% 升至 2013 年 85.40%。（具体数据参见表 7－9）

表 7-9　　2003—2013 年中央和地方一般公共预算收入、支出规模及占比情况

年份	中央政府收入		中央政府支出		中央政府本级支出		地方政府收入		地方政府本级收入		地方政府支出	
	规模（亿元）	比重（%）	规模（亿元）	比重（%）	规模（亿元）	比重（%）	规模（亿元）	比重（%）	规模（亿元）	比重（%）	规模（亿元）	比重（%）
2003	18637.36	66.88	18637.36	66.88	7420.1	26.63	18111.39	64.99	9849.98	35.34	18111.39	64.99
2004	21981.62	66.07	21981.62	66.07	7894.08	23.73	22301.33	67.04	11893.37	35.75	22301.33	67.04
2005	23471.4	60.85	24183.36	63.89	8775.97	23.18	26584.78	68.92	15100.76	39.15	25866.27	68.33
2006	21243.89	54.81	23492.85	58.12	9991.4	24.72	31805.03	82.06	18303.58	47.22	31218.6	77.23
2007	28611.95	55.75	29579.95	59.42	11442.06	22.98	41710.51	81.27	23572.62	45.93	39202.08	78.75
2008	33626.93	54.83	36334.93	58.05	13765.05	21.99	51640.55	84.20	28649.79	46.71	50194.86	80.19
2009	35915.71	52.42	43819.58	57.43	15255.79	19.99	61166.38	89.27	32602.59	47.58	61044.14	80.01
2010	42488.47	51.13	48330.82	53.78	15989.73	17.79	72954.13	87.79	40613.04	48.87	73884.43	82.21
2011	51327.32	49.41	56435.32	51.66	16514.11	15.12	92468.32	89.02	52547.11	50.59	92733.68	84.88
2012	56175.23	47.91	64126.31	50.91	18764.63	14.90	106440	90.78	61078.29	52.09	107188.3	85.10
2013	60198.48	46.59	68491.68	48.85	20471.76	14.60	117031.1	90.57	69011.16	53.41	119740.3	85.40

资料来源：财政部预算司 2003—2013 年各年度全国财政决算数据；比重是中央政府收入、支出分别占全国财政收入、支出的比重，财政收入口径包含了债务收入，财政支出口径也包含了债务支出；2005 年地方政府支出和收入之间有 718.51 亿元，是地方政府财政收支结余；本表的财政收入和支出口径均指一般公共预算收入和支出。

应该指出的是，之所以出现中央政府支出与中央政府本级支出、地方政府收入与地方政府本级收入之间巨大的数量的差异，源于中央政府对地方政府实施的大规模税收返还和转移支付。分税制改革以来，中央对地方政府转移支付制度的不断完善，让地方政府对中央政府转移支付的依赖度不断上升。这个趋势的出现与中央和地方政府之间的财权划分有着非常密切的关系，特别是分税制改革之后地方税体系仍然需要作出根本性改革。

二、中央和地方政府财政支出关系的突出问题和改革必要性

本节第一部分分析了中央政府和地方政府财政收入、支出的对比关系，阐述了一个重要的问题：虽然地方政府财政实际获得收入和支出能力在不断提升，但是从现实运行来看，地方政府在获得收入和支出的自主性在不断弱化，这是分税制改革以来中央政府和地方政府财政支出的一个突出问题。主要表现在：

一是中央和地方政府之间的职责有一定程度的交叉，同时还有“缺位”问题。政府间的事权和支出责任仍然没有得到根本厘清，各级政府拥有独立承担职责仍然需要明晰、加强，特别是上级政府对地方政府的委托性事权仍然较多。有些应由中央承担的支出责任被划给省、市县，如基本养老保险，而有些应由省或市县完全承担的责任，中央政府也进行了参与。中央政府独立掌握的职责往往由于机构体系的限制，难以做到自己完成，有时候只得委托地方政府来完成。

二是政府间财权划分不尽合理，基层政府财政自给能力不足。市县级政府缺乏稳定充足的地方税收入来源，不能满足其正常的公共支出需要，地方政府对土地出让金依赖严重，财政风险不容忽视。另外，税收共享体系不尽合理，特别是增值税共享，导致地方政府投资冲动。

三是分税制改革以来，部分财权向中央政府集中，这显著提升了中央政府统筹财力的能力，但同时也导致地方难以获得足够的自主性财政收入，地方政府收入的自主性不断区域弱化。2001 年 12 月，国务院出台《所得税收入分享改革方案》，并于 2002 年 1 月 1 日开始实施，明确这次改革的目标是“为了促进社会主义市场经济的健康发展，进一步

规范中央和地方政府之间的分配关系，建立合理的分配机制，防止重复建设，减缓地区间财力差距的扩大，支持西部大开发，逐步实现共同富裕”，《方案》目标是改革现行按企业隶属关系划分所得税收入的办法，对企业所得税和个人所得税收入实行中央和地方按比例分享。中央保证各地区 2001 年地方实际的所得税收入基数，实施增量分成。

四是在地方政府财政收入中，地方税体系建设较为滞后，很多收入来源属于共享税。地方税体系建设严重滞后，地方政府缺乏稳定的收入来源。从目前来看，五级政府间的收入划分以增值税、所得税等大税种的共享收入为主。营改增之前，地方税收入中，大宗税种仅有营业税，而由于营业税有明显重复计征之弊，不利于产业分工细化，于是开始实行“营改增”。“营改增”全面推开后，作为地方税主力的营业税大头归中央，致使偏弱的地方财力“雪上加霜”，从根本上、制度上解决地方税问题迫在眉睫。而且，这个问题的一个必然结果就是，地方政府高度关注“投资过程”。引发上述问题的一个重要原因是共享税制度的设计，特别是增值税共享制度，增值税是现行税制格局中的绝对主体税种，增值税收入的产生与“投资过程”密不可分，与企业投资规模直接密切相关。为了获得更大规模的增值税收入，地方政府纷纷热衷于“招商引资”，扩大投资规模，上马“大项目”。地方政府长期分享增值税收入的 25%，即使现在已经提高至 50%，也难以显著提升地方税的自主性。

五是转移支付规模庞大，大量的收入被中央政府集中后又转移给地方政府，地方政府支出的自主性也受到影响。转移支付总量规模庞大，2008—2013 年，中央对地方政府转移支付的规模从 22990.76 亿元增长至 48019.92 亿元，大量的转移支付由中央先集中再向地方转移；转移支付结构亟待合理。在财政体制运行中，出现专项转移支付规模持续大幅度增长的不合理情况。从 2008—2013 年，专项转移支付比重从 43.33% 降至 38.76%（见表 7 - 10）。大量专项转移支付由中央部门安排下达项目，不利于地方统筹安排财力，有些项目安排也不完全符合地方的实际需要。很多专项转移支付项目要求地方配套资金，有些项目的配套比例甚至高达 70% 以上。在地方自有财源严重不足的情况下，再由地方用自有财力安排配套资金，更加剧了地方财政收支紧张的矛盾。而且，专项转移支付管理成本高、效率低、针对性差。每年上万亿元的专项转移支付资金，由中央部门确定项目下达到省级财政，再由省级部门下达到市、县财政，环节很多，工作量很大。一些基层政府部门为争取专项转移支付资金，层层向上级汇报，成本很高。一些项目审批和资金分配的透明度不高，容易滋生腐败和分配不公问题。不少专项转移支付项目下达较晚，有些甚至到年底都难以下达，造成年终大量资金结转和闲置。有关部门对专项转移支付重分配、轻管理，难以实施有效的绩效评价和执行监督，影响财政支出效果。

表7-10　2008—2013年中央对地方转移支付和税收返还的总量和结构

年份	转移支付和税收返还总量（亿元）	税收返还		一般性转移支付		专项转移支付	
		规模（亿元）	比重（%）	规模（亿元）	比重（%）	规模（亿元）	比重（%）
2008	22990.76	4282.16	18.63	8746.21	38.04	9962.39	43.33
2009	28563.79	4886.70	17.11	11317.20	39.62	12359.89	43.27
2010	32341.09	4993.37	15.44	13235.66	40.93	14112.06	43.64
2011	39921.21	5039.88	12.62	18311.34	45.87	16569.99	41.51
2012	45361.68	5128.04	11.30	21429.51	47.24	18804.13	41.45
2013	48019.92	5046.74	10.51	24362.72	50.73	18610.46	38.76

资料来源：财政部预算司2008—2013各年度全国财政决算数据；比重是税收返还、一般性转移支付、专项转移支付分别占转移支付和税收返还总量的比重。

在完善社会主义市场经济体制过程中，需要在提升地方政府收支自主性方面深化改革，事实上，它反映出中央政府和地方政府之间事权和支出责任整体改革的深化空间。借鉴国际经验，按照受益范围、能力、效率、规模经济、外部性、信息充分性和激励相容为基本原则，各级政府的职责尽可能由本级政府承担，尽量减少职责共担，逐步改变中央下指令、地方执行的状况。中央政府单独承担的职责，由中央自身的机构完成；中央自身机构能力不足的，首先应加强中央自身能力建设。职责划分尽可能细化、可执行。中央政府着重抓大事、抓影响全局的事，地方政府能履行的职责尽量交给地方。加快深化中央、省及省以下行政管理体制改革、行政区划调整和财政体制改革，相应进行立法保障，提高政府间职能和职责划分的法定性。

第四节 财政支出在地方政府竞争中发挥了关键支撑作用

这个时期，由于地方政府支出在全国政府支出的比重越来越高，地方政府在正确发挥积极性中，彼此之间进行激烈竞争的财政支出功能和结构，特别是地方政府之间开展了激烈的招商引资竞争，促进了市场体系和市场环境的不断完善。

一、财政支出极力推动完善市场体系

这个时期，各级政府在推动完善市场体系方面都发挥了至关重要的作用。分税制改革后，地方政府的发展目标更加明确，且掌握了一定财权作为手段。为了更好地实现经济社会发展目标，地方政府努力建立市场经济体系，更好地优化地区发展环境，各地区之间开展了激烈的市场竞争。周黎安（2007）曾经提出的晋升锦标赛模式就是提出了地方政府在发展经济中的激励和动力。

一是完善市场体系的重要内容就是通过大规模基础设施建设，来吸引市场主体进入区域，以帮助区域经济发展、做大经济总量。基础设施建设是市场体系建设的硬件条件，良好的基础设施是市场产品和生产要素实现自由流通的基础条件。这个时期，为了吸引流动性较大的市场资本，比如外国直接投资、内资企业、人力资本等，中央政府支持特殊区域，比如经济特区、国家经济开发区等更好地完善基础设施；同时，地方政府也投入大量财政支出用于园区基础设施建设。比如，2003 年 3 月 5 日，第十届全国人民代表大会第一次会议上，时任国务院总理朱镕基作《2003 年政府工作报告》对第九届全国人民代表大会第一次会议

以来的五年成绩做了总结，他提出，“我们集中力量建成了一批关系全局的重大基础设施项目。进行了新中国成立以来规模最大的水利建设。五年全国水利建设投资3562亿元，扣除价格变动因素，相当于1950年到1997年全国水利建设投资的总和”，“五年全国公路建设投资12343亿元，扣除价格变动因素，是1950年到1997年全国公路建设投资总和的1.7倍”。2013年3月5日，在第十二届全国人民代表大会第一次会议上时任国务院总理温家宝作《2013年政府工作报告》对第十一届全国人民代表大会第一次会议以来的五年经济社会发展作了总结，他指出：“五年来，新建各类保障性住房1800多万套，棚户区改造住房1200多万套；完成大中型和重点小型水库除险加固1.8万座，治理重点中小河流2.45万公里，新增节水灌溉面积770万公顷；新增铁路里程1.97万公里，其中高速铁路8951公里，京沪、京广、哈大等高铁和一批城际铁路相继投入运营；新增公路60.9万公里，其中高速公路4.2万公里，高速公路总里程达9.56万公里；新建机场31个；新增万吨级港口泊位602个；一批跨江跨海大桥、连岛工程相继建成；西气东输、西电东送、南水北调等重大工程顺利推进或建成”。

二是支持国有企业改革，培育和做大社会主义市场经济体制的市场主体。社会主义市场经济体制下，市场主体呈现多元化的趋势，国有企业是公有制经济的主要形式。支持国有企业改革，实质上就是推动社会主义市场经济体制的市场主体建设。在社会主义市场经济体制尚不完善之时，国有企业很大程度上成为市场契约的替代形式，它发挥了增强市场信用的功能，对国有企业的支出在完善社会主义市场经济体制方面发挥了重要功能。一方面，公共财政预算中专门安排支持国有企业有关领域的改革。比如，在建立完善社会保险过程中，公共财政预算对其进行大量补贴，实质上很大程度上支持了国有企业作为市场经济主体的改革（参见表7-11）；再比如，2004年中央财政安排拨付国有企业政策性关闭破产补助资金199.47亿元，共安置职工53.75万人。2007年，财政解决国有企业职工工资历史拖欠实施补助100亿元；2011年，对国有企业政策性关闭破产相关工作拨付财政补助资金71.75亿元；此外，财政还支持未参保的关闭破产国有企业退休人员参加当地城镇职工基本医疗保险，妥善解决关闭破产企业退休人员、困难企业职工、国有企业老工伤人员、未参保集体企业退休人员社会保险等国有企业改革问题；支持国有企业公司制股份制改革，等等。另一方面，国家建立了国有资本经营预算，这类预算的建立极大地支持了国有企业改革，促进社会主义市场经济主体的充分发育。2007 年 9 月，国务院下发《关于试行国有资本经营预算的意见》，这标志着国有资本经营预算制度的设立，它明确提出："国有资本经营预算的支出主要包括：1. 资本性支出。根据产业发展规划、国有经济布局和结构调整、国有企业发展要求，以及国家战略、安全等需要，安排的资本性支出。2. 费用性支出。用于弥补国有企业改革成本等方面的费用性支出。3. 其他支出。"虽然，这个时期，国有资本经营预算规模仍然不大，但是随着国有资本经营预算的改革深化，这个预算仍然有着非常期待的改革方向。

表 7－11　　公共财政预算对社保基金的补贴支出　　单位：亿元

项目	2011 年	2012 年	2013 年
对社保基金的补助总额	3152.19	3828.29	4403.14
对基本养老保险基金的补助	2191.72	2527.30	2851.41
对失业保险基金的补助	6.63	8.31	8.21
对基本医疗保险基金的补助	67.01	84.21	107.10
对工伤保险基金的补助	65.12	16.45	19.59
对生育保险基金的补助	3.60	3.91	5.78
对新型农村社会养老保险基金的补助	649.41	932.91	1096.38
对城镇居民养老保险基金的补助	—	107.82	138.78
对其他社会保险基金的补助	168.71	147.37	175.89

注："—"代表本年没有此类数据。

资料来源：财政部预算司 2011—2013 年各年度全国财政决算数据。

三是财政支出支持破除市场分割壁垒，降低市场准入门槛。市场体系要求产品和要素实现自由流通，地方政府纷纷以市场机制为导向综合运用经济、财政支出、法律手段，同时以必要的行政手段为辅助手段，加强在区域发展中的引导和调控。一方面，更好地完善产业政策和行业规划，正确引导政府和社会资本的投资方向。另一方面，制订和完善市场准入标准，更好地做好市场准入工作，特别是在发展规划、环保、安全、能耗、技术、质量等方面制定标准。这个时期，地方政府在招商引资过程中，通过各类财政支出手段在竞争中，破除市场分割壁垒，降低市场准入门槛。主要包括以下内容：其一基础设施支出。各个地区为了更好地打造区位优势，积极地建设基础设施。基础设施优势已经成为区域发展的重要基础，特别是在吸引资本进入方面发挥了重要作用，“要想富、先修路”就是很多地方政府的心声。其二财政和税收优惠政策。在招商引资过程中，很多地方政府采取财政补贴或者税收优惠的方式来吸引外部资本。比如，根据2010年6月13日，中华人民共和国审计署2010年第12号审计结果公告《17个省区市财政管理情况审计调查结果》，明确指出：“2008年1月至2009年6月，有7个省级和59个省以下地方政府及开发区为吸引投资，自行出台税收减免和先征后返政策，或以政府奖励、财政补贴等名义将税收和土地出让金等收入返还给企业，涉及金额125.73亿元；有4个省级和10个省以下地方政府及开发区以购房补贴、购车补贴和人才奖励等名义，向2万多名企业高管返还个人所得税4.63亿元”①。其三区域土地优惠。在工业社会下，土地资源是重要的市场要素，也是企业重要的生产成本类型之一。在现行土地管理制度下，地方政府往往通过掌握的土地资源，运用土地价格优惠来充当招商引资竞争的重要手段。例如，对招商引资来的工业企业采取零地价或者低地价等。

四是用于支持整顿市场秩序，改善市场经济内外部环境。市场经济体制的良好运转，必须将不断深化公用服务和能源、交通等领域的价格体制改革，更好地加快发展资本、产权、土地、技术和劳动力市场体系，整顿和规范市场经济秩序，不断拓展现代流通方式。但是，有些市场主体对市场规则不遵守，比如走私、骗税骗汇、制售假冒伪劣商品等损害市场经济竞争的行为，因此，政府必须要严厉打击这些行为，惩罚违背市场秩序行为，对各个领域的市场和安全生产秩序进行专项整治，查处重大特大案件，等等。

---

① 中华人民共和国审计署网站，http：//www.audit.gov.cn/n5/n25/c63515/content.html。

二、财政支出合理权衡“建设”支出和“吃饭”支出的关系

受到经济发展考核的影响，地方政府必须一方面要确保经济增长率，另一方面还要也要维持基本运转，所谓在“吃饭”和“建设”之间要实现一个均衡。“吃饭”主要是政府为属地居民提供一些与民生相关的基本公共服务标准，比如维护本地市场秩序、社会治安及社会和谐稳定，确保行政机关运转、公共安全、基础教育、基本医疗、基本养老、基本住房、基本公共卫生、基本就业、城乡居民最低生活保障，在这些领域往往都有着一些考核指标，甚至有些指标对地方政府运行绩效考核来说是“一票否决”。同时，还要投入大量财力用于基础设施“建设”，特别是从公共财政预算和政府性基金预算中安排了大量财政支出用于基础设施。比如，在 2013 年全国公共预算支出中，教育支出规模为 22001.76 亿元。其中：教育费附加安排的支出是 1443.1 亿元，在这些支出中大量用于基础设施建设，用于农村中小学校舍建设的支出为 149.23 亿元，用于城市中小学校舍建设的支出为 133.87 亿元，等等；2013 年全国公共预算支出中，城乡社区事务支出规模为 11165.57 亿元，其中用于 城乡社区公共设施的支出为 5524.49 亿元。等等。

这个时期，中国的土地财政问题，在促进建设方面发挥了至关重要的功能和作用。随着社会主义市场经济体制的不断完善、成熟，住房领域的改革也在不断深化，特别是 1998 年 7 月 3 日，国务院出台《关于进一步深化城镇住房制度改革、加快住房建设的通知》，明确提出，“稳步推进住房商品化、社会化，逐步建立适应社会主义市场经济体制和我国国情的城镇住房新制度”，“1998 年下半年开始停止住房实物分配，逐步实行住房分配货币化”。自此开始，与土地出让金相关的收入成为政府重要的收入类型，而与之相关的支出也成为重要的支出类型。当然，与土地出让相关收入快速增长的基础是社会主义市场经济体制改革所带来的工业化和城镇化阶段的不断成熟。正是因为社会市场经济体制改革带来的各类产品和要素需求推动了工业化和城镇化水平，从而更好地带动了土地需求的增加，进一步带来了资本报酬和劳动报酬的上涨，从而带来了人民群众对居住用地的需求增长，规模巨大的土地出让

收入才得以实现。

从国有土地出让收入安排的支出来看，主要是用于以下几个项目：征地和拆迁补偿支出、土地开发支出、城市建设支出、农村基础设施建设支出、补助被征地农民支出、土地出让业务支出、廉租住房支出、教育资金安排的支出、支付破产或改制企业职工安置费、棚户区改造支出、公共租赁住房支出、农田水利建设资金安排的支出以及其他。其中土地开发支出占到了全部安排支出的 90% 左右。

除了国有土地出让收入之外，其他政府性基金项目支出也有着大量的基础设施建设支出的内容。以 2013 年中央政府性基金支出为例，其中：中央农网还贷资金，其依据是 2001 年经国务院批准，财政部印发了《农网还贷资金征收使用管理办法》。这笔政府性基金支出主要用于给国家电网公司和南方电网公司专项用于农村电网改造贷款还本付息；铁路建设基金，主要用于国家计划内大中型铁路建设项目以及与建设有关的支出；民航发展基金，其依据是经国务院批准，财政部于 2012 年印发了《民航发展基金征收使用管理暂行办法》，其使用范围的一个重要内容就是机场飞行区、航站区、机场围界、民航安全、空中交通管制系统等基础设施建设；港口建设费，主要用于沿海港口公共基础设施建设、内河水运建设、支持保障系统建设等；南水北调工程基金，专项用于南水北调主体工程建设，等等。由此可见，政府性基金本身就是一种为推动基础设施建设而设立的特别筹集财政收入的机制。

第五节　财政政策宏观调控机制更加成熟完善，财政支出成为关键调控工具

完善社会主义市场经济体制时期的逆周期的财政政策调控更加成熟，财政支出作为财政政策的核心手段和工具，越来越在宏观调控中发挥重要的作用，特别是政府投资支出作为财政支出的重要内容，更是在

这一时期在拉动经济增长、扩大内需方面发挥显著作用。这一时期，前半期主要实施稳健财政政策，自2008年全球金融危机爆发后，开始转向积极财政政策。

一、2004—2008年实施稳健财政政策，财政支出发挥中性作用

积极财政政策在应对亚洲金融危机方面发挥了非常重要的逆周期作用，整体宏观经济形势逐渐企稳回升。到了2004年上半年，宏观经济运行开始转向局部过热的态势，特别是一些行业领域出现了固定资产增速较快、通货膨胀压力不断加剧的趋势，为了应对经济形势的变化，为期六年的积极财政政策开始退出。2004年12月3日至5日，中央经济工作会议决定，“要实行稳健的财政政策和货币政策，继续控制固定资产投资规模的过快增长”，标志着2005年起财政政策开始从积极转向稳健。

稳健财政政策又被称为中性财政政策，2004年5月27日，时任财政部长金人庆在上海出席全球扶贫大会闭幕式记者招待会时明确提出，中国已走出通货紧缩的阴影，以后将实施中性的财政政策。高培勇（2004）指出，中性财政政策，一方面要对财政支出总量进行有效控制，避免财政收入增长和财政支出膨胀之间形成“直通车”。另一方面，就财政支出结构来说，也要坚持“有保有压”，更好地优化支出结构，对部分事关国计民生的公共服务项目还要继续强化支持，而对于一些基础设施建设以及消费性支出要进行适当压缩。

从本轮稳健财政政策中的财政支出措施来看，2004年12月7日，时任财政部长金人庆在《人民日报》刊文“实行稳健的财政政策 促进经济平稳较快发展”，明确提出：“实行稳健的财政政策，主要是要服从服务于改革发展大局，服从服务于中央宏观调控大局，宏观上既要防止通货膨胀的苗头继续扩大，又要防止通货紧缩的趋势重新出现；既要坚决控制投资需求膨胀，又要努力扩大消费需求；既要对投资过热的行业从紧，又要着力支持经济社会发展中的薄弱环节。政策核心是松紧适度，着力协调，放眼长远。具体说来，要注重把握‘控制赤字、调整结构、推进改革、增收节支’十六个字。”

一是控制赤字。即适当减少中央财政赤字，将2005年中央财政赤字在控制在3000亿元，并保持稳定或逐步缩小，随着GDP的不断增长，财政赤字占GDP的比重会趋于下降。2005年发行长期建设国债800亿元，比上年减少300亿元，同时增加中央预算内经常性建设投资100亿元。二是调整结构。按照公共财政的要求，区别对待、有保有压、有促有控，对用于一般竞争性领域的支出要压缩，对于一些属于公共财政保障范围的社会经济发展领域支出，比如农业、就业、社会保障、环境和生态建设、公共卫生、教育、科技等环节，要加大投入。2005年，中央财政用于"三农"的支出达到2975亿元，同比增长13.3%；就业和社会保障支出3649.27亿元，同比增长17.1%；教育支出3951.59亿元，同比增长17.4%；科技支出991.56亿元，同比增长20.9%；医疗卫生支出1026.99亿元，同比增长20.2%，等等。三是推进改革。继续安排部分国债项目投资，并对预算内基本建设投资进行整合，适当调减国债项目资金规模，将腾出的部分财力，用于支持改革，相继实施了"生产型增值税转为消费型增值税"，取消农业税改革，完善出口退税机制改革等一系列改革措施。四是增收节支。具体是指，在总体不增加税负或者略为减少的情况下，依法征税，确保财政收入稳定增长，严格控制支出增长，并确保提高财政资金的使用效益。

从本轮稳健财政政策的作用来看，效果十分斐然，对投资支出总量的有效控制和对支出结构的优化，对经济增长的质量和效益发挥了显著促进作用，特别是民生性公共服务支出极大地促进了各项社会事业的长足进步。

二、2008年开始实施积极财政政策，财政支出发挥扩张作用

2007年底以来，全球经济出现了危机前兆。2008年9月，美国雷曼兄弟公司提出破产申请，美林证券被美国银行收购，全球金融危机开始凸现，迅速席卷全球，在危机的巨大冲击下，中国经济增长深受影响，在应对2008年全球金融危机中我国出台了一系列财政支出政策措施，取得了显著的调控效果。

2008年11月5日，时任国务院总理温家宝召开国务院常务会议，

会议确定实施“当前进一步扩大内需、促进经济增长的十项措施”。这标志着实施了接近四年的稳健财政政策退出，转向积极财政政策。这十项措施包括：一是加快建设保障性安居工程。二是加快农村基础设施建设。三是加快铁路、公路和机场等重大基础设施建设。四是加快医疗卫生、文化教育事业发展。五是加强生态环境建设。六是加快自主创新和结构调整。七是加快地震灾区灾后重建各项工作。八是提高城乡居民收入。九是在全国所有地区、所有行业全面实施增值税转型改革，鼓励企业技术改造，减轻企业负担 1200 亿元。十是加大金融对经济增长的支持力度。根据测算，实施上述支出政策，到 2010 年底约需投资 4 万亿元。

2010 年 3 月 5 日第十一届全国人民代表大会第三次会议上，时任国务院总理温家宝作《政府工作报告》，对 2009 年财政支出作了总结。一是着力扩大居民消费。由中央财政安排资金 450 亿元，用于补贴家电汽车摩托车下乡、汽车家电以旧换新和农机具购置。二是确保投资快速增长。实施两年新增 4 万亿元的投资计划，2009 年中央政府用于公共投资的支出达到 9238 亿元，同比上年预算增长 5038 亿元。其中：保障性住房、农村民生工程、社会事业投资占比为 44%，自主创新、结构调整、节能减排和生态建设占比为 16%，重大基础设施建设占比为 23%，灾后恢复重建占比为 14%。在公共投资带动下，2009 年全社会固定资产投资同比增长高达 30. 1%。三是财政支出政策用于调整结构。2009 年，中央财政用于“三农”支出 7253 亿元，同比增长 21. 8%。同时，制定并实施十大重点产业调整振兴规划，专门安排 200 亿元技改专项资金支持 4441 个技改项目。中央财政用于科技支出 1512 亿元，同比增长 30%。大力加强基础设施建设，铁路、高速公司、城市轨道交通、民用机场、发电装机容量、水利、西气东输、南水北调等一系列重大项目实施。四是财政支出加大改善民生，加快发展社会事业。中央财政安排就业专项资金 426 亿元，同比增长 59%。中央财政安排社会保障资金 2906 亿元，同比增长 16. 6%，安排保障性安居工程补助资金 551 亿元，比上年增长 2 倍。中央财政安排教育支出 1981 亿元，同比增长 23. 6%。中央财政安排医疗卫生支出 1277 亿元，同比增长 49. 5%。

简言之，本轮积极财政政策实施过程中，财政支出政策使用不仅仅是单纯实施经济强刺激，而是将结构调整融入积极财政政策的格局之中，遵循了将经济社会发展与体制机制改革相互融合、相互促进的宏观调控思路，既有效发挥了保增长的作用，也没有超过财政承受能力，取得了非常显著的效果，帮助宏观经济形势有效全面回升。

第六节　“十五”计划和“十一五”规划时期的财政支出

“十五”计划是 2001—2005 年国民经济和社会发展计划。“十一五”规划是 2006—2010 年的国民经济和社会发展规划。这两个时期是进入新世纪后实施的十年计划（规划），在中国经济社会发展历史上具有非常重要的作用。与以往时期相比，这个时期侧重于强调市场在资源配置中的基础性作用发挥，财政职能和财政支出完全遵循公共财政原则来发挥作用。

一、“十五”期间，财政支出与市场资源配置形成合力

“十五”时期财政支出主要围绕以下重点领域来支持圆满实现“十五”计划目标：

一是对“三农”的支持放在突出位置，全面巩固和加强农业的基础地位。2001 年 3 月 5 日，第九届全国人民代表大会第四次会议上，时任国务院总理朱镕基作《关于国民经济和社会发展第十个五年计划纲要的报告》明确提出：“加强农业基础地位，努力增加农民收入”。仅 2005 年一年，中央财政对于“三农”的支出就达到 2975 亿元，同比增长 13.3%。其中：农村基础设施建设支出 813 亿元，占“三农”支出的 27.3%；农村税费转移支付 662 亿元，占 22.3%；农林水和气象支出 535 亿元，占 17.9%；农产品政策性补贴支出 432 亿元，占 14.5%；

扶贫支出 130 亿元，占 4.4%；农业综合开发支出 99 亿元，占 3.3%；其他支出 115 亿元，占 3.9%。

二是支持产业结构优化，全力支持服务业发展。“十五”时期财政支出主要着力点在于加快发展先进制造业，坚持以信息化带动工业化，广泛应用高技术和先进适用技术改造提升制造业。推动高新技术产业发展，在财政的支持下，组织实施了 1000 多项高新技术产业化示范工程，推动了一批具有自主知识产权的成果转化为产业价值；此外，创新财政支出方式，支持重点行业、重点企业、重点产品实施大规模技术改造和结构调整，自 1998—2003 年五年间全国共完成技术改造投资 2.66 万亿元，比前五年同比增长 67%。同时，财政着力支持服务业发展。它是产业结构走向高度化的必然结果，这个时期，围绕服务业发展，财政支出进行了重点支持。2001 年 12 月，国务院办公厅转发国家计委《关于“十五”期间加快发展服务业若干政策措施的意见》提出：“以市场化、产业化和社会化为方向，增加供给、优化结构、拓宽领域、扩大就业。要进一步解放思想，更新观念，真正把服务业作为产业对待。要有步骤地扩大开放，在主要依靠市场机制的基础上，通过政策引导，加大工作力度和资金投入，促进全国服务业发展再上一个新台阶。”

三是继续加大基础设施投入，优化基础设施结构。“十五”时期，在从积极财政政策转向稳健财政政策过程中，把握好基础设施投资的过快增长，同时确保一批具有战略价值的基础设施项目投产。比如，长达 4000 公里的西气东输管道全线贯通，三峡工程、西电东送、青藏铁路、南水北调等重大项目建设快速进展，全国高速公路网络进一步完善，基础设施的显著改善，大大增强了我国经济社会发展的后劲和能力。

四是加强支持区域协调发展。“十五”时期按照国家区域发展战略的布局，财政支出着力支持西部大开发，振兴东北地区等老工业基地，促进中部地区崛起，鼓励东部地区加快发展的协调发展格局。仅 2005 年一年，在实施西部大开发战略中就新开工 10 项国家重点建设工程，总投资 800 亿元。为了振兴东北地区等老工业基地，国家支持启动了 197 个调整改造项目，开始建设 15 个采煤沉陷区治理工程。“十五”时期我国开始研究制定促进中部地区崛起的规划和措施。

五是加大对科学技术、教育的投入，提高自主创新能力。从长期的经济增长潜力来看，还是要依靠科技进步和劳动力素质的提高。继续深入实施科教兴国战略和人才强国战略，把增强自主创新能力作为科学技术和教育发展的中心环节。随着财政支出对全国普及九年义务教育、基本扫除青壮年文盲的投入，这两类人口地区覆盖率，由 1997 年的 65% 提高至 2002 年的 91%。2004 年，全国教育支出增加 421.89 亿元，同比增长 14.4%。全国科技支出增加 98.5 亿元，同比增长 13%。2005 年，全国教育支出 3951.59 亿元，同比增长 17.4%。其中，中央本级教育事业费 338.64 亿元，同比增长 17.2%，高于中央财政经常性收入增长，进一步扩大“两免一补”政策实施范围，继续支持实施全国中小学危房改造工程、国家西部地区“两基”攻坚计划、农村中小学现代远程教育工程、农村中小学布局调整等项目，继续支持实施“211 工程”“985 工程”等重点工程；2005 年，全国科技支出 991.56 亿元，同比增长 20.9%，重点支持了国家科技基础条件平台建设和中国科学院“知识创新工程试点”等重点项目。

六是确保充分保障民生领域支出，特别是支持完善社会保障制度方面。社会保障制度的建立、完善是完善社会主义市场经济体制的必然结果。特别是经历了 20 世纪末的国有企业改革，社会保障制度变得更加成熟。“十五”时期，财政支出主要支持就业和再就业领域及社会保障相关支出，基本建立了社会保障体系框架，城镇基本养老保险制度和基本医疗保险制度建设全面建立、完善，国有企业下岗职工基本生活保障制度、失业保险制度、城市居民最低生活保障制度相继建立。2004 年，中央财政用于“两个确保”（确保企业离退休人员基本养老金按时足额发放，确保国有企业下岗职工基本生活费按时足额发放）和城市“低保”的补助资金 779 亿元，同比增长 11.3%，用于下岗职工基本生活保障补助资金 144 亿元。积极推进城乡医疗救助制度建设。2005 年，中央财政用于社会保障的资金达 1465 亿元，同比增长 18.1%。

七是全力支持改革。为支持农村税费改革，2003 年，中央财政安排支出 305 亿元。2005 年，中央财政安排转移支付 662 亿元，同比增长 26.3%。2003 年中央财政拿出 396 亿元用于转移支付；2005 年，中央财政从预算超收中安排 347 亿元用于预留公务员工资制度改革及配套政策支出；等等。

二、"十一五"期间，财政支出基本延续前五年发展格局

2005 年 10 月，党的十六届五中全会通过《中共中央关于制定国民经济和社会发展第十一个五年规划的建议》对"十一五"时期的经济社会发展目标和方向作了全面部署。"十一五"期间，财政支出主要支持以下领域：

一是强化财政支出在宏观调控中的制度化、规范化作用，全面改善财政政策调控机制。"十五"时期，包含财政支出在内的财政政策宏观调控体系，已经进入非常成熟的阶段，这也是与社会主义市场经济体制的不断完善相适应的过程。

二是继续全面巩固和加强农业作为国民经济社会发展的基础。整个"十一五"期间，中央财政用于"三农"领域的支出累计近 3 万亿元，年均增幅超过 23%。取消了农业税和农业特产税以及各种收费，全面终结了农民种田交税的历史，对种粮农民、良种和农机具购置开展直接补贴，实施农业生产资料综合补贴，对重点地区的重点粮食品种实行最低收购价政策，增加对财政困难县乡和产粮大县的转移支付。此外，2006 年 10 月 8 日，国务院出台《关于做好农村综合改革工作有关问题的通知》，为了支持农村综合改革，中央财政研究确定从 2006 年起，用 4 年时间核减农业综合开发债务 44. 86 亿元。2007 年、2008 年，中央财政推进农业综合开发支出分别为 115. 7 亿元、127 亿元，主要是用于改造中低产田、建设高标准农田，增加粮食生产能力。

三是全力支持经济结构调整，强化经济增长质量导向。一方面，财政支出仍然在支持基础设施领域发力，特别是在 2008 年以后，在拉动基础设施投资为重要内容的积极财政政策作用下，基础设施加速完善。五年建成铁路新线 1. 6 万公里，新增公路 63. 9 万公里，其中高速公路 3. 3 万公里，新建、改扩建机场 33 个，新建和加固堤防 1. 7 万公里。另一方面，支持产业升级改造，加快服务业发展。

四是在科技和教育领域继续强化投入，支持科教兴国战略实施。科

技领域，国家制定并实施国家中长期科学和技术发展规划纲要，2006年，建立财政科技投入的稳定增长机制，全国财政科技支出1260.38亿元，同比增长26.2%。2008年，中央财政安排科学技术支出1163.29亿元，同比增长16.4%。其中：903.91亿元支持加强基础研究和应用研究，60亿元用以启动实施16个国家重大科技专项。2009年，中央财政安排科学技术支出1512.02亿元，同比增长30%。其中：中央本级支出1433.85亿元，对地方转移支付78.17亿元。946.76亿元用于强化基础研究和应用研究，328亿元用以推进科技重大专项。此外，还实施十大重点产业调整振兴规划，支持4441个技改项目，安排技改资金支出200亿元；教育领域，制定和实施国家中长期教育改革和发展规划纲要，全面实现城乡免费义务教育。“十一五”时期五年全国财政教育支出累计4.45万亿元，年均增长22.4%。①

五是切实保障和改善广大人民群众的民生支出。特别把就业和社会保障作为保障民生的主要内容。“十一五”时期，财政支出支持建立覆盖城乡的社会保障体系，推进医药卫生体制改革，实现最低生活保障制度全覆盖，建立城镇居民基本医疗保险制度、新型农村合作医疗制度，基本建立覆盖城乡的社会救助体系。

六是支持深化改革，全面增强市场活力和区域发展活力。全面支持增值税转型、成品油价格和税费改革、两法（《中华人民共和国企业所得税暂行条例》和《中华人民共和国外商投资企业和外国企业所得税法》）合并；支持建立县级基本财力保障机制；支持农村义务教育经费保障机制改革；支持实施促进中小企业发展以及激发民间投资的诸多政策措施；等等。

① 数据来源于各个年份的政府工作报告和关于中央和地方预算执行情况与下一年中央和地方预算草案的报告。

第八章　2013 年至今中国特色社会主义进入新时代后的财政支出

2013 年 11 月，党的十八届三中全会胜利召开，会议通过了《中共中央关于全面深化改革若干重大问题的决定》，提出“全面深化改革的总目标是完善和发展中国特色社会主义制度，推进国家治理体系和治理能力现代化”。它还对财政的功能进行了再定位，提出“财政是国家治理的基础和重要支柱，科学的财税体制是优化资源配置、维护市场统一、促进社会公平、实现国家长治久安的制度保障。必须完善立法、明确事权、改革税制、稳定税负、透明预算、提高效率，建立现代财政制度，发挥中央和地方两个积极性。”十八届三中全会决定对政府和市场的关系作出明确界定，即“经济体制改革是全面深化改革的重点，核心问题是处理好政府和市场的关系，使市场在资源配置中起决定性作用和更好发挥政府作用。”2017 年 10 月，习近平同志在党的十九大上作《决胜全面建成小康社会　夺取新时代中国特色社会主义伟大胜利》报告，提出“中国特色社会主义进入了新时代，这是我国发展新的历史方位”。在“加快完善社会主义市场经济体制”方面，提出“加快建立现代财政制度，建立权责清晰、财力协调、区域均衡的中央和地方财政关系。建立全面规范透明、标准科学、约束有力的预算制度，全面实施绩效管理。”这意味着中国特色社会主义进入新时代后，财政职能和财政支出功能有了更加全局、系统的定位。正如高培勇（2014）指出，“中共十八届三中全会围绕深化财税体制改革做出的全新理论概括或理论判断，标志着财政基础理论建设的重大突破：将财政从政府收支活动的平台转换至国家治理的平台并以其基础和重要支柱加以定位，将财税体制的属性定位由经济体制的重要内容转换为国家治理体系的重要组成部分。新的历史起点上，我们对于财政的认识深化了。财政不仅是政府的收支或政府的收支活动，而且是国家治理的基础和重要支柱，这是第一次从根本上摆正了财政的位置。"①

第一节　现代财政制度是公共财政的深化和发展

我们应从公共财政发展的历史视角来看，中国特色社会主义进入新时代后，建立现代财政制度对财政职能和财政支出的定位。与公共财政相比，现代财政制度并非推倒重来，而是仍然坚持公共财政的基本理念、原则和内涵，现代财政制度是公共财政理念、制度和框架的深化和发展。两者的关系在于，正如高培勇（2018）指出，"以'财政公共化'匹配'经济市场化'，以'财政现代化'匹配'国家治理现代化'。其具体的体现就是，以'公共财政体制'匹配'社会主义市场经济体制'，以'现代财政制度'匹配'现代国家治理体系和治理能力'②。"这意味着，现代财政制度既要坚持公共财政制度的基本原则，又要在推动国家治理现代化的众多环节发挥基础性和支撑性作用。

一、现代财政制度具备的五大基本特征

从国家治理现代化层面谈建立现代财政制度，说明财政制度绝不仅仅是一个经济范畴和实施宏观经济调节的工具，而是事关推动国家治理

① 高培勇：《由适应市场经济体制到匹配国家治理体系——关于新一轮财税体制改革基本取向的讨论》，《财贸经济》2014 年第 3 期。

② 高培勇：《中国财税改革 40 年：基本轨迹、基本经验和基本规律》，《经济研究》2018 年第 3 期。

现代化的基础和支柱性制度，它很大程度上涉及国家治理的政治、经济、社会、文化、生态等各个领域的要素，财政被赋予的功能涵盖了发展改革稳定、内政国防外交、治党治国治军等诸多与国家治理相关的方方面面。如果说，“优化资源配置、维护市场统一、促进社会公平”是传统公共财政所具备的财政功能和职能，那么“优化资源配置、维护市场统一、促进社会公平、实现国家长治久安”是现代财政制度所具备的功能和职能。从人类发展的历史经验来看，财政在国家兴衰中发挥了关键的作用。王加丰（2011）曾举例分析了这个问题，他指出：“英国的国债制度不仅能最大限度地把英国公民的财产动员起来，还能最大限度地吸收来自国外的资本，从而为与法国的争霸战争提供了财政保证。反观法国，其财政制度长期以来非常混乱（更不用说西班牙的），正如保罗·肯尼迪说的‘法国没有适当的公共财政制度’，从中世纪以来，这个国家只有一种‘松懈的和杂乱无章的组织’，致使‘纳税人的钱大部分落入私人之手’。而在 18 世纪里，‘英国已经发展起一种由国会控制的公共财政，使英国在争夺霸权的斗争中得到许多优势’。”①

现代财政制度既具备公共财政的特征②，又具有自身的调整，概括来说：一是公共性。现代财政制度要以满足社会公共需要为根本出发点，而不是仅仅满足某个群体、某个阶层的私人需要，这是界定财政职能和财政支出范围的基本原则。二是非营利性。社会公共需要同时也意味着政府职能、财政职能和财政支出职能不是以营利为目标，更多地承担社会责任，逐步退出一般竞争性领域，重点保障和改善民生领域。三是法治化。所有的政府收支均应该按照法治原则纳入依法管理、监督的范畴，政府收入体现的是从广大社会成员那里收取的“众人之财”，政府支出是用于与广大社会成员日常生活息息相关的“众人之事”，因此，政府的收支行为就应以法律为基本准则，对全体社会成员公开、透明，并接受社会成员监督。四是基础性。在国家治理体系中，财政制度

① 王加丰：《财政危机与国家兴衰——近代早期英法争霸中的一个决定性因素》，《光明日报》2011 年 10 月 28 日，第 11 版。

② 高培勇将现代财政的特征概括为三个特征：一是公共性。即以满足社会公共需要为根本宗旨。二是非营利性。即以公共利益极大化为出发点和归宿。三是法治化。即将财政运行全面纳入法治规范轨道。这三个特征事实上，也是公共财政制度所具备的。

和财政部门是最具有基础性的制度和部门。一方面，所有国家治理体系的设计，都必须以财力作为物质基础，现实中，每一项政府职能的履行必须以配置相应财力。正如马克思在《哥达纲领批判》中指出："赋税是政府机器的经济基础，而不是其他任何东西"①。再比如，一些国家曾经有过政府停摆的情况，其重要原因就是存在财政支出缺口，导致部分政府部门难以为继，严重影响正常社会秩序。另一方面，财政制度也是国家治理体系中的基础性制度，它通过预算制度，对各个部门、各个领域的财政收支进行综合预测、规划，发挥了统筹集成的功能，从财力角度来判定哪些事应该做，哪些事不应该做；哪些事应该现在做，哪些事不应该现在做而应该以后做。五是支撑性。俗话说，"兵马未动，粮草先行"，政府的高效运行需要财政制度作为基础支撑。其一，财政支出在实现宏观调控中的作用，十分显著，宏观经济遇到每次重要波动，都能够通过财政政策来实施调控。其二，财政支出中的政府采购制度，能够确保行政机关运行的装备出于高效率状态，有效保障政府机关运行效率。其三，绩效预算制度将财政支出层层分解到每个环节，对各个部门、流程、岗位进行"投入、过程、产出"的绩效评估，客观确定每一部门、流程、岗位对整个机关的相对贡献价值，建立以满意度评价和信用评价为核心手段的考核评价体系，可以有效推动整个政府效能的提升。

二、现代财政制度下财政支出的原则

习近平总书记曾经指出："治理和管理一字之差，体现的是系统治理、依法治理、源头治理、综合施策。"现代财政制度下的财政支出需要全面支撑国家治理现代化，基本原则包括：

一是财政支出要全面支撑国家的高质量发展能力提升。从全球各大经济体的现代化转型历程来看，并不是所有的经济体都能够做到可持续增长和发展，但是能够做到持续转型发展的国家，财政制度都具备一个共性，就是财政制度成为引领社会经济发展的"火车头"。从我国改革

---

① 《马克思恩格斯全集》第19卷，人民出版社1958年版，第32页。

开放之后发展的经历就能够看出这一点，改革开放之后我国每次实施的财税体制改革均能够激发了各级政府发展的积极性。而进入新的发展阶段，发展能力的提升显然是财政支出需要实现的重要目标。正如党的十九大报告指出：“我国经济已由高速增长阶段转向高质量发展阶段，正处在转变发展方式、优化经济结构、转换增长动力的攻关期，建设现代化经济体系是跨越关口的迫切要求和我国发展的战略目标。”

二是财政支出要严格遵循“市场在资源配置中起决定性作用”的原则。财政支出的重要功能在于为社会市场经济体制运行创造一个良好的基础环境，更好地有力保障维护市场运行秩序。为了更好地实现这个目标，财政要从发展全局视野来促进市场要素分工，随着互联网技术的重大突破，社会分工格局更加深化，要素和产品在全球和全国范围内的流动性空前加强，财政支出要更好地促进全国甚至全球统一市场体系形成，并为其提供标准化、均等化的公共服务。政府（财政）功能和职能的重点就应该转变为降低制度性交易成本，同时在市场资源配置中发挥中性作用，不能过多干扰市场机制运行。此外，随着经济和社会向智能化、灵动化发展的趋势日益凸现，更好地创新发挥人的积极性也成为财政着重解决的问题。

三是财政支出须严格按照依法治国的总体要求，按照预算法定的程序来实施。现代财政制度下，财政支出程序和方式发生重要变化，随着预算管理制度的不断完善，预算法治化程度不断提升，对全口径预算收支管理全面加强，对支出过程的预算监督转向全流程支出绩效监督。财政支出必须按照法定预算程序来实施，在中国目前的预算法治体系中，《中华人民共和国预算法》无疑是基石和支柱。按照《中华人民共和国预算法》的要求，所有全口径的财政收入和财政支出必须要纳入预算法的管理程序。全口径预算管理是预算法定的基础。降低各项预算之间的分割程度，提高预算的统筹程度，探索建立公共财政预算、政府性基金预算、国有资本经营预算与社会保险基金预算之间有机衔接的制度：对于收入较稳定的政府性基金，可逐步纳入公共财政预算管理；国有资本经营预算要将更多收入转入公共财政预算；与社会保险基金预算的资金联系也要通过公共财政预算。各项预算应统一在政府预算这个大盘子中，使社会成员了解各项预算的具体情况，推动全国人大控制预算总量。此外，还要强化财政支出的公开、透明，每一笔支出要实现纳入“事前有目标、事中有跟踪、事后有评价”的全面绩效管理体系，更加关注人民群众的需求，更加关注支出的实际产出和结果，不断改进财政支出水平和质量[①]。

四是明晰财政支出在国家治理中的基础性和支撑性作用。从基础性和支撑性来看，财政支出首先要保证国家独立、主权和领土完整，有效维护社会秩序，为社会经济运行创造好的内外部环境。其次要确保人民群众的基本生存权和发展权利，让广大人民群众更好地生存、发展。至少应当建立健全食物保障（低保）、基本住房、基本医疗、义务教育和基本养老五个项目以保障民众的生存权。发展权是个人、民族和国家积极、自由和有意义地参与政治、经济、文化的发展并公平享有发展所带来的利益的权利。促进发展权实现而做出的任何努力和实施的各项政策，其目的都必须是不断提高全体人民的福利，保护公民的政治、经济、社会和文化权利，保证男女平等。再次，有效维护市场规则，更好地让市场运行有序、规范，为市场活力的发挥创造条件。最后，有效实施再分配调节功能。有效调节再分配领域的收入分配差距，将不同区域、不同群体之间的分配差距控制在合理、适度范围之内。

五是建立一套正确发挥各级政府积极性的财政体制，明晰各级政府的事权和支出责任。在中国这么一个大国范围内，建立中央和各级政府间分权、分责的财政分权体制，十分重要，这既是历史经验的必然，也是提升治理效率的体制要求。按照受益范围、能力、效率、规模经济、外部性、信息充分性和激励相容为基本原则，明晰各级政府事权和支出责任，各级政府事权尽可能由本级政府承担，尽量减少职责共担，逐步改变中央下指令、地方执行的状况。中央政府单独承担的职责，由中央

① 2013年12月16日，时任财政部部长楼继伟在《人民日报》发表文章《建立现代财政制度》，明确提出：“现代政府预算制度是现代财政制度的基础。预算编制科学完整、预算执行规范有效、预算监督公开透明，三者有机衔接、相互制衡，是现代预算管理制度的核心内容”，“当前，应重点推进以下几个方面的改革和制度建设：改进年度预算控制方式。建立跨年度预算平衡机制。清理规范重点支出挂钩机制。完善转移支付制度。建立政府性债务管理体系。实施全面规范的预算公开制度。”

自身的机构完成；中央自身机构能力不足的，首先应加强中央自身能力建设。事权和支出责任划分尽可能细化、可执行，应建立各级政府的职能、职责、支出责任清单，并实现法定，细化各级政府间的职能、职责履行。

第二节　全面深化改革和中国特色社会主义进入新时代后财政支出的规模与结构

一、财政支出的规模

表 8-1 是 2014—2018 年（一般公共预算）财政支出总规模及增长情况，从支出总额来看，由 2014 年的 151785.56 亿元增长至 2018 年的 220906 亿元，除了 2014 年财政支出决算数略低于预算数之外，2015—2017 年财政支出决算数都超预算计划数。从增长率来看，除了 2015 年增长率超过 10% 以上，达到 13.2%；2014 年、2016 年、2017 年和 2018 年的财政支出决算数同比增长率在 10% 以下。

表 8-1　　2014—2018 年财政支出（一般公共预算）总规模

年份	财政支出总规模（亿元）	与预算数相比的百分数（%）	比上年增长（决算数）（%）
2014	151785.56	99.2	8.3
2015	175877.77	102.6	13.2
2016	187755.21	103.9	6.3
2017	203085.49	104.2	7.6
2018	220906	—	8.7

注：财政支出总规模是决算数，包括国内外债务还本支出；“—”代表无法计算相关数据。

资料来源：财政部预算司 2014—2017 年各年度全国财政决算数据，http：//yss.mof.gov.cn/zhengwuxinxi/caizhengshuju/index_ 1.html；2018 年数据来源于财政部国库司《2018 年财政收支情况》，http：//gks.mof.gov.cn/zhengfuxinxi/tongjishuju/201901/t20190123_ 3131221.html。

关于政府性基金支出，表 8 - 2 是 2014—2017 年政府性基金支出的规模和增长情况，这些年份中，政府性基金支出的类型分别为 45 项、38 项、30 项、26 项。2014 年政府性基金支出总规模为 51463. 83 亿元，之后不断增长，2018 年为 80562 亿元，增长率呈现逐年递增趋势。

表 8 - 2　　2014—2018 年财政支出（政府性基金）总规模

年份	政府性基金支出总规模（亿元）	与预算数相比的百分数（%）	比上年增长（决算数）（%）
2014	51463. 83	107. 0	1. 9
2015	42347. 11	83. 7	12. 7
2016	46878. 32	113. 2	11. 8
2017	60968. 59	109. 9	33. 3
2018	80562	—	32. 1

资料来源：同表 8 - 1。

表 8 - 3 是 2014—2018 年国有资本经营支出的规模和增长情况，除了 2017 年比上年增长率为 - 6. 5% 之外，其他年份的支出增长率均为正，且 2014—2016 年的增长率超过两位数。根据第十一届全国人民代表大会常务委员会第五次会议于 2008 年 10 月 28 日通过并于 2009 年 5 月 1 日起施行《中华人民共和国企业国有资产法》，第六十条明确规定：“国有资本经营预算按年度单独编制，纳入本级人民政府预算，报本级人民代表大会批准。国有资本经营预算支出按照当年预算收入规模安排，不列赤字”。国有资本经营支出的规模增长反映出国有资本经营收入的增长。

事实上，国有资本经营预算收益收取比例一直在不断上升，收取的国有资本范围也在扩大。2007 年 12 月 11 日，财政部国资委印发《中央企业国有资本收益收取管理暂行办法》，第九条规定，国有独资企业上缴年度净利润的比例，区别不同行业，分以下三类执行：第一类 10%；第二类 5%；第三类暂缓 3 年上交或者免交。随后，2010 年 12 月 23 日，财政部出台《关于完善中央国有资本经营预算有关事项的通知》，规定：从 2011 年起，将教育部、中国国际贸易促进委员会所属企业，国家广播电影电视总局直属中国电影集团公司，文化部直属中国东方演艺集团公司、中国文化传媒集团公司、中国动漫集团公司，农业部直属黑龙江北大荒农垦集团公司、广东省农垦集团公司，以及中国出版集团公司和中国对外文化集团公司纳入中央国有资本经营预算实施范围；从 2011 年起，适当提高中央企业国有资本收益收取比例。分以下四类执行：第一类为企业税后利润的 15%；第二类为企业税后利润的 10%；第三类为企业税后利润的 5%；第四类免交国有资本收益。然后，2012 年 1 月 13 日，财政部出台《关于扩大中央国有资本经营预算实施范围有关事项的通知》，规定从 2012 年起，将工信部、体育总局所属企业，中央文化企业国有资产监督管理领导小组办公室履行出资人职责的中央文化企业，卫生部、国资委所属部分企业，民航局直属首都机场集团公司，纳入中央国有资本经营预算实施范围，上述企业上缴利润比例为税后净利润的 5%。而后，2012 年，国务院颁发《关于提高中国烟草总公司国有资本收益收取比例的函》，将烟草企业国有资本收益收取比例提高至 20%。2014 年 4 月 17 日，财政部又出台了《关于进一步提高中央企业国有资本收益收取比例的通知》，规定国有独资企业应交利润收取比例在现有基础上提高 5 个百分点，即：第一类企业为 25%；第二类企业为 20%；第三类企业为 15%；第四类企业为 10%；第五类企业免交当年应交利润。符合小型微型企业规定标准的国有独资企业，应交利润不足 10 万元的，比照第五类企业，免交当年应交利润。2017 年 3 月，财政部出台《中央国有资本经营预算支出管理暂行办法》第七条对支出范围作了明确，即：中央国有资本经营预算支出除调入一般公共预算和补充全国社会保障基金外，主要用于以下方面：解决国有企业历史遗留问题及相关改革成本支出；国有企业资本金注入；其他支出。中央国有资本经营预算支出方向和重点，应当根据国家宏观经济政策需要以及不同时期国有企业改革发展任务适时进行调整。

关于近年来，国有资本经营预算制度的改革，最显著的变化就是为了应对老龄化，解决养老金空账问题，2017 年 11 月份，国务院印发《划转部分国有资本充实社保基金实施方案》，提出将中央和地方国有及国有控股大中型企业、金融机构纳入划转范围，划转比例统一为企业国有股权的 10%，对划入的国有股权，相应的资本管理和分红管理都由社保基金会承接。预计未来，这方面的改革仍然进一步深化，划转国有资本充实社保基金无疑是一个必然方向。

表8－3　　2014—2018年国有资本经营支出总规模

年份	国有资本经营支出总规模（亿元）	与预算数相比的百分数（%）	比上年增长（决算数）（%）
2014	1561.52	95.1	11.3
2015	2013.71	94.4	29.0
2016	2155.49	95.4	17.4
2017	2015.31	102.8	－6.5
2018	2159	－	6.7

资料来源：同表8－1。

二、财政支出结构的变化趋势及原因

表8－4是2014—2017年财政支出（一般公共预算）的支出结构情况。数据显示，教育支出是各项支出中占比最大的支出类型，都在15%以上或者左右，另外，占比超过10%的还有社会保障和就业支出。其他占比较大的类型主要有：农林水支出、城乡社区支出、一般公共服务支出、医疗卫生与计划生育支出、交通运输支出。

表8－4　　2014—2017年财政支出（一般公共预算）支出结构　　单位：%

年份	2014	2015	2016	2017
一、一般公共服务支出	8.74	7.70	7.88	8.13
二、外交支出	0.24	0.27	0.26	0.26
三、国防支出	5.46	5.17	5.20	5.14
四、公共安全支出	5.51	5.33	5.88	6.14
五、教育支出	15.18	14.94	14.95	14.85
六、科学技术支出	3.50	3.33	3.50	3.58
七、文化体育与传媒支出	1.77	1.75	1.68	1.67
八、社会保障和就业支出	10.52	10.81	11.50	12.12
九、医疗卫生与计划生育支出	6.70	6.80	7.01	7.12
十、节能环保支出	2.51	2.73	2.52	2.77

续表

年份	2014	2015	2016	2017
十一、城乡社区支出	8.54	9.03	9.80	10.14
十二、农林水支出	9.34	9.88	9.90	9.40
十三、交通运输支出	6.85	7.03	5.59	5.26
十四、资源勘探信息等支出	3.29	3.41	3.08	2.48
十五、商业服务业等支出	0.89	0.99	0.92	0.77
十六、金融支出	0.33	0.55	0.69	0.57
十七、援助其他地区支出	0.14	0.15	0.16	0.20
十八、国土海洋气象等支出	1.37	1.20	0.95	1.13
十九、住房保障支出	3.32	3.30	3.61	3.23
二十、粮油物资储备支出	1.28	1.49	1.17	1.11
二十一、其他支出	2.14	2.09	1.01	0.85
二十二、债务付息支出	2.36	2.02	2.70	3.09
二十三、债务发行费用支出	—	0.03	0.04	0.03
二十四、预备费	0.00	0.00	0.00	0.00

注：由于 2018 年决算尚未公布，缺失 2018 年数据；债务付息支出这个口径，在 2014 年全国财政支出决算中被称为“政府债务付息支出”；“—”表示没有此口径。

资料来源：财政部预算司 2014—2017 各年度全国财政决算数据，http：//yss.mof.gov.cn/zhengwuxinxi/caizhengshuju/index_ 1.html。

表 8 -5 是 2014—2017 年财政支出（政府性预算）的支出结构情况。为了简便起见，本书对每年的占比前五位的政府性基金支出类型作了归纳，从表 8 -5 中可以看出，国有土地使用权出让收入安排的支出仍然占到绝对地位，除此之外，车辆通行费安排的支出、国有土地收益基金支出、城市基础设施配套费相关支出、彩票公益金相关支出、新增建设用地土地有偿使用费安排的支出等类型支出是占比较大的几个支出类型。

表 8 -5　2014—2017 年财政支出（政府性基金）前五位支出类型及占比

年份	2014	2015	2016	2017
第一位	国有土地使用权出让收入安排的支出，75.20%	国有土地使用权出让收入安排的支出，72.29%	国有土地使用权出让收入安排的支出，78.33%	国有土地使用权出让收入安排的支出，83.01%

续表

年份	2014	2015	2016	2017
第二位	车辆通行费安排的支出，2.89%	车辆通行费相关支出，3.63%	车辆通行费相关支出，2.97%	车辆通行费相关支出，3.06%
第三位	国有土地收益基金支出，2.61%	城市基础设施配套费相关支出，2.72%	城市基础设施配套费相关支出，2.29%	国有土地收益基金支出，2.25%
第四位	城市基础设施配套费安排的支出，2.40%	彩票公益金相关支出，2.59%	彩票公益金相关支出，2.16%	城市基础设施配套费相关支出，2.10%
第五位	新增建设用地土地有偿使用费安排的支出，1.93%	新增建设用地土地有偿使用费相关支出，2.58%	新增建设用地土地有偿使用费相关支出，1.62%	彩票公益金相关支出，1.65%

资料来源：财政部预算司2014—2017年各年度全国财政决算数据，http：//yss.mof.gov.cn/zhengwuxinxi/caizhengshuju/index_ 1.html；由于2018年决算尚未公布，缺失2018年数据。

表8－6和表8－7是2014—2017年国有资本经营支出结构情况，由于2014年和2015年、2016年和2017年国有资本经营支出的口径有所不同，因此，本书用两个表分别列示。在2014年和2015年的支出结构中，资源勘探电力信息等事务占绝对比重，接近一半；在2016年和2017年的支出结构中，解决历史遗留问题及改革成本支出和国有企业资本金注入占绝了较大比重。

表8－6　2014年和2015年国有资本经营支出结构情况　单位：%

年份	2014	2015
教育	0.18	0.10
科学技术	1.05	1.73
文化体育与传媒	1.39	1.54
社会保障和就业	1.07	1.27
节能环保	0.58	0.81
城乡社区事务	2.13	3.40
农林水事务	1.17	0.46
交通运输	16.45	10.52
资源勘探电力信息等事务	44.83	43.49
商业服务业等事务	14.88	13.60
其他支出	5.20	11.95
转移性支出	11.06	11.13

资料来源：财政部预算司2014年和2015年全国财政决算数据。

表 8-7　　2016 年和 2017 年国有资本经营支出结构情况　　单位：%

年份	2016	2017
国有资本经营预算补充社保基金支出	2.77	1.73
解决历史遗留问题及改革成本支出	31.78	39.70
国有企业资本金注入	41.15	39.60
国有企业政策性补贴	5.66	5.59
其他国有资本经营预算支出	18.65	13.37

资料来源：财政部预算司 2016 年和 2017 年全国财政决算数据。

第三节　中央政府和地方政府间财政支出关系的基本特征及原因

一、中央和地方政府财政支出规模和结构

本部分仍沿用第七章关于中央和地方政府间财政支出关系的六个口径，即中央政府收入比重、地方政府收入比重、中央政府本级支出比重、中央政府支出比重、地方政府本级收入比重、地方政府收入比重，来认识这个时期的中央政府和地方政府财政支出的规模和结构变化趋势。表 8-8 是 2014—2017 年上述六个口径的计算结果，与 2003—2013 年的趋势一致，地方政府收入比重与地方政府本级收入比重之间、中央政府支出比重和中央政府本级支出比重之间等的差异仍然较大，这说明中央政府给予地方政府大量的税收返还和转移支付规模仍然十分庞大。表 8-9 是 2014—2017 年中央政府对地方政府转移支付和税收返还的总量和结构情况，总量从 2014 年的 51591.04 亿元攀升至 2017 年的 65051.78 亿元。从结构来看：一般性转移支付比重呈现微升的趋势，从 2014 年的 53.44% 升至 2017 年的 54.03%；专项转移支付比重呈现下升的趋势，从 2014 年的 36.71% 降至 2017 年的 33.64%；税收返还比重呈现上升的趋势，从 2014 年的 9.85% 升至 2017 年的 12.33%。

表8-8　　2014—2017年中央和地方一般公共预算收入、支出规模及占比情况

年份	中央政府收入		中央政府支出		中央政府本级支出		地方政府收入		地方政府本级收入		地方政府支出	
	规模（亿元）	比重（%）	规模（亿元）	比重（%）	规模（亿元）	比重（%）	规模（亿元）	比重（%）	规模（亿元）	比重（%）	规模（亿元）	比重（%）
2014	64493.45	45.95	74161.11	48.86	22570.07	14.87	127467.6	90.81	75876.58	54.05	129215.5	85.13
2015	69267.19	45.49	80639.66	45.85	25542.15	14.52	138099.6	90.69	83002.04	54.51	150335.6	85.48
2016	72365.62	45.34	86804.55	46.23	27403.85	14.60	146640.1	91.88	87239.35	54.66	160351.4	85.40
2017	81123.36	47.00	94908.93	46.73	29857.15	14.70	156521.2	90.69	91469.41	53.00	173228.3	85.30

注：比重是中央政府收入、支出分别占全国财政收入、支出的比重。

资料来源：财政部预算司2014—2017年各年度全国财政决算数据。

表 8－9　2014—2017 年中央对地方转移支付和税收返还的总量和结构

年份	转移支付和税收返还总量（亿元）	税收返还		一般性转移支付		专项转移支付	
		规模（亿元）	比重（%）	规模（亿元）	比重（%）	规模（亿元）	比重（%）
2014	51591.04	5081.55	9.85	27568.37	53.44	18941.12	36.71
2015	55097.51	5018.86	9.11	28455.02	51.64	21623.63	39.25
2016	59400.7	6826.84	11.49	31864.93	53.64	20708.93	34.86
2017	65051.78	8022.83	12.33	35145.59	54.03	21883.36	33.64

注：比重是税收返还、一般性转移支付、专项转移支付分别占转移支付和税收返还总量的比重。

资料来源：财政部预算司 2014—2017 年各年度全国财政决算数据。

二、中央和地方政府财政支出关系的改革趋势

这个时期，中央和地方政府的事权和支出责任划分仍然没有得到完全解决，但是已经初现端倪，分权化的趋势更加凸现。

由于缺乏一部完整的事权和支出责任的法律法规，多以政府文件的形式出台，难以具备足够的法律约束力。上级政府有决定下级政府事权和支出责任的权力，这也在一定程度上导致政策出台的偶然性和随意性。而且由于中央对地方转移支付规模如此之大，导致很多地方政府在安排财政支出时严重依赖于上级政府或者中央政府，无法充分发挥地方政府的积极性和主观能动性，导致地方政府在承担一些职责时，主体意识受到影响。比如，以社会救助中的最低生活保障为例，如果在资金安排和履行职责方面习惯了“等、靠、要”，那么一些地方政府对低保的审核不严、多报低保对象、不按照实际情况扩大覆盖面的道德风险，导致受助人数大幅度上升，不仅加重了低保的泛福利化倾向，而且造成了低保资金“洒胡椒面”、使用过度分散、“兜底”作用淡化、救助效果不明显等问题，影响了低保制度效率。高培勇（2013）对此曾经指出，“但是在现实当中，很大程度已经回到 1994 年之前的总额分成、收入分成的分钱制体制。各级财政盯的不是哪个税种归谁，而是上一级政府能

给我多少钱。为数不少的地方财政已经沦为‘打酱油财政’。”①

而分税制财政体制的重要基石在于，即是在“分事”“分税”的基础上实行分级财政管理。作为一级政府财政的基本内涵，就在于它须有相对独立的收支管理权和相对独立的收支平衡权。因此，近些年来，中央政府开始了尝试推进中央和地方政府事权和支出责任划分的改革。2016 年 8 月，国务院出台《关于推进中央与地方财政事权和支出责任划分改革的指导意见》，提出：“中央与地方财政事权和支出责任划分改革是建立科学规范政府间关系的核心内容，是完善国家治理结构的一项基础性、系统性工程，对全面深化经济体制改革具有重要的推动作用”。同时对这项改革的时间表做出规划：2016 年，选取国防、国家安全、外交、公共安全等基本公共服务领域率先启动财政事权和支出责任划分改革。同时，部署推进省以下相关领域财政事权和支出责任划分改革；2017—2018 年，争取在教育、医疗卫生、环境保护、交通运输等基本公共服务领域取得突破性进展。参照中央改革进程，加快推进省以下相关领域财政事权和支出责任划分改革；2019—2020 年。基本完成主要领域改革，形成中央与地方财政事权和支出责任划分的清晰框架。

截至 2019 年 5 月，已经出台了若干文件：2018 年 1 月，国务院办公厅出台《关于印发基本公共服务领域中央与地方共同财政事权和支出责任划分改革方案的通知》；2018 年 7 月，国务院办公厅出台《关于印发医疗卫生领域中央与地方财政事权和支出责任划分改革方案的通知》；2019 年 5 月，国务院办公厅出台《关于印发教育领域中央与地方财政事权和支出责任划分改革方案的通知》。等等。这显然是将中央和地方政府间财政关系向前推了一大步。

---

① 高培勇：《财税体制改革要回归分税制本义》，人民网转引自经济参考报，http：//theory. people. com. cn/n/2013/0925/c40531 – 23033456. html。

第四节 财政支出重点由基础设施投资转向减税降费

一、减税降费有助于提升高质量发展能力

财政支出在国家经济社会转型中扮演了非常重要的作用和角色，如果将经济体制转型发展看作是“建房”，那么它可以分成不同阶段：“打地基”阶段、“主体工程建设”阶段和“建成后运营维护”阶段等。改革开放之初，我国面临着严重的基础设施短缺问题，这种情况下，工业化和城镇化的不断推进的内在要求扩大基础设施的需求，因此，政府以拉动投资为主要内容的财政政策方式和手段帮助中国渡过经济波动，同时能够实现经济增长的高增长率。各国对中国在如此之短的时间内就取得如此之大的基础设施建设成就，都非常惊讶和惊叹。然而，基本建设总有一个饱和度，随着基础设施的短缺状态转向饱和甚至局部过剩，再一味采取投资拉动的财政政策手段，已经难以适应经济发展阶段，甚至在局部会出现基础设施过剩的情况。这种情况下，激发市场主体的活力，增强创新驱动的动力，通过创新驱动来构建经济社会发展的新动能，成为实现经济社会可持续发展的核心和关键。此外，随着中国特色社会主义进入新时代，社会主义市场经济体制步入更加成熟的阶段，市场在资源配置中发挥决定性作用这个原则在进入新时代后更加凸显其必然性和重要性。与扩大政府投资支出相比，减税降费更能够激活市场主体的活力和发展能力，促使其发挥其积极性、主动性，而且减税降费将极大增强市场主体的信心，改善预期，为社会主义市场经济体制走向更加成熟的阶段提供良好的市场政策环境，为高质量发展能力的形成提供坚实的基础。

正是这种经济发展阶段的重要变化，必须要在建立全国统一大市场

方面作出重要成绩，这要求政府职能和财政职能有进一步地转变。按照“法无禁止皆可为、法无授权不可为、法定职责必须为”的要求，建立政府职能、权限、责任三个清单，明确规定政府职能的范围和界限。未来，政府间事权和支出责任划分将在各个领域都会深化，推进政府间事权划分会更加明确各级政府的职能、职责范围，明晰支出责任，有利于各级政府相互之间构建稳定、可持续、有积极性的财政体制。

二、经济增长还需要维持一定的政府投资率

经济发展阶段的变化，并不意味着就不需要政府投资了。要看到，目前我国经济社会发展的格局发生了根本性变化，整个社会经济从工业社会转向了更加智能化、灵动化、精准化的社会，本书姑且称之为“知识信息社会”。特别是互联网技术的巨大进步和突破，改变了传统工业社会的运行格局，物联网、云计算、大数据等领域的基础设施将成为新的投资空间。如果说工业时代的基础设施实现“物理空间”的连通性，而到了知识信息社会的基础设施则实现“数据”的连通性，而这些方面仍然是政府投资的重要内容。而且，这一轮基础设施投资，让世界各国站在了同一个起跑线上。此外，我国面临着巨大的发展不平衡现状，东、中、西部地区发展差距巨大，广大的中西部地区仍然有着较多基础设施短板来补。针对这一点，经济增长仍然需要维持一定的政府投资率。

第五节　“十二五”和“十三五”规划时期的财政支出

“十二五”规划和“十三五”规划期间，面临着经济社会发展阶段的根本性变化，中国特色社会主义进入了新时代，我国经济已由高速增长阶段转向高质量发展阶段，社会主义市场经济体制进入了更加成熟

的阶段，这一时期财政支出的主要重点包括：

一是全力支持用改革办法推进“三去一降一补”。根据供给侧结构性改革的“去产能、去库存、去杠杆、降成本、补短板”五大任务，财政从多个方面支持推进。比如，中央财政设立并及时拨付工业企业结构调整专项奖补资金，安排补助资金用于中央企业处置“僵尸企业”，进一步优化基础设施投资结构，集中用于重大水利工程、新一轮农网改造升级，做好结构调整中的保民生工作，支持剥离国有企业办社会职能和解决历史遗留问题，等等。

二是全面支持全面深化改革。进入新时代后，全面深化各领域改革，特别是加快推进基础性、关键性领域的改革，任务仍然繁重，财政集中力量在安排财政支出时给予大力支持。特别是在推动简政放权、深化“放管服”改革方面，财政支出发挥了基础性和支柱作用，有效保障了各项改革的深入推动。

三是支持乡村振兴战略。乡村振兴战略的提出，是符合人类社会转型发展的一般规律的重大战略方针，它成为全面加速中国从传统农业社会向现代工业社会转型的重要动力，各级政府都在完善农业支持保护制度、深入推进农业供给侧结构性改革、加快发展现代农业、深化农村综合改革等方面，建立健全实施乡村振兴战略财政投入保障制度。

四是促进高质量发展，推动创新驱动战略走向纵深。特别是在引导制造业高质量发展、强化教育体系投入、提升科技支撑能力方面，财政都有所作为。比如，加大对关键制造业领域的支持；积极支持基础研究和应用基础研究，加大对突破关键核心技术的支持，支持科研成果转化；将“211 工程”“985 工程”等重点建设项目，统一纳入世界一流大学和一流学科建设，实施新一轮的政策支持等。

五是支持区域协调发展。中国特色社会主义进入新时代后，以国家重大区域战略为依托，特别是“一带一路”倡议、京津冀协同发展、长江经济带发展、粤港澳大湾区建设、长江三角洲区域一体化发展等重大战略，财政支出着力推动国家重大区域战略融合发展，全面支持重大战略落实实施。此外，还重点支持革命老区、民族地区、边疆地区、贫困地区加快发展等一系列区域发展战略的实施。

六是支持打好三大攻坚战。支持防范化解财政金融重大风险、支持脱贫攻坚的实施、支持打好污染防治攻坚战。特别是在强化财政支出保障机制，从根本上解决化解风险、增强贫困地区贫困群众内生动力和自我发展能力、环境污染源头治理方面着力、发力。

七是有效支持和保障民生支出。受到宏观经济形势的影响，新时代主要从促进就业、创业，支持解决产能过剩企业兼并重组职工安置，支持全面深化高等教育综合改革，实施现代职业教育质量提升计划，推动建立多层次养老保障体系，推动医疗卫生体制改革等民生方面的重点和痛点进行重点支持。

第九章　结　　语

中华人民共和国成立70年的经济社会发展和经济体制改革历程的经验表明，财政支出的功能、范围和内容总是与经济社会发展阶段和经济体制类型紧密相关：

一是财政支出发挥的功能和作用，从直接参与社会产品生产、分配，转变为满足社会公共需要，提供公共服务和公共产品。中国经济体制转型的过程，就是不断明晰政府和市场关系的过程，社会主义市场经济体制推进完善、成熟的过程中，财政从计划经济体制下的生产建设财政，经过了改革开放后几轮渐进式改革，财政支出已经成为实施宏观调控的有效杠杆和手段。

二是财政支出的主体从中央政府逐步转向各级政府。建立并完善社会主义市场经济体制的过程也是建立规范的分权治理制度框架的过程，明晰中央政府和各级地方政府的职能、职责、事权和支出责任，在中央政府统筹兼顾、全局站位的“指挥棒”下，各地区分工落实、实施，以更好地实现不同阶段的社会经济发展目标。因此，各级政府在安排财政支出时，总是将中央政府的“集成统筹”功能和地方政府的“分工落实”有机结合，这也是符合复杂系统科学的一般规律。中央政府在制定财政支出政策时，也必须考虑到地方政府的反应，注重其正确发挥积极性，更好实现各级政府激励相容的发展目标。

三是财政支出的对象从参与单一公有制经济的生产经营转向为更加多元的市场主体提供公平竞争的环境。随着社会主义市场经济体制改革的不断深入，市场主体呈现了更加丰富多元的形态，从传统计划经济下的国营企业，通过财产权利的不断改革、转型，微观主体开始拥有了自主经营、自负盈亏的独立产权地位，国有企业、民营企业、外资企业等都成为社会主义市场经济体制的重要主体。党的十届三中全会决定提出："公有制为主体、多种所有制经济共同发展的基本经济制度，是中国特色社会主义制度的重要支柱，也是社会主义市场经济体制的根基。公有制经济和非公有制经济都是社会主义市场经济的重要组成部分，都是我国经济社会发展的重要基础。"财政支出将为各类市场主体公平竞争的环境。

第四，财政支出逐渐成为财政政策调控的核心手段之一。财政政策在宏观经济调控中的功能和作用愈加突显，直接计划配置资源的传统行政手段在逐渐"退场"，间接调控的经济杠杆手段逐渐成为主要手段和工具，以财政支出为核心手段的财政政策体系，逐渐走向成熟，运行机制与相关制度建设趋于成熟。

参考文献

1. 中共中央文献编辑委员会:《陈云文选》(第3卷), 人民出版社1995年版。

2. 中共中央文献研究室编著:《陈云年谱》, 中共中央文献出版社2015年版。

3. 中共中央党史研究室编著:《中国共产党历史(第二卷)》(上、下册), 中共党史出版社2011年版。

4.《邓小平文选》(三卷), 人民出版社1994年版。

5.《江泽民文选》(三卷), 人民出版社2006年版。

6.《胡锦涛文选》(三卷), 人民出版社2016年版。

7.《李先念传》编写组、鄂豫边区革命史编辑部:《李先念年谱》, 中共中央文献出版社2011年版。

8. 财政部农业财务司编:《中华人民共和国财政史料 第七辑 农业财务》, 中国财政经济出版社1988年版。

9. 财政部办公厅编:《中华人民共和国财政史料 第二辑 国家预算决算(1950—1981)》, 中国财政经济出版社1983年版。

10. 高培勇:《中国财政困难的由来:从运行机制角度的分析"》,《经济科学》1995年第5期。

11. 高培勇:《市场经济体制与公共财政框架》,《人民日报》2000年9月28日第11版。

12. 高培勇:《"量入为出"与"以支定收"——结合当前财政收入增长态势的讨论》,《财贸经济》2001年第3期。

13. 高培勇、孙国府、张迪恳：《中国财税改革 30 年：回顾与展望》，中国财政经济出版社 2009 年版。

14. 高培勇：《中国财税改革 40 年：基本轨迹、基本经验和基本规律》，《经济研究》2018 年第 3 期。

15. 高培勇：《中国税费改革问题研究》，经济科学出版社 2004 年版。

16. 高培勇：《市场经济体制与公共财政框架》，《税务研究》2000 年第 3 期。

17. 财政部办公厅、国家税务总局办公厅：《建立稳固、平衡、强大的国家财政——省部级主要领导干部财税专题研讨会讲话汇编》，人民出版社 2000 年版。

18. 高培勇：《论国家治理现代化框架下的财政基础理论建设》，《中国社会科学》2014 年第 12 期。

19. 高培勇、杨之刚主编：《科学发展观：引领中国财政政策新思路（中国财政政策报告 2004/2005）》，中国财政经济出版社 2004 年版。

20. 郭庆旺、贾俊雪、刘晓路：《财政政策与宏观经济稳定：情势转变视角》，《管理世界》，2007 年第 5 期。

21. 何振一：《理论财政学》，中国社会科学出版社 2015 年版。

22. 金人庆：《中国：科学发展与财政政策》，中国财政经济出版社 2006 年版。

23. 蒋震：《理解地方政府行为逻辑：基于经济发展阶段视角》，《宏观经济研究》2018 年第 2 期。

24. 蒋震：《工业化水平、地方政府努力与土地财政：对中国土地财政的一个分析视角》，《中国工业经济》2014 年第 10 期。

25. 蒋震：《从经济社会转型进程看个人所得税改革》，《河北大学学报（哲学社会科学版）》2019 年第 1 期。

26. 李先念：《坚持财政收支平衡、略有结余的方针》，《财政》1989 年第 4 期。

27. 李永友、周达军：《自动稳定器与相机抉择：财政政策宏观调控机制的权衡与完善》，《财贸经济》2007 年第 2 期。

28. 刘仲藜、汪文庆、刘一丁：《1994 年财税体制改革回顾》，《财政科学》2018 年第 10 期。

29. 马珺：《财政学基础理论创新：重要但需审慎对待的诉求》，《财政研究》2018 年第 8 期。

30. 《毛泽东选集》（第五卷），人民出版社 1977 年版。

31. 世界银行：《1997 年世界发展报告：变革世界中的政府》，中国经济出版社 1997 年版。

32. 杨志勇：《中国财政 40 年：观念与变革》，《财贸经济》2018 年第 10 期。

33. 杨志勇：《中国税制 40 年：经济、社会与国家治理视角》，《国际税收》2018 年第 12 期。

34. 叶振鹏：《社会主义财政在社会再生产中的地位和职能作用》，《财政研究》1980 年第 Z1 期。

35. 王丙乾：《中国财政 60 年回顾与思考》，中国财政经济出版社 2009 年版。

36. 王亘坚：《论财政学的对象》（财政学问题讨论集上册），中国财政经济出版社 1965 年版。

37. 项怀诚：《中国财政体制改革六十年》，《中国财政》2009 年第 19 期。

38. 张馨、杨志勇、郝联峰、袁东：《当代财政与财政学主流》，东北财经大学出版社 2000 年版。

39. 张斌：《国家治理视角下的税收现代化进程：共性、差异与路径》，《税务研究》2019 年第 4 期。

40. 张光南、宋冉：《中国交通对“中国制造”的要素投入影响研究》，《经济研究》2013 年第 7 期。

41. 郑秉文：《拉美城市化的教训与中国城市化的问题——“过度城市化”与“浅度城市化”的比较》，《国外理论动态》2011 年第 7 期。

42. 庄子银、邹薇：《公共支出能否促进经济增长：中国的经验分析》，《管理世界》2003 年第 7 期。

43. 陈锦华：《从实行宏观调控到“软着陆”成功》，《中共党史研究》，2005 年第 2 期。